Dale Carnegie

인생론

데일 카네기 지음 / 미래경제연구회 옮김

*How to Start
Living and
Succeed in Life*

도서출판 선영사

머리말

우리들은 거의 대부분 전 인생을 일에 바치고 있다. 결국 일에 대한 우리들의 태도에 따라서 그날그날 흥분과 만족에 충만되거나 욕구불만이나 권태, 피로에 휩싸이게 된다.

카네기식 훈련법은 당신의 최상의 컨디션을 찾아내어 당신이 원하는 모든 것을 얻을 수 있도록 도와주며, 바로 그것을 목표로 계획되었다.

이 책의 내용을 잘 이용해서 인생 또는 인간에 대한 생각의 폭을 넓혀라. 그리고 당신에게 갖추어진 모든 능력을 높이고, 전혀 알지 못했던 재능이나 능력도 실제로는 많이 가지고 있으며, 또 그 능력을 개발하는 것이 얼마나 유쾌한 일인지 깨달으라.

이 책은 데일 카네기의 베스트셀러인 《사람을 움직이다》《길은 열린다》를 재편한 것이다.

당신은 인생에 있어서 승리를 한층 더 원할 것이며, 조화와 목적의 의지 감각, 또 내부의 원천을 최대한으로 살리는 방법을 갈망할 것이다.

이 책은 당신의 설정된 목표에 가장 빨리 도달할 수 있도록 도와줄 것이다.

 카네기식 훈련에 참가하는 것은 자기 발견의 모험이며 그것은 당신의 인생에 하나의 전환점이 될 것이다. 당신은 먼저, 당신 자신의 내부에, 인생을 승리로 이끌 수 있는 보이지 않는 힘을 소유하고 있다. 지금 당신에게 필요한 것은 다만 그 힘을 실제로 이용하는 결의뿐이다.

역자

Carnegie Dale 의 인생론

차 례

머리말······ 3

제1부 평화와 행복을 얻는 방법 / 9
    제1장 나를 아는 자신이 되라······ 11
    제2장 피로와 번민을 막는 4가지 좋은 방법······ 25
    제3장 사람을 피로하게 만드는 원인과 대책······ 31
    제4장 권태를 없애는 방법······ 39
    제5장 그대의 것을 백만 불에 팔 것인가······ 51
    제6장 죽은 개는 걷어차지 않는다······ 61
    제7장 확실히 하라, 그러면 비평도 그대를 범하지 않는다······ 67

Carnegie Dale 의 인생론

차 례

제2부 성공을 위한 마음 자세 / 73
  제1장 문제점을 발견하라······ 75
  제2장 일을 완성하는 방법을 터득하라······ 87
  제3장 보는 방법을 배워라······ 99
  제4장 사람을 움직이는 방법을 깨달아라······ 113
  제5장 동기를 유발시키는 방법······ 123

제3부 부(富)를 얻으려면 / 131
  제1장 부(富)로의 지름길······ 133
  제2장 부(富)를 대하는 마음자세······ 137
  제3장 신용을 잘 이용하라······ 149
  제4장 불만을 만족으로 이끌도록 노력하라······ 163

Carnegie Dale 의 인생론

차 례

제4부 건강을 유지하는 방법 / 177
　제1장 기분을 조절하는 방법을 배워라……179
　제2장 건강을 지키는 방법을 배워라……191
　제3장 행복해지는 방법……205
　제4장 정신력의 연구……221

제5부 고민 극복의 방법 / 227

제6부 카네기 명언집 / 279

제1부
평화와 행복을 얻는 방법

제 1 장
나를 아는 자신이 되라

　나는 노스캐롤라이나(North Carolina) 마운트 애어리의 소도시에 살고 있는 에디스 얼렛 부인으로부터 다음과 같은 편지를 받았다.

　나는 어린 시절 언제나 놀림을 당할 만큼 신경질적이고 부끄러움을 잘 타는 아이였다. 그리고 두 볼이 유난히 심술궂게 부어 있어서 한층 더 뚱보같이 보였다.
　어머니는 전근대적인 생각을 가진 분이었기 때문에 옷을 몸에 꼭 맞게 입는 것조차 어리석고 바보스런 짓이라고 생각하셨다. 그래서 항상,
　"큰 옷은 입을 수 있지만 작은 옷은 찢어지거나 늘어난다."
라고 말씀하시곤 했는데 결국 나에게도 자신의 생각대로 옷을 입혔다.
　나는 화려한 파티나 사람들이 많이 모이는 장소에 어른들을 따라가 구경한 일이 없었다. 그 후 내가 학교에 다닐 무렵에도 가족이나 친지

들이 모여 집 밖으로 함께 나가 본 일이 없었다.

그러니까 교회 활동 같은 일은 전혀 체험해 보지 못했다. 더구나 운동은 전혀 생각할 수조차 없었다. 그 이유를 굳이 밝힌다면 나는 병적일 정도로 매우 내성적이어서 박력과 긍지와 의욕이 약한 데다가 가족 이외의 모든 사람들을 별개로 생각하여 그들 모두의 마음에서 멀어졌고 또 그들이 싫었다. 즉, 신경질이라도 내고 싶을 정도로 수모스럽게 느꼈다.

나는 나이가 들어 성인이 되자 여자로서 당연히 결혼을 해야만 되었다. 결국 나보다 7살이나 많은 남자와 결혼을 했으나 고질적인 내 성품은 조금도 변하지 않고, 오히려 과대망상증에 걸렸다.

그런데 이와는 너무도 대조적으로 남편의 가족이나 친척들은 명랑하고 쾌활하며 누구보다도 강한 자부심을 가지고 있었다. 나에게 있어서 그들은 하나의 상징적인 존재였다. 즉, 내가 꿈꾸었던 이상적인 모습이라고 해도 과언이 아닐 정도로 소중했다.

나 자신을 올바른 사람으로 인도하는 안내자인 양 나는 그들과 같은 성품이 되고자 온갖 노력을 기울였으나 허사였다. 이상하게도 마음과 행동이 일치되지 않았다.

다시 말해서 그들이 나를 가까이하려고 하면 할수록 나는 침실에 틀어박혀 문을 굳게 닫고서 수모와 또 인간으로서 완전치 못한 약점에 대해 비굴함과 비통한 슬픔을 금할 수가 없었다. 나는 신경질을 잘 부리고 화를 잘 내며 대수롭지 않은 일에도 자포자기했고 까닭없이 가까운 친구들을 피했다.

이 같은 고질적인 현상은 날이 갈수록 심해져서 심지어는 초인종 소리만 들려도 소스라치게 놀라며 두려움이 앞섰다.

나는 결혼 후에도 외부 세계와 접촉이 전혀 없었으며 국한된 범위에서 그늘진 생활을 해 왔다. 그러나 한편으로는 공포감과 두려움이 앞섰는데, 그것은 나의 이 약점들을 남편이 눈치챌까 싶어서였다.

인간은 누구나 현실에 처해 있는 감정을 억제하고 숨긴다는 게 그리 쉬운 일은 아니다. 서투른 배우가 무대 위에서 연기 능력을 과시하려고 과장된 연기를 하듯이, 사람들 앞에서는 억지로 무리하게 쾌활한 척해야 하는 웃지 못할 경우도 종종 있었는데 그럴 때마다 죽고 싶은 심정이 되었다.

그 후 오랜 세월 동안 나는 스스로 자신의 인생에 대한 비애와 비통한 생각에 빠져 생(生)의 애착을 잃고 점차 낙오자가 되기 시작하였다. 그래서 결국 나는 모든 것을 체념하였고 자살을 해야겠다는 생각이 강렬하게 들기 시작하였다.

무엇이 앞으로 이 불행한 부인의 생활을 정상적으로 이끌어 가는 변화를 가져다 줄 것인지?

신의 가호가 있기를 빌어야 될까? 아니면 인간의 지혜로 정신을 개조시켜야만 될 것인가? 그러나 우연이 가져다 준 말 한 마디가 있었다.

얼렛 부인의 편지는 계속되었다.

인간에게는 언제나 구원의 손길이 다가오게 마련인가 보다. 무슨 까닭인지 우연히 듣게 된 한 마디가 나의 모든 인생을 변화시켰다.

어느 날 시어머니께서 어떻게 아이들을 교육시켰는가에 대해서 이야기하였는데,

"어떠한 경우에도 나는 다른 사람이 아닌 바로 나라는 것을 알라."
라고 말씀하셨다.

'내가 바로 나임을 알라.'

이 한마디 말이 나를 완전히 바꾸어 놓았다. 그 순간 나는 지금까지 내가 순응할 수 없는 틀에 나를 끼워 맞추려 함으로써 나 자신을 불행하게 만들었다는 것을 깨달았다.

나는 당장 그날 저녁부터 변하기로 마음먹었다. 즉, 나는 내 방식대로 살고자 했다. 자신의 성격을 연구하고 자신의 됨됨이를 알려고 노력하고 자신의 장단점에 대해서 깊이 생각해 보았다. 색채와 스타일을 연구하고 자신에게 적합한 옷차림을 하고 친구를 사귀려 했다. 그리고 그들과 어울려 이야기하는 동안에 자신감을 얻게 되었다.

비교적 긴 시간이 걸리기는 하였지만 지금은 예전에는 상상도 못했던 인간으로서 또는 한 주부로서 행복을 느끼고 있다. 나는 나의 자녀들을 교육시키는 데 있어서도 내가 체험한, 쓰린 경험 끝에 배운 교훈,

"어떤 경우에도 나는 다른 사람이 아닌 바로 나라는 것을 알라."
라는 말 한 마디를 주입시키고 있다.

자기 자신을 외면하는 것이 신경증·정신이상·강박 관념 등 잠재의식의 원인이 된다.

안젤 파트리는 아동 훈육에 대한 많은 저서와 논문을 발표하였다.

"자기의 마음과 육체를 떠나서 자기 이외의 누군가와 동일하게 되고 싶어하는 인간처럼 비참한 것은 없다."
라고 그는 말하고 있다. 자기에게 맞지 않는 것을 원하고 또 그것이

되고 싶다는 욕망은 특히 헐리우드에서 유행하고 있다.
 세계적으로 흥행에 성공한 유명한 영화 감독 중의 한 사람인 샘 우드는 야심에 가득 찬 젊은 배우들에게 무엇보다 선행(先行)해야 할 일은,
 "자기 자신을 먼저 아는 것이라고."
 설득하는 일이라고 강력히 말했다.
 그들은 일류 연기자인 라나 터너나 클라크 케이블의 발뒤꿈치에도 미치지 못했다.
 "세상은 또 그렇게 말하는 풍미를 맛보게 해 준다. 지금은 무언가 세상 풍조와 원리에 맞지 않는 것을 바라고 있다."
 라고 샘 우드는 말하고 있다.
 우드는 〈굿바이 미스터 칩스〉〈누구를 위하여 좋은 울리나〉 등의 영화를 감독하기 전에는 평범한 인간으로서 부동산 매매업에 종사하고 있었다. 그는 세일즈맨의 요령을 알고 있었다. 즉, 각 분야의 상도덕을 터득하고 있었다.
 그는 실업계에서도 영화계에서도 모든 일의 요령은 한 가지뿐이라고 말하고 있다.
 "숭고한 인간이기에 원숭이같이 흉내는 내지 말라."
 라는 것이다. 즉, 앵무새가 되지 말라는 것이다.
 "나의 경험에 비추어 볼 때, 능력이 없는 것을 의식적으로 위장하고 있는 사람들은 될 수 있는 대로 빨리 해고하는 쪽이 안전하며 그것이 상대방을 위하는 것이다."
 라고 그는 말했다.
 나는 최근 소고니 와규암 석유회사의 인사 담당 이사인 포인드에게

취직 희망자들이 범하는 최대의 실수는 무엇이냐고 물어 보았다. 그는 자기가 면접한 구직자의 수가 자그마치 6만이 넘는다고 했다.

《일을 얻는 방법》이라는 책까지 출판한 적이 있는 그였기 때문에 구직자의 실수를 누구보다도 잘 알고 있을 것이다. 그런데 그는 이렇게 대답했다.

"구직자들이 범하는 최대의 실수는 자신이 없는 것같이 보이는 것이다. 마땅히 침착하고 솔직해야 하는데도 면접자에게 영합하려는 듯이 반대로 답을 하려 한다."

그러나 그것은 절대로 옳지 않다. 그 누구도 속이는 것은 불가능하다. 가짜 돈을 좋아할 인간은 없다. 가면이나 과장, 그리고 위장 전술은 곧 상대방이 알아차리게 마련이다.

어느 시내 전차회사 여차장인 아가씨는 간신히 이 교훈을 터득하였다. 그녀는 처음에 가수 지망생이었는데 불행하게도 입이 너무 큰데다가 덧니박이였다. 그래서 뉴저지(New Jersey) 주의 나이트 클럽에서 처음으로 사람들 앞에서 노래를 부를 때 튀어나온 이를 보이지 않게 하려고 애썼다. 그녀는 매혹적으로 보이려 했으나 그것이 도리어 역효과를 나타내어 실패하고 말았다.

그런데 그 나이트 클럽에서 노래를 듣던 한 사나이가 그녀의 재능을 인정했다. 그는 급기야 어떤 영감(靈感)이라도 받은 듯이 무뚝뚝하게 소리쳤다.

"나는 당신이 노래 부르는 것을 보고 있었고 당신이 애써 무엇인가 감추려는 것을 알았다. 앞니가 그렇게도 마음에 걸리는 모양이지?"

소녀는 난처해 했고, 사나이는 말을 계속했다.

"그것이 어떻다는 건가? 덧니는 너의 죄가 아니야, 조금도 감출 필요가 없어. 마음껏 입을 벌리고 노래를 불러라. 그러면 모두들 네가 조금도 두려워하지 않는 것을 보고 너를 사랑하게 될 거야. 지금 네가 감추려는 덧니로 인해서 행운이 생기게 될지도 모른다."

 카스 다레는 그 사나이의 충고에 따라 덧니에 마음을 쓰지 않게 되었다. 그 이후 그녀는 입을 크게 벌리고 힘있게 소리내어 노래를 불렀다. 그녀는 영화와 라디오에서 대스타가 되었다. 그리고 지금은 그를 능가할 희극배우가 없다.

 "보통 사람은 그들의 잠재능력의 10퍼센트밖에 발전시키지 못한다." 이것은 자기자신을 발견하지 못한 사람들에 대한 윌리엄 제임스의 설명이다.

 그는 또 이렇게 말했다.

 "우리들이 가지고 있는 가능성을 생각해 보면 우리들은 반 각성의 상태에 있다. 우리들은 육체적·정신적으로 아주 적은 부분만을 이용하고 있을 뿐이다. 다시 말하면 그 어느 한계에서 멀리 떨어져 있는 곳에서 생활하고 있다. 인간은 여러 종류의 힘을 가지고 있으면서도 대부분의 사람들은 그것을 이용할 줄 모른다."

 당신도 나도 이러한 힘을 가지고 있으므로, 다른 사람보다 뒤떨어져 있다는 이유로 번민하고, 1초라도 무의미하게 보내지 말아야 한다.

 당신은 이 세상에서 단 하나밖에 없는 존재이다. 이 세상이 생긴 이래, 당신과 똑같은 인간은 없었던 것처럼 앞으로도 당신과 똑같은 인간은 결코 존재하지 않는다.

 새로운 유전 과학은 우리가, 아버지에게 물려받은 24개의 염색체와 어머니에게서 물려받은 24개의 염색체로 만들어졌다는 것을 가르치고 있다. 이 48개의 염색체에 함유되어 있는 것이 당신의 모든 것을 결정한다.

"염색체의 하나하나에는 수십 아니 수백의 유전 인자가 있어서, 이렇게 그 하나로도, 개인의 전 생애를 변화시킬 수 있다. 인간이란 것은 두려우리만치 불가사의하게 만들어진 존재다."
라고 아므란 샤인헬드는 말하고 있다.

당신의 부모가 결혼해서 일심동체가 된 후에도, 당신이라는 특별한 인간이 탄생하는 확률은 단 하나밖에 없다. 다시 말하면 당신에게 수많은 형제 자매가 있다 하여도 모두 그대와는 다르다는 것이다. 이것은 단지 추리적인 것인가? 천만에, 과학적인 사실이다. 거기에 대해서 좀더 자세히 알고 싶다면 아므란 샤인헬드의 《인간과 유전》이란 책을 읽어 보는 것이 좋다.

나는 그러한 문제에 있어서는 확신을 가지고 이야기할 수가 있다. 그 일에 관심을 가지고 있었을 뿐만 아니라 쓰디쓴 경험을 했기 때문이다.

나는 미주리 주의 옥수수밭에서 처음으로 뉴욕에 도착하여, '아메리카 아카데미 오브 드라마틱 아츠'에 들어갔다. 나는 배우 지망생이었다. 나는 그때까지만 해도 이렇게 간단 명료하고 확실하게 성공에 가까운 길은 없다고 생각했다. 왜 야심을 가진 청년들이 이 방법을 모르고 있는지 오히려 그것이 불가사의하게 생각되었다.

나의 계획은 이러했다. 우선 당시의 명배우인 존 드류, 월터 햄, 햄프턴, 오티스 스키너가 연기를 습득하게 된 그 방법을 연구한다. 그리고는 그들의 장단점을 골라내어 종합하였다.

이것은 실로 어려서운 일이 아닐 수 없다. 그래서 나는 자기 자신이 아닌 타인에게 기대어 무언가 절대적인 것을 이룩해 보려는 것은 허사임을 절실히 깨닫고 반성을 하기 전까지는, 남을 흉내내기로 인생의 긴 시간을 낭비했다.

그 괴로운 경험은 결코 잊을 수 없는 교훈을 남겨 주었지만, 사실은 그렇지가 않았다. 나는 그 이상으로 우둔했다. 다시 한 번 그와 마찬가지인 진리를 배우지 않으면 안 되었다.

나는 수년간 실업가의 화술에 관해서 좋은 작품을 써야겠다고 생각하고 있었다. 나는 이 저술에 대하여서도, 앞의 경우와 똑같은 오류를 범하는 어리석음을 반복했다.

나는 다른 사람의 저서 중에서 아이디어를 골라 모아서, 모든 아이디어의 종합판인 한 권의 책을 만들려고 생각했다. 그래서 화술에 관한 서적을 수십 권 구입하여 그것을 하나로 종합하는 데 1년 이상을 소비했다.

그러나 그 사이에 나의 어리석은 행동에 정신이 번쩍 들었다. 다른 사람들의 아이디어는 너무도 복잡하여 한 권으로 종합하기에는 어림 없었고, 실업가가 읽어 줄 것 같지도 않았다. 그래서 나는 1년간의 고생 끝에 모든 것을 집어치우고 다시 시작했다.

나는 내 자신에게 말했다.

'너는 데일 카네기가 되어라. 다른 사람의 한계에 신경을 쓰지 말라. 너는 자기 자신 이외의 것은 될 수 없다.'

나는 다른 사람들이 이미 만들어 놓은 것을 종합하여 다시 만드는 짓은 그만두고, 분발하여 내가 최초로 할 수 있는 것만을 골라서 착수했다. 나는 나의 경험·관찰·강연자들에게 연설법을 가르치는 교사로서의 자신을 기준으로 해서 화술에 관한 저서를 썼다.

나는 워다 라레 경(진창길에 상의를 벗어놓고 여왕에게 그 위를 밟고 지나가게 한 그 풍류인이 아니라 1940년 옥스퍼드 대학의 영문학 교수였던 동성 동명의 사람)이 배웠다는 것과 같은 교훈을 마음에 깊이 새겨 두었다.

"나는 셰익스피어와 같은 역작은 쓰지 못할지라도 나의 역작은 쓸 수 있다."

라고 그는 말했다.

자기 자신이 되어라. 어윈 파린이, 고인이 된 조지 카슨에게 준 교훈에 따라 행동하라. 처음 두 사람이 만났을 때에는, 파린은 이미 유명한 인물로 알려져 있었으나, 카슨은 베를린의 뒷골목에서 주급 35달러의 생활에 얽매이고 있는 젊은 작곡가였다. 파린은 카슨의 재능에 마음의 충동을 받고 현재 그가 받고 있는 급료의 세 배를 줄 테니 자기의 음악 비서가 되어 달라고 제의했다.

"그러나 내 비서가 되더라도 당신의 일은 계속해 나가는 것이 좋을 것이오."

라고 파린은 충고했다.

"그대가 내 일에만 정신을 쏟는다면 파린의 모조품에 지나지 않을 우려가 있어요. 그러나 그대가 언제까지나 자기 자신만의 특기를 살린다면 언젠가는 일류의 카슨이 될 것은 틀림없소."

카슨은 그 충고를 마음 깊이 간직하고는 천천히 자기를 그 시대의 특색 있는 아메리카 작곡가로 변화시켰다.

찰리 채플린, 윌 로저스, 메리 마가레트 맥프라이드, 진 오드리, 그 외의 많은 사람들은 내가 이 장에서 강조하고 있는 교훈을 직접 체험하지 않으면 안 되었다. 그들은 나와 마찬가지로 괴로운 경험을 통해 배운 것이다.

찰리 채플린이 처음으로 영화에 출연할 때, 감독은 그에게 당시 인기가 있던 독일의 희극배우 흉내를 내라고 지시했다. 그러나 채플린은 그만의 독특한 연기를 함으로써 처음으로 인정을 받을 수 있었다.

봅 호프도 같은 경험을 가지고 있다. 처음에는 노래를 부르고 춤을 추는 연기를 했으나, 그것은 힘들게 뛰는 것으로 끝나고, 결국은 만담을 시작하여 자기만의 재능을 발휘하게 됨으로써 인기를 얻었다.

윌 로저스는 몇 년 동안 단상에 나서면, 한 개의 로프를 말없이 손끝으로 비틀어 돌리곤 했다. 그런데 그것이 유머에 대한 그의 특수한 재능을 발견하는 계기가 되었다. 로프를 흔들어 돌리면서 말하는 것이 인기를 얻게 된 것이다.

메리 마가레트 맥프라이드는, 처음으로 방송국에 나갈 때는 아일랜드의 희극배우가 되고자 했으나 실패했다. 그녀가 자기 자신 그대로의 미주리 태생의 시골 여자가 되었을 때 비로소 뉴욕에서 가장 인기 있는 라디오 스타가 되었다.

진 오드리가 텍사스에서 태어난 것을 감추고, 도시인인 것처럼 가장하고, '나는 뉴욕에서 태어났다'고 말하고 있을 때에 세상 사람들은 돌아서서 그를 비웃었다. 그러나 그가 판초를 두르고 카우보이의 노래를 부르자 그의 앞길은 저절로 열리고 그는 영화에서나 라디오에서 세계 제일의 카우보이가 되었다.

당신은 이 세상에서 새로운 그 무엇이다. 그것을 즐겨야 한다. 자연이 당신에게 부여해 준 것을 최대한 활용해야 한다.

정신분석적으로 살펴본다면, 모든 예술은 자서전에 불과하다. 당신은 당신에게 있는 만큼밖에 노래하지 못한다. 당신에게 있는 만큼밖에 그리지 못한다.

당신은 당신의 경험·환경·유전적인 요소에 따라서 만들어졌을 뿐이다. 좋든 나쁘든, 당신은 자기만의 작은 정원을 손에 넣을 것이고 좋든 나쁘든 당신의 인생의 오케스트라에서 당신 자신의 작은 악기를 연주할 것이다.

에머슨은 〈자신〉이란 논문에서 이렇게 서술했다.

모든 사람의 교육 도중, 다음과 같은 확신에 도달하는 시기가 있다. 다시 말하면 질투는 무지, 모방은 자살이다. 좋든 나쁘든 자기에게 주어진 운명을 바라볼 때, 광대한 우주가 좋은 것으로 가득 차 있어도 그에게 돌아오는 곡식은 그에게 주어진 좁은 땅에서 스스로의 노력에 의하여 만들어진 것 이외에는 없다는 것, 그에게 잠재해 있는 힘은 아주 새로운 것으로서, 그가 그 힘으로 무엇을 성취할 수 있는가 하는 것은 스스로 그 힘을 쓰기 전까지는 아무도 모르는 것이다.

시인인 더글러스 마록은 이렇게 시를 썼다.

만일 네가 산 위의 장송(長松)이 되지 못하거든,
계곡의 자목(紫木)이 되어라——그러나 개울가에 자라서 누구나 사랑하는 나무가 되라.
만일 나무가 되지 못하거든 떨기나무[灌木]가 되어라.

만일 떨기나무가 되지 못하거든, 작은 풀이나 되어라.
그래서 거리를 아름답게 하여라.
만일 네가 가마니가 되지 못하거든 억새풀이 되어라.

그러나 물가에서 자라는 제일 좋은 억새풀이!

우리는 모두가 선장이 될 수 없다. 선원이 되는 것도 좋다.
그러나 모두에게 할 일은 있다.
큰일이 있다면 작은 일도 있다.
그리고 하지 않으면 안 되는 것 같다.
만일 네가 큰 거리에서 피지 못한다면 차라리 작은 거리에 피어라.
만일 네가 태양이 되지 않으면 별이 되어라.
실패와 성공은 커지는 것은 아니다, 무엇이든지 가장 좋은 것이 되어라.

♣ 우리가 번민으로부터 해방되어 평화와 자유를 누리는 정신적 태도를 기르기 위한 법칙

타인을 모방하지 말라. 자기 자신을 발견해서 자기 자신을 알라.

제 2 장
피로와 번민을 막는 4가지 방법

1. 당면한 문제에 관계 있는 서류 이외는 모두 치워라

시카고의 철도회사 사장인 로랜드 L. 윌리엄은 이렇게 말했다.

"여러 가지 서류를 책상 위에 산처럼 쌓아 둔 사람이 있는데, 지금 곧 불필요한 물건을 전부 치워 버리면, 좀더 쉽고 정확하게 일을 처리할 수 있다. 나는 이것을 필요한 정치라 부르고 있다. 이것이야말로 능률을 올리는 첫걸음이다."

위싱턴의 국회 도서관에는,

'질서는 하늘의 제1의 법칙이다.'

라는 보프의 구절이 큼지막하게 씌어 있다.

질서는 모든 일의 첫번째 법칙이다. 그러나 대부분의 비즈니스맨의 책상에는 몇 주간이나 보지 않았으리라 생각되는 서류로 가득 차 있다. 뉴올리언스 어느 신문 발행인의 말을 인용하면, 비서가 그의 책상을 정리했더니, 2년 전에 분실한 타이프라이터가 나왔다고 했다.

회신을 하지 않은 편지·보고서·메모가 여기저기 어지럽게 흩어져 있는 책상은 보기만 해도 혼란스럽고 번민이 생길 것이 분명하다. 그 이상으로 또 좋지 않은 일이 있다. 그것은 예의,

'하지 않으면 안 되는 많은 일을, 그것을 할 시간이 없기 때문에.'
라는 생각이다.

이것은 사람을 긴장과 피로에 쫓기게 할 뿐만 아니라, 고혈압과 심장병과 위암을 발생케 한다.

펜실베니아 대학의 학부 교수인 존 H. 스토그 박사는 미국의학협회에 〈장내의 여러 병으로 인한 기능적 노이로제〉란 표제로 연구 보고를 하였는데, 그 보고서 가운데에, '환자의 정신 상태에 대한 고찰'이란 11개의 조건을 내놓고 있다. 그 제1항목은 다음과 같다.

'해서는 안 된다는 관념, 혹은 의무감, 하지 않으면 안 되는 일을 택하는 것을 모르는 긴장.'

그러나 책상을 정돈하고 결단을 내린다는 기본적인 방법으로 고혈압·의무감·하지 않으면 안 되는 일을 택하지 못하는 긴장 등을 방지할 수가 있을까?

유명한 정신병 학자인 윌리엄 사드라 박사는 신경 쇠약을 방지한 한 환자의 이야기를 들려주었다.

그 남자는 시카고에 있는 큰 회사의 중역이었는데, 사드라 박사의 사무실에 찾아왔을 때에는 번민에 가득 차고 항상 긴장하여 마치 잘 라낸 떡이 땅에 떨어지기 직전 같았다. 그러므로 만사를 멀리하지 않으면 안 되었다. 그래서 의사에게 도움을 청한 것이다.

사드라 박사는 이렇게 말하고 있다.

"그 남자가 말하고 있을 때, 전화벨이 울렸다. 병원에서 걸려온 전화

였다. 나는 그 용건을 즉석에서 처리했다. 그것이 내 방침이었다. 그것이 끝나자, 곧이어 또 이야기를 계속했다. 세 번째의 방해자는 내 동료의 방문이었다. 중태에 빠진 환자에 대해 나의 의견을 듣고자 찾아온 것이었다. 그 용건이 끝나자 나는 손님을 향하고 오랫동안 기다리게 한 것을 사과했다. 그런데 그는 아주 밝은 얼굴을 하고 있었다."

"아닙니다. 별말씀을 다하십니다."

그는 사드라에게 말했다.

"이 10분 동안 제가 저지른 잘못에 대해 조금은 알 것 같은 기분입니다. 사무실로 가서 모든 일의 습관을 고쳐야겠습니다. 그 전에 선생님, 실례이지만 선생님의 책상을 구경시켜 주시면 감사하겠습니다."

사드라 박사는 책상을 보여 주었다. 책상은 깨끗했다. 책상 위에도 서랍에도 서류나 메모 따위는 없었다.

"아직 처리하지 못한 일은 어디에 두십니까?"

라고 손님은 물었다.

"회신하지 않은 편지 같은 것은 한 통도 없습니다. 편지를 받는 즉시 답신을 해 주고 있기 때문입니다."

6주일 후에 이 중역은 사드라 박사를 그의 사무실로 초대했다. 그는 완전하게 변화되어 있었다. 그리고 그의 책상도 변화되어 있었다. 그는 책상 서랍을 보여 주었다. 그 안은 아주 깨끗했다. 그리고 중역은 말했다.

"6주일 전 저는 두 개의 사무실에 세 개의 책상을 가지고 있었습니다. 그런데 선생님과 이야기를 나눈 후에는 보고서와 오래 된 서류를 모두 정리해 버렸습니다. 그래서 지금 저는 하나의 책상에서 일을 하며 모든 일들은 즉시 처리하며, 미해결된 일 때문에 당황하거나 긴장하거나 번민하지는 않습니다. 그러나 가장 경이적인 것은 제가 완전하게 회복되었다는 사실입니다. 저에게는 이제 어느 곳에도 나쁜 점은 없습니다."

미국 최소 재판소 배심원장이었던 찰스 웬스 휴즈는 말했다.

"인간은 과로가 원인이 되어서 죽지는 않는다. 낭비와 번민이 원인이 되어서 죽는다."

그와 같이, 낭비와 일들은 언제까지 하여도 끝이 없다는 번민으로 죽는 것이다.

2. 중요한 정도에 따라서 일을 처리해라

시티스 서비스 컴퍼니의 창립자인 헨리 L. 토파즈는,

"샐러리맨은 그들이 받는 급료와는 관계없이, 보려고 해도 볼 수 없는 재능이 두 가지 있다."
라고 말했다. 그가 말하는 이 더없이 귀중한 능력의 한 가지는 '생각하는 능력', 또 한 가지는 '중요한 정도에 따라 일을 처리해 가는 능력'이다.

전혀 교육을 받지 못했지만 20년 만에 펩소던트 회사의 사장으로 출세한 찰스 랙맨은 헨리 토파즈가 말한, 보려고 해도 보이지 않는 2가지 재능을 찾아내어 발휘했기 때문에 자신이 성공했다고 단언하고 있다.

찰스 랙맨은 말했다.

"나는 실로 오래 전부터 아침 5시에 일어났다. 왜냐하면 이른 아침에는 모든 것이 잘 생각나기 때문이다. 하루의 계획을 세우고 모든 일들을 그 중요한 정도에 따라서 처리할 수 있게 계획을 세우는 데는 이른 아침이 가장 좋다."

 미국에서 가장 성공한 보험회사 외판원의 한 사람인 프랭클린 베트거는 하루의 계획을 세우는 데 아침 5시까지 기다릴 수 없었다. 그는 전날 저녁에 그것을 계획했다. 다음날 가입시킬 보험액을 결정하고, 만일 가입액이 남으면 그 금액을 다음날의 목표액에 부가했다.

 나는 오랜 경험에서, 인간은 항상 모든 일을 그 중요한 정도에 따라서 처리하지는 않음을 알고 있다. 그러나 또한 제일 중요한 일은 제일 먼저 하려는 계획이 실천될 듯 말 듯하다는 것보다는 차라리 계획을 세우지 않는 것이 옳다는 것도 알고 있다.

 만일 조지 버나드 쇼가 제일 중요한 일을 최초에 할 것을 엄중히 강조한 법칙에 의해 하지 않았다면 아마도 그는 작가로서는 실패하고 말았을 것이며 일생을 은행의 출납계 직원으로 끝마쳤을지도 모른다. 그의 계획은 반드시 매일 5페이지를 쓰는 것이었다. 이 계획대로 그는 9년 동안 매일 5페이지씩 계속 썼다. 9년 동안의 소득은 30달러, 하루에 1페니에 불과했다.

 로빈슨 크루소도 역시 그날그날의 일에 대해 계획을 세웠다.

3. 연기하지 말고 즉석에서 해결하라

 나와 동기였던 고(故) H. P. 하우엘은 나에게 이야기하기를, 그가 US 스틸 이사였을 때에, 이사회의 회의는 언제나 장시간이 걸리고, 많은 의안이 심의되었으나 결정은 대부분 뒤로 미루어졌다. 그 결과, 각 이사들은 태산 같은 보고서를 집에까지 가지고 가서 연구하지 않으면 안 되었다고 한다.

 이에 하우엘 씨는 한 번에 한 개의 의안만을 상정해서 심의 결정할 것을 제안하자고 전원을 설득했다. 연기한다든가, 집으로 가져간다든가 하는 일이 없도록 하고, 새로운 보고를 하고자 하는 것도, 어떤 일을 실행하고자 하는 것도, 하지 않으려 하는 것도, 하여간 그것을 결정하지 않고서는 다음의 의안을 상정하지 않게 한 것이다.

그 결과는 실로 놀랄 만한 것이었다. 모든 서류들은 정리되고 일정표는 깨끗하고, 보고서를 집에 가지고 갈 필요가 없었다. 또한 해결되지 않은 문제 때문에 머리를 어지럽히지 않아도 됐다는 것이다.

이것은 US 스틸의 이사회뿐만 아니라, 우리들에게도 좋은 법칙이다.

4 조직화하고 대리화하고 지휘화하는 것을 배워라

많은 실업가들은 책임을 타인에게 맡길 줄 모른다. 자기 혼자 모든 일을 하려고 하기 때문에, 고령도 아닌데도 불구하고 일찍 죽어간다. 자질구레한 일에도 혼란을 겪고 압도되어, 번민과 불안과 긴장과 초조 등에 쫓기고 쓰러진다. 책임을 위임하는 법을 배운다는 것이 무척 어려움을 나도 알고 있다.

나는 경험상, 믿을 수 없는 사람에게 권위를 위임한 데서 일어난 재난을 알고 있다. 그러나 권위를 위임한다는 것은 어려운 것이지만, 번민·긴장·피로를 피하고 싶다면 그것을 실행하지 않으면 안 될 것이다.

대사업을 이룩한 사람으로 조직화·대리화·지휘화하는 것을 배우지 못한 사람은, 50세에서 60세 초기에 심장병으로 안타깝게 세상을 하직한다. 믿지 못하겠다면 신문의 부고란을 보라.

제 3 장
사람을 피로하게 만드는 원인과 대책

　여기에 경이적이고도 의미심장한 사실이 있다. 정신적인 작업만으로는 사람은 대체로 피로하지 않다는 것이다. 이 말은 어쩌면 바보 같은 소리로 들릴지도 모른다.
　그러나 수년 전 과학자들은 인간의 두뇌가 피로를 느끼지 않고 얼마나 오랫동안 활동할 수 있는지를 발견하기 위해 실험했다. 그들이 놀란 것은, 뇌를 통과하는 혈액은 항상 활동하고 있어도 전혀 피로한 기색을 보이지 않는다는 사실 때문이었다.
　육체의 활동량이 많은 일일 노동자에게서 채취한 혈액에는 피로의 독소와 피로를 가져오는 생성물이 가득 차 있었다. 그러나 아인슈타인의 뇌에서 혈액을 채취했을 때는 그것이 하루가 끝날 무렵이었음에도 피로의 독소는 보이지 않았다.
　뇌에 관한 한, 그것이 8시간이나 12시간 활동한 후에도 마찬가지로 활발하게 움직일 수 있다는 것이다. 뇌는 전혀 피로를 모른다. 그러면 무엇이 사람을 피로하게 만드는가?

　정신병학자가 말하기를, 우리들이 느끼는 피로의 대부분은 정신적이고도 감정적인 태도에 원인이 있다고 단언하고 있다. 영국의 유명한 정신병학자인 J. A. 하드필드는 그의 저서《힘의 심리》중에서 이렇게 역설하고 있다.

　"우리를 번민케 하는 피로의 대부분은 정신적 원인에서 오고 있다. 순수하게 육체적 원인에서 오는 피로는 무척 희박하다."

　미국에서 가장 권위 있는 정신병학자 중의 한 사람인 A. A. 부릴 박사는 이보다 한 발 앞서서,

　"건강한 샐러리맨의 피로는 거의 심리적 요소, 즉 다시 말하면 감정적 요소가 원인이다."
라고 단언했다.

　그러면 어떤 종류의 감정적 요소가 샐러리맨을 피로하게 만드는 것일까? 즐거움인가, 만족인가? 천만에.

　낙담, 원한, 정당하게 평가받지 못하고 있다는 기분, 과로한다는 기분, 초조, 불안, 번민 ── 이러한 감정적 요소가 샐러리맨을 피로하게 하는 절대적인 원인이 되어, 생산을 감퇴시키고, 신경성 두통을 안고 집으로 돌아가게 한다. 따라서 자기의 감정이 신경적인 긴장을 낳게 함으로써 피로하게 된다.

　메트로폴리탄 생명보험 회사는 피로에 관한 작은 책자에서 이 사실을 지적하고 있다.

　"격한 일에서 오는 피로는 대개의 경우 충분한 수면이나 휴식으로 회복된다. 번민과 긴장과 혼란이 피로의 3대 원인이다. 차츰차츰 육체적인 것이나 정신적인 것에서 기인되는 것같이 생각되지만, 그것이 원

인이 되는 것이 많다. 긴장하고 있는 근육은 움직이고 있는 근육이란 것을 잊어서는 안 된다. 여유를 가져라! 언제나 책임을 지니고 있는 에너지를 저축하라."

 지금이라도 잠깐 일을 멈추고 자기 자신을 검토해 보자. 이 구절을 읽어가는 때에도 그대는 책을 움켜쥐고 있지는 않은가? 눈과 눈 사이에서 긴장을 느끼지는 않는가? 힘없이 의자에 허리를 기대고 있는가? 어깨를 추켜세우고 있지는 않는가? 얼굴을 찡그리고 있지는 않는가?

 만일 그대의 전신이 옛날 헝겊으로 만든 인형처럼 축 늘어져 있지 않으면, 그대는 이 순간 신경적인 긴장과 근육적인 긴장을 발생시키고 있는 것이다. 그대는 신경적인 피로와 근육적인 피로를 발생시키고 있는 것이다!

 왜 우리들은 정신적 노동을 하는 데 있어서, 이런 불필요한 긴장을 하게 되는가. 조스린은,
 "곤란한 일들은 노력하는 감정을 필요로 하고, 그것이 없으면 잘 이루어지지 않는다는 것이 일반에게 믿음처럼 되어 있는데 그것이 커다란 장애가 되고 있다."
라고 말했다.

 그래서 우리는 정신을 집중시킬 때에 얼굴을 찡그리고, 어깨를 추어올리고, 노력의 동작을 왕성하게 하기 때문에 근육에 힘을 주게 되는데, 그것이 우리의 뇌의 움직임을 구해 주는 것은 아니다.

 여기에 놀랍고도 통탄스러운 진리가 있다. 그것은 돈을 낭비했다는 것은 꿈에도 생각지 않는 사람들이 취해서 비틀비틀하고 그들의 에너지를 낭비하고 있다는 것이다.

이 신경 피로에 대한 대책은 무엇인가? 휴식! 일을 하고자 하면 휴식하는 재주도 배워야 한다.

쉬운 일이라고? 천만에, 당신은 일생의 습관을 바꾸지 않으면 안 된다. 그것은 노력할만한 가치가 있다. 그것으로 인하여 당신의 생애에 일대 혁명이 일어날지도 모르기 때문에.

윌리엄 제임스는 그의 《휴양 복음》이라는 에세이에서 이렇게 서술했다.

"미국 사람의 지나친 긴장과 기분, 강렬한 격동의 표정…… 이것들은 실로 나쁜 습관들로서 반드시 고쳐야 할 것이다."

긴장은 습관이다. 휴식도 습관이다. 나쁜 습관은 고칠 수 있고, 좋은 습관은 형성할 수 있다.

어떻게 하면 여유를 가질 수가 있는가? 마음부터 시작하는 것인가, 그렇지 않으면 신경부터 시작하는 것인가? 그러나 어느 쪽도 아니다. 항상 근육을 여유 있게 하는 것부터 시작하는 것이다.

어떤 방법이 좋은가? 한 가지 해 보기로 하자. 그럼 눈부터 시작하자. 이 구절을 모두 읽었으면 눈을 감는다. 그리고 조용히 눈에게 말을 한다.

'휴식이다. 휴식이다. 긴장은 하지 말자. 찡그린 얼굴은 하지 말자. 휴식이다. 휴식이다.'

1분간, 아니 몇 분이라도 이렇게 계속하는 것이다. 2, 3초 계속해 보라. 눈의 근육이 그것에 따라 반응을 보이는 것 같지 않은가. 누군가의 손이 긴장을 벗겨준 것 같은 느낌이 들지 않는가. 믿을 수 없을지 모르지만, 당신은 이 1분 동안에 휴양하는 기술의 모든 열쇠와 비결을 획득한 것이다.

턱과 얼굴의 근육과 목, 어깨, 전신에 있어서도 마찬가지로 하면 된다. 그러나 가장 중요한 것은 눈이다.

시카고 대학의 에드몬드 제콥슨 박사는 만일 인간이 눈의 근육을 완전히 느슨하게 한다면 모든 번민을 잊을 수 있을 것이라고 말했다. 왜 눈의 긴장을 풀어내는 것이 그렇게 대단하냐고 묻는다면, 눈은 신체가 소비하고 있는 에너지의 4분의 1을 소비하고 있기 때문이다. 시력이 좋은 많은 사람들이 눈의 피로에 번민하는 이유도 여기에 있다. 그들은 눈을 긴장시키고 있는 것이다.

유명한 소설가 비키 바움은 어린 시절, 한 노인으로부터 실로 귀중한 교훈을 얻었다.

그녀는 넘어져서 손을 삐었다. 그 노인은 서커스단의 소품을 맡아보는 사람이었는데, 그녀를 부축해서 일으켜 주고 흙을 털어 준 다음에 이렇게 말했다.

"애야, 네가 넘어진 것은 어깨를 편히 하는 방법을 모르기 때문이지, 헝겊 인형처럼 부드럽게 하지 않으면 안 되요. 자, 내가 어떻게 하는지 보여 주마."

그 노인은 그녀와 다른 아이들에게 넘어지는 방법, 뛰어넘는 모양, 재빨리 일어나는 재주를 보여 주었다. 그리고 이렇게 말했다.

"자기를 부드러운 헝겊 인형이라고 생각하고 언제나 어깨를 편히 하면 되는 게야."

당신은 어느 때, 어느 곳에서도 여유 있게 할 수 있다. 그러나 여유 있게 하려고 노력해서는 안 된다. 여유를 갖는 데에는 긴장과 노력이 필요치 않다. 무아무심(無我無心)의 상태에 들어가야 한다.

먼저 눈과 얼굴의 근육을 쉬게 하고 몇 번이고,

'휴식이다, 휴식이다. 잘 쉬어라.'
라고 말해 준다. 그렇게 하면 에너지가 안면 근육에서 신체의 중심부로 흘러내리는 것을 알게 될 것이다. 그래서 어린아이처럼 긴장에서 해방되는 것이 틀림없다.

유명한 소프라노 가수인 갈리 그루치도 이렇게 말했다. 헨리 캡슨은 공연을 하기 전에 갈리 그루치와 면담을 하였는데, 그녀는 의자에 푹 파묻혀서 온몸을 축 늘어뜨리고 졸고 있었다고 나에게 이야기한 적이 있다.

여유를 갖는 방법에 도움이 되는 5가지 지침을 제시해 보자.

① 데이빗 헤롤드 펑크 박사의 《신경적 긴장에서의 해방》을 읽어 보라. 다니엘 W. 조스린의 《왜 피로하게 있는가》도 한번 읽어볼 가치가 있다.

② 언제나 여유를 가져라. 신체를 헌 양말처럼 누글누글하게 한다. 나는 헌 양말 한 짝을 책상 위에 놓고 있다. 언제나 긴장을 푼다는 것을 잊지 않기 위해서. 양말이 없으면 고양이라도 좋다.

양지 쪽에서 졸고 있는 고양이를 잡아올린 적이 있을 것이다. 그때 고양이는 사지를 축 늘어뜨리고 만다. 지금까지 나는 피로에 지친 고양이나 불면증·번뇌·위암에 걸린 고양이를 본 일이 없다. 그대가 고양이처럼 여유만만하다면 실로 이와 같은 불행을 면할 수가 있을 것이다.

③ 될 수 있는 대로 편안한 자세로 움직여라. 신체의 긴장은 어깨부터 신경의 피로를 가져온다는 것을 잊지 말자.

④ 하루에 4, 5회씩 자기 검토를 해 보라.

'나는 모든 일을 실제 이상으로 곤란하게 하고 있지 않은가? 나는 이 일에 관계가 없는 근육을 사용하고 있는 것은 아닌가?"
라고 자문해 볼 일이다. 이것은 몸을 편하게 하는 습관을 길러 주는 역할을 한다.

⑤ 하루가 끝나면 다시 자기에게 다짐해 본다.

'나는 어느 정도 피로해 있는가? 만일 피로해 있다면 그것은 나의 정신적 노동 때문이 아니고 그 방법이 잘못되었기 때문이다.'

다니엘 조스린이 말하길,

"나는 하루가 끝나면, 일의 결과로 어느 정도 피로해 있는가를 계산하며 또 피로하지 않은가를 계산한다. 하루가 끝났을 때 상당히 피로함을 느꼈을 때는, 일의 양과 질에 관계없이, 효과 이상으로 소비한 날이라는 것을 알게 된다."

만일 미국의 전 실업가들이 이와 같은 교훈을 배운다면, 과도한 긴장에서 오는 사망률은 감소하리라. 그리고 피로나 번민으로 폐인이 된 사람으로 요양소나 정신병원이 만원이 될 리도 없을 것이다.

제 4 장
권태를 없애는 방법

　피로의 주원인의 하나는 권태이다. 그것을 설명하기 위하여 아리스라는 여자 속기사를 등장시켜야겠다.
　어느 날 저녁, 아리스는 피로에 지쳐서 집으로 돌아왔다. 그녀는 정말 피로해서 두통이 나고, 등이 아팠다. 그녀는 저녁밥을 먹지 않고 곧바로 자리에 눕고 싶었으나, 어머니가 무리하게 제지하므로 식탁에 마주앉았다. 그때 전화벨이 울렸다. 남자 친구가 무도회에 초대한다는 전화였다.
　그녀는 눈이 빛나고 갑자기 원기가 솟아났다. 그녀는 이층으로 뛰어올라가서 옷을 갈아입고 유쾌하게 집을 나갔다. 그녀는 다음날, 새벽 3시까지 춤을 추었다. 그리고 집에 돌아왔을 때는 조금도 피로해 있지 않았다. 사실 그녀는 너무도 기운이 넘치고 기뻐서 잠을 이루지 못할 지경이었다.
　8시간 전의 아리스는 정말 피로해 있었고 틀림없이 피로해 보였다.

그녀는 자기의 일에는 지쳐 있었다. 그러나 인생에는 만족하고 있었다. 아리스와 같은 사람이 몇 백만은 될 것이다. 당신도 그 중의 한 사람인지도 모른다.

인간의 감정적 태도가 육체적 노력보다도 한층 더 피로를 일으키는 데에 관계가 있다는 것은 주지의 사실이다.

수년 전에 조셉 E. 바맥 씨는 《심리 기록》에서 권태가 피로의 원인임을 입증하는 보고서를 발표했다. 그는 학생들을 대상으로, 그들이 흥미를 가지고 있지 않은 문제에 대해서 테스트를 해 보았다. 결과는? 학생들은 피로와 졸음, 두통, 눈이 피로하다고 호소했다. 그 중에는 위에 이상이 생긴 학생도 있었다.

이것은 모두 단순한 '이상'이었던가? 이들 학생들에 대하여 신진대사 테스트를 실행해 본 결과, 사람이 권태를 느끼면 인체의 혈압과 산소의 소비량이 극히 감소되는 반면 자기의 일에 흥미와 즐거움을 느끼기 시작하면 갑자기 신진대사의 속도가 빨라지는 것을 알았다.

인간은 무언가 흥미를 느끼고 흥분되는 일을 하고 있을 때는 절대로 피로하지 않다. 예를 든다면, 나는 최근 루이스 호반에 있는 캐나다 로키 산맥에서 휴가를 보냈다. 나는 며칠 동안 코틸 루이스 연안에서 키가 큰 나무를 찍어 넘어뜨리고는 나무 뿌리에 발이 걸려서 데굴데굴 구르기도 하고, 낚시를 하며 8시간을 보냈지만 전혀 지치지 않았다.

왜 그랬을까? 내 마음은 흥분하고, 즐거움에 춤을 추고 있었기 때문이다. 나는 더없는 행복감에 빠져 있었는데 커다란 물고기 여섯 마리를 낚아 올렸다. 그러나 내가 낚시를 싫어했다면 어떤 기분이었을까? 나는 해발 7천 피트의 고지대에서의 격심한 일의 과로에 완전히 지치고 말았을 것이 틀림없다. 등산과 같은 격심한 활동에 있어서 소모적인 일 이상으로 사람을 피로케 하는 것이 '하기 싫어하는 마음'이다.

미니애폴리스의 은행가 S. H. 킹맨 씨는 나에게 이런 사실을 확실히 입증하는 이야기를 해 주었다.

1943년 7월, 캐나다 정부는 캐나다 산악회에 특별 유격대원의 등산훈련에 필요한 가이드를 보내 달라고 요청했다. 킹맨 씨는 이 가이드의 한 사람으로 선발되었다. 대개 40세에서 49세까지의 가이드들은 젊은 군인들을 인솔하고 빙하를 건너고, 혹은 설원을 횡단하기도 하며 40피트나 되는 절벽을 올라갔다.

그들은 소요 호(湖) 계곡이 있는 몇몇 이름 모를 산봉우리에도 올랐다. 그래서 14시간이 넘는 등산으로 원기가 넘쳐흐르던 젊은이들도 모두 지쳐서 피로했다.

그들의 피로는 아직까지 훈련받지 않았던 근육을 사용했기 때문에 일어난 것일까? 격심한 유격대 훈련을 겪어온 젊은이들은 이런 어리석은 물음에 조소했을 것이 틀림없다. 그들은 등산을 싫어했기 때문에 피로해진 것이다. 그들은 피로가 극에 달해서 식사도 하지 않고 잠을 청하는 자가 적지 않았다.

그러나 군인들보다는 2, 3배나 나이가 많은 가이드들도 그들 나름대로 피로했지만 완전히 축 늘어지지는 않았다. 가이드들은 저녁 식사도 하고 몇 시간 동안이나 그날의 일을 이야기하고 있었다. 그들이 지쳐 쓰러지지 않은 것은 그들이 등산에 흥미를 가지고 있기 때문이었다.

컬럼비아 대학의 에드워드 박사는, 피로에 관한 실험을 행하고 있을 때, 몇 사람의 청년에게 큰 흥미를 갖게 하면서 약 1주일간을 잠을 자지 않게 하였다. 박사는,

"능률 저하의 유일한 원인은 권태다."
라고 보고하고 있다.

만일 당신이 샐러리맨이라면, 일의 양 때문에 피로해지는 일은 없다. 하지 않은 일의 양 때문에 피로해질는지는 모르지만. 지난 주의 어느 하루, 당신이 한 일을 돌이켜 생각해 보라. 회답을 해야 할 편지를 쓰지 않았고, 약속을 어겼다. 그대가 한 짓은 모두 허사가 되고 말았다. 그리고 당신은 지쳐서 집으로 돌아왔다. 깨어질 것처럼 무거운 머리를 가지고.

다음날, 모든 일이 순조롭게 잘 되었다. 전날의 40배도 넘는 여러 가지 일이 있었다. 그래도 당신은 눈과 같고, 하얀 치자나무 꽃과 같이 신선한 기분으로 집에 돌아왔다.

그대에게도 그런 경험이 있었을 것이다. 물론 나에게도 있다.

여기서 우리가 배워야 할 교훈은 다음과 같다. 피로는 몇 번씩 반복되는 일에 따라서 일어나는 것이 아니고, 번민·좌절·원한이 원인이 되어 일어난다는 것이다.

이 장을 집필하고 있는 동안에, 나는 제롬컨의 음악과 뮤지컬 코미디 '쇼보트'를 보러 갔었다. 코튼 브라섬의 안디 선장은 그 철학적 단막극 가운데서,

"마음에 드는 일을 할 수 있는 인간이 바로 행복한 인간이다."
라고 말하고 있다.

그들이 행복하다는 것은, 많은 정력과 행복을 갖고 있지만, 적은 번민과 피로도 갖고 있지 않기 때문이다. 당신에게 흥미가 있을 때에 정력도 넘친다. 말이 많은 아내와 함께 1마일을 걷는 것은 사랑하는 여인과 10마일을 걷는 것보다 더 피로하다.

그러면 어떻게 하면 좋을까?

어느 속기사의 실패를 예로 들어 보자.

오클라호마의 한 석유회사에 근무하는 속기사가 있었다. 그녀는 매월 1주일은 상상도 못할 정도로 단조롭고 지루한 일을 했다. 즉, 인쇄된 대차 계약서에 숫자나 통계를 써넣는 것뿐이었다. 그 일이 너무나 지루하고 따분한 것이었으므로 그녀는 자기 방어상 그것을 재미있는 일로 만들어 보았다.

어떻게 하였을까?

그녀는 매일 자기 자신과 경쟁하기로 했다. 매일 오전, 그녀가 작성한 계약서의 수를 세었다. 그리고 오후에는 그 이상을 작성하는데 노력했다. 그리고는 하루의 합계를 세었다. 다음날에는 그 이상으로 작성하려고 노력한 것이다.

그 결과는?

그녀는 그녀가 소속되어 있는 분야에서 누구보다도 많은 계약서를 작성할 수 있었다. 그것이 그녀에게 무엇을 안겨 주었을까? 칭찬, 감사, 승진, 보너스? 천만에.

지루함에서 오는 피로를 방지하는 데 큰 역할을 하였다. 그것은 그녀에게 정신적인 자극을 주었다. 그래서 지루한 일을 흥미 있는 것으로 만드는 데 현명하게 노력한 결과, 많은 에너지와 열의를 얻고, 지금은 그 이상의 여가를 즐길 수 있게 되었다.

나는 이 이야기가 사실임을 알고 있다. 왜냐하면 나는 그 아가씨와 결혼했으니까.

다음에는 자기의 일을 아주 재미있는 것으로 생각함으로써 성공한 속기사의 일을 서술해 보기로 하자.

그녀는 언제나 일에 대해서는 열성적이었다. 그녀는 일리노이 주 암허스트에 사는 바리 G. 골든 양으로 나에게 다음과 같은 편지를 보내주었다.

나의 사무실에는 네 사람의 속기사가 있는데 그들은 적당히 일을 분할해서 맡고 있습니다. 때때로 우리들은 분할해서 맡은 일이 일시에 몰리는 경우가 있습니다.

어느 날, 한 부장이 긴 편지를 타이핑해 달라고 말하기에 나는 거절했습니다. 그리고 이 편지는 전부 타이핑하지 않고 정정만 하는 것이 좋다고 말했습니다. 그러자 부장은 당신이 하기 싫다고 하면 누군가 좋아하는 사람에게 시키겠다고 말하는 것이었습니다.

나는 하기 싫었으나, 타이핑을 다시 하게 되었을 때, 문득 나를 대신해서 일을 하고자 노리고 있는 많은 사람들의 기세에 정신이 들었습니다. '나는 이러한 일을 하기 때문에 급료를 받고 있는 것이다'라고 생각하자 기가 꺾이고 정말로 싫은 일이라도 즐거운 체하리라 결심했습니다.

그러자 만일 내가 일을 즐거운 듯이 하면 정말로 조금은 즐거워진다는 사실을 깨달았습니다. 그러므로 지금은 시간 외 근무가 없어졌습니다. 나는 이 새로운 마음가짐으로 인해서 일을 잘한다는 평판을 받았습니다.

그리고 부장이 비서가 필요하게 되었을 때, 그는 내가 마음에 든다고 말했습니다. 내가 시간 외의 근무에도 짜증스런 얼굴을 하지 않고 일을 한다는 것이 그 이유였습니다. 마음가짐을 변화시킴으로써 생기는 힘의 문제는 정말 중요한 발견이었습니다.

골든 양은 한스 바이힝게 교수의 기적을 낳은 '그와 같이'의 철학을 적용한 것이다.

그는 우리에게 행복을 주는 '그와 같이'를 진지하게 설명하고 있다. 만일 당신이 마침내 자기의 일에 흥미가 있는 '그와 같이'에 심취하면 그때부터 그 흥미를 진실한 것으로 만들 수 있다. 그러면 당신의 피로와 긴장과 번민은 줄어든다.

몇 년 전 하란 A. 하워드는 일대 결심을 했다. 그리고 그 결심은 그의 일생을 완전하게 변화시켰다. 그는 지루한 일을 없애려고 결심한 것이다. 그의 일은 모두 재미없는 것뿐이었다.

대개의 소년들이 야구를 하든가 여자 아이들과 농담을 주고받을 때, 그는 식당에서 접시를 닦았고, 아이스크림을 판매해야 했다.

하란 하워드는 자기의 일을 경멸했다. 그러나 그는 그 일을 계속하지 않으면 안 되었기 때문에 아이스크림에 대해서 연구해야겠다고 결심했다. 아이스크림이 어떻게 해서 만들어지는지 그는 아이스크림 화학을 연구했다. 그래서 고등학교 화학 코스의 일등을 차지했다. 그는 차차 영양 화학에 흥미를 갖게 되어, 매사추세츠 스테드 대학에 입학, 식품 화학을 전공했다.

뉴욕의 코코아 거래소가 전국의 학생들을 대상으로 코코아와 초콜릿 이용에 관한 논문을 모집했을 때, 하워드는 입선해서 상금 백 달러를 받았다. 그러나 취직이 되지 않았으므로 그는 매사추세츠 암허스트에 있는 자기 집 지하실에 개인 연구소를 만들었다.

그 무렵 미국에는 우유의 박테리아 함유량을 계산하여 명시해야 하는 새로운 법률이 시행되었다. 하워드는 암허스트에 있는 14개의 우유 회사로부터 박테리아를 계산하는 일을 맡았다. 그래서 그는 조수를 두 사람 고용하지 않으면 안 되었다.

앞으로 25년 후에 그는 어떻게 되어 있을까?

현재 영양 화학 분야에 종사하고 있는 사람들은 25년 후에는 현직에서 물러나 있거나 이 세상을 떠나고 없을 것이 아닌가! 그리고 지금 창의와 열의를 불태우고 있는 젊은 사람들에 의해서 그 일은 계속 이어질 것이다.

25년 후 하란 하워드는 그가 종사하고 있는 분야에서 지도자가 되어 있을 것이 틀림없다. 그에게서 아이스크림을 샀던 그의 학우들 대부분은 실업자가 되거나 나태한 정부를 비방하고, 자신들은 운이 없었다고 불평을 하고 있을 것이다. 하워드 역시 만일 그가 싫증이 나는 일에 다시 열중하지 않았다면 그에게도 기회는 오지 않았을 것이다.

오래 전에 공장 내에서 선반기 앞에 서서 볼트를 만드는 단조로운 일을 불만스럽게 생각하던 젊은 남자가 있었다. 그는 샘이었다. 샘은 그 일을 그만두고 싶었으나, 새로운 직장을 구하기가 어려웠으므로 그대로 회사에 머물러 있을 수밖에 없었다. 그러나 이 지루한 일을 하지 않으면 안 되는 이상, 그 일을 재미있게 하고자 노력했다.

그는 자기 곁에서 기계를 다루는 직공과 경쟁하기로 했다. 한 사람의 일은 거친 표면을 매끈하게 깎는 것이고, 또 한 사람은 볼트를 적당하게 자르는 것이었다.

그들은 같은 시간에 누가 볼트를 많이 만들어 내는가 경쟁을 시작했다. 공장장은 샘의 일이 **빠르면서도** 정확하다고 칭찬했다. 그리고 그에게 좀 나은 일을 시켰다. 그것은 승진을 의미하는 것이다.

30년 후, 샘은 아니 사무엘 보크레인은 볼드윈 기관차 제조 공장의 사장이 되었다. 만일 그가 지루한 일을 바꿔 보려고 결심하지 않았다면 일생 동안 직공으로 살지 않으면 안 되었을 것이다.
 유명한 라디오 뉴스 해설자인 H. V. 칼텐본은 나에게 어떤 방법으로 싫증나는 일을 변화시켰는지 이야기해 주었다.
 그는 22세 때, 가축 운반선에서 소에게 사료를 주거나 물을 먹이는 일을 하면서 대서양을 건넜다.
 영국에서 자전거 여행을 마친 후 그는 금방 쓰러질 것 같은 배고픔을 참으면서 파리에 도착했다. 수중에는 한푼도 없었다. 그는 카메라를 5달러에 맡기고는 《뉴욕 헤럴드》의 파리판에 구직 광고를 내고, 입체 환등기의 세일즈맨 자리를 얻었다.
 지금 40세 전후인 사람이라면 눈앞에 들고 보는 그 구식 사진경을 생각해 낼 것이다. 그것을 들여다보고 있으면 기적이 일어난다. 입체 사진경 속 중앙 두 개의 렌즈는 3차원의 작용으로 두 개의 영상을 하나로 보이게 한다. 그리고 물체의 원근감이 확실하게 실체와 같이 들어온다.
 그리하여 칼텐본은 이 기계를 집집마다 팔기 위해 걸어 다녔으나 프랑스어를 몰랐다. 그러면서도 처음 1년에 5천 달러를 벌었다. 그는 세일즈맨으로서는 타고난 사람이었다. 그는 나에게 그 당시 1년 동안의 경험은 하버드 대학에서의 1년 이상으로 유익했다고 이야기했다.
 무엇이 그토록 그에게 자신을 주었던가?
 그는 이 대목에서 《국회 의사록》이라도 팔러 다니는 것 같은 기분이었다고 말했다. 이 경험으로 그는 프랑스인의 생활에 대한 이해를 깊게 하고, 그것이 후일 뉴스 해설자로 성공하는데 큰 도움을 주었다.
 그는 프랑스어를 할 줄 모르면서 어떻게 유명한 세일즈맨이 되었을까? 그는 우선 고용주에게, 물건을 파는 데 필요한 말들을 완전한 프랑스어로 써 달라고 해서는 그것을 암기했다.
 그리고는 집집마다 방문하여 현관에서 초인종을 누른다. 벨이 울리면 주부가 나온다. 칼텐본은 말 같지 않은 우스꽝스런 악센트로 암기한 문구를 지껄인다. 그리고는 사진을 보인다. 상대가 무언가 질문을 하면 어깨를 추켜세우고는,
 "아메리카인…… 아메리카인."
이라고 말할 뿐이다. 그리고 모자를 벗고는 옆에 들고 있던 판매용 프랑스어로 된 팜플렛을 보인다. 주부가 웃음을 터뜨린다. 그도 함께 웃는다. 그때 사진을 또 보인다.
 칼텐본은 이 이야기를 하였을 때, 그 일은 결코 즐겁지 않았다고 말했다. 그러나 이 일에 취미를 붙이려고 지속적으로 노력했기 때문에 일을 할 수 있었다고 말했다. 매일 아침 그는 집을 나서기 전에 거울을 바라보고 자기에게 채찍을 가했다.
 "칼텐본, 너는 이 짓을 하지 않으면 먹고 살 수가 없다. 꼭 해야 할 일이라면 한번 유쾌하게 하면 어떤가. 현관의 벨을 누르면서 '나는 각광을 받는 사람이다. 모든 것이 너를 보고 있는 것'이라고 상상하면 어떠냐. 결국 네가 하고 있는 일은 무대 위에서와 마찬가지로 웃기는 일이다. 왜 좀더 정력과 흥미를 투입하지 않는가."
 칼텐본 씨는 이 매일매일의 자기 격려가 그가 싫어했던 일에 취미를 갖게 하는 데 큰 힘이 되었다고 이야기했다.
 성공을 갈망하고 있는 미국의 청년들에게 충고가 될 말을 묻자 그는 이렇게 말했다.
 "우선 매일 아침 정신이 나도록 채찍을 가하라. 우리는 대개 잠에 취한 듯한 상태에서 집을 나서기 때문에, 육체적 운동의 필요를 운운

하지만, 그보다는 매일 아침 행동하라고 고무하는 정신적 운동이 무엇보다도 필요하다고 생각한다. 즉, 매일 자기에게 힘을 돋우는 것이다."

매일 아침 자기 자신에게 격려의 말을 한다는 것이 어린아이 같은 어리석은 짓일까? 천만에, 그것이야말로 건전한 심리학의 진리라 해도 옳을 것이다.

"우리의 인생은 우리의 사고(思考)에 따라서 만들어진다."

이 말은 18세기 전 마르크스 아우렐리우스가 《명상록(瞑想錄)》에 썼을 때와 마찬가지로 지금도 역시 진리이다.

나는 하루 종일 용기와 행복에 대해서, 또 힘과 평화에 대해서 자기 자신에게 이야기한다. 감사하지 않으면 안 되는 데 대해서 자기에게 이야기하고 있으면 원기가 생기고 쾌활한 생각으로 가슴이 꽉 찬다.

그러면 당신은 싫은 일이 조금도 싫어지지 않게 된다. 당신의 고용주는 그대가 일에 흥미를 가질 것을 희망하고 있다. 그렇게 되면 한층 이익이 많아지기 때문이다.

당신이 자기의 일에 흥미를 갖게 되면, 그대에게 있어서 어떤 이익이 있는지 생각해 보자. 당신은 인생에서 얻는 행복을 2배로 느낄 수 있을지 모른다. 왜냐하면 당신은 시간을 일에 낭비하고 있는데, 만일 그 일 중에서 행복을 발견하지 못한다면 어디서도 그것을 발견하지 못할 것이다.

일에 흥미를 가지면 번민에서도 해방이 되고 결국은 승진과 급료가 오르게 된다. 그렇지 못하더라도, 피로를 최소한도로 감소시켜 여가를 즐길 수 있게 된다.

제 5 장
그대의 것을 백만 불에 팔 것인가

나는 헤럴드 아보트와는 오래 전부터 잘 아는 사이였다. 그는 미주리 주 웨브 시에 살고 있었다. 그는 오랫동안 나의 강연 사업의 매니저였다.

어느 날 나는 우연히 캔자스 시에서 그를 만났다. 그는 나를 미주리 주 벨턴에 있는 나의 농장까지 배웅해 주었는데, 그 도중, 나는 그에게 어떻게 해서 번민을 퇴치하고 있느냐고 물어 보았다. 그때, 그의 이야기는 실로 감명 깊었다. 그 이야기는 이러했다.

나는 자주 번민했다. 그런데 1943년 여름 어느 날, 웨브 시의 거리를 걷고 있을 때 어떤 광경을 목격했다. 그것이 나의 번민을 단번에 해결해 주었다. 그것은 불과 10초간에 일어난 일이었는데, 그 10초 동안에 나는 굉장히 많은 것을 배웠다.

2년간 나는 웨브 시에서 식료품 잡화상을 했지만 그 동안에 저축한 돈 전부를 잃었을 뿐만 아니라 그때 빚을 진 돈을 갚는데 7년이나 걸렸다. 나의 가게는 지난 토요일에 폐점을 하고, 나는 캔자스 시에 일자리를 구하러 가는 여비를 차용하기 위해 은행에 가던 중이었다. 나는 의기를 상실하여 초췌했다. 그때 저쪽에서 다리 없는 남자가 오는 것이 눈에 띄었다.

그 남자는 롤러스케이트용 바퀴를 단 작은 나무틀 위에 앉아 있었다. 그리고 양손에 쥐고 있는 나무토막으로 땅바닥을 힘차게 밀면서 앞으로 전진하고 있었다.

내가 그의 모습을 지켜보고 있을 때, 그 남자는 큰 길을 지나 보도 위로 오르려고 자기의 몸을 공중으로 2, 3인치 솟구치고 있었다. 그리고 나무들을 보도 위로 올려놓는 순간 나와 눈이 마주쳤다. 그는 빙긋이 웃고는 쾌활한 어조로 인사를 했다.

"안녕하십니까, 좋은 날씨군요."

나는 그 남자의 모습을 지켜보고 있는 동안에, 내가 큰 은혜를 입고 있다는 것을 깨달았다.

나에게는 두 발이 있다. 걸을 수도 있다. 나는……

이 남자는 두 다리가 없으면서도 행복하고 생기가 넘치므로 자신감을 잃지 않는다면 발이 있는 나도 그 못지 않을 것이다. 이렇게 생각하자 용기가 솟아났다. 나는 처음에 은행에서 100달러를 차용할 생각이었으나, 2백 달러를 빌릴 자신이 생겼다.

직장을 구하러 캔자스 시에 간다고 자신 있게 말하자 은행에서는 즉시 돈을 차용해 주었다. 그리하여 나는 취직을 했다. 지금 나는 다음의 말을 목욕탕의 거울에도 써 두었다. 그리고 매일 아침 세수를 할 때 그것을 읽어 본다.

구두가 없어서 불편하거든,
　길에서 만난 발 없는 사람을……

　내가 예전에 에리 리켄베이커에게, 그가 조난당한 후 구명대 하나로 3주간이나 태평양을 표류했을 때 배운 교훈은 무엇이냐고 묻자 그는 이렇게 대답했다.
　"그때의 경험에서 배운 최대의 교훈은 마시고 싶다고 생각하는 신선한 물과, 먹고 싶다고 생각되는 음식이 충분히 있다면 그 이상 아무것도 불평을 할 것이 없다는 것입니다."
　과달카날에서 부상을 당한 한 군인의 이야기가 《타임》지에 게재되었다. 그는 포탄의 파편을 맞아 부상해서 7회나 수혈을 받았다. 그는
　'나는 살아갈 수 있을까?'
란 글을 써서 군의관에게 전했다. 군의관은,
　"물론이지요"
라고 대답했다.
　그는 다시,
　'나는 이야기를 할 수 있게 될까요?'
란 말을 써서 군의관에게 전했다. 이번에도 대답은 같았다. 그러자 그는 이렇게 썼다.
　'도대체 나는 왜 고뇌를 하고 있었는가?'
　당신도 '나는 왜 고뇌를 하고 있는가?'라고 반성하지 않는가. 그러면 반드시 고뇌가 아무것도 아닌 무의미한 것임을 알게 되리라.
　우리들의 인생에 대개 90퍼센트의 일은 올바르고 10퍼센트는 잘못된 것이다. 만일 행복하게 살고 싶으면 90퍼센트의 올바른 것에 마음을

집중시키고 10퍼센트의 잘못을 무시하는 것이 좋다. 그리고 번민하고 고뇌하며 위암에 걸리고 싶으면 마음을 10퍼센트의 잘못으로 집중시키고, 90퍼센트의 빛나는 것을 무시해 버리면 된다.

영국의 크롬웰 파의 많은 교회에는,

"생각을 이겨내고 감사하라."

우리들은 감사하지 않으면 안 되는 모든 일을 생각하고, 자기가 받고 있는 은혜와 자비에 감사해야 한다.

《걸리버 여행기》의 저자인 조나단 스위프트는 영문학사상 가장 과격한 염세주의자였다. 그는 이 세상에 태어난 것을 비관하고 생일에는 상복을 입고 단식을 했다. 그러나 세상은 절대로 무덤이 아니므로 쾌활하고 행복한 인간에게 건강을 주는 힘을 찬미했다.

"세계에서 가장 좋은 의사는 식사·평정·양기이다."
라고 그는 말했다.

우리들이 돈을 벌려고 일을 하는 데 있어서, 알리바바의 재간을 능가하는 부호가 되는데 있어서 주의해야 할 것은, 하루 중의 얼마쯤이라도 '닥터 명랑'의 봉사를 무료로 받는 일일 것이다.

당신은 당신의 두 눈을 천만 달러에 팔겠는가? 두 다리를 무엇과 바꾸겠는가? 두 손은 어떤가? 청각은? 아이들은? 전 재물을 집계해 보자.

그러면 당신은 록펠러, 포드, 모건 같은 사람들이 전 재산을 주어도 그대가 갖고 있는 것을 팔려고 생각지 않는다는 것을 발견할 것이 틀림없다. 그러나 우리들은 우리가 가진 이러한 것의 진가를 인정하고 있는가?

쇼펜하우어는 이렇게 말했다.

"우리들은 자신이 가지고 있는 물건에 대해서는 다시 생각해 보지 않고, 없는 물건만 생각한다."

이런 경향은 지상 최대의 비극이다. 대개 그것은 역사상 모든 전쟁과 질병 이상으로 인간에게 불행을 안겨주고 있다.

그런 경향으로 인하여 존 팔머 씨는, '세상에서 제일 더러운 불평가'가 되어 어느 사이 가정을 뒤죽박죽으로 만들고 말았다. 나는 그의 입을 통해서 그것을 들었다.

팔머 씨는 이렇게 이야기하고 있다.

군대에서 돌아와 쉴 사이도 없이 나는 장사를 시작했다. 나는 낮과 밤을 가리지 않고 일을 했다. 모든 일은 잘 되어 갔다. 그런데 뜻하지 않은 일이 일어났다. 부속품이라든가 재료들이 손에 들어오지 않았다. 나는 폐업을 하지 않을 수 없게 되어 걱정이 되었다.

그래서 너무나 번민을 하였으므로 세상의 모든 사람 가운데 제일 더러운 불평가가 되고 말았다. 나는 침울해지고 기운을 잃어 버리고 말았으며, 정신을 차리지 못하고 차차 가정의 행복을 파괴하고 말 위기에 있었다.

그런데 어느 날, 내가 있는 곳에서 일하던 젊은 상이군인이 나에게 이런 말을 해 주었다.

"여보시오. 당신은 부끄럽지도 않은가. 당신은 고역을 치르는 것이 당신 하나뿐이라고 생각하는 모양인데, 잠깐 가게를 닫게 되었다는 것뿐, 그것이 어떻다는 건가. 경기가 좋아지면 또 할 수 있지 않은가. 당신은 아직 운이 좋은 편이야. 그러면서도 언제나 투덜투덜 지껄이고 있어.

나는 당신과 같이 되고 싶다. 나를 봐라. 손은 하나뿐이고 얼굴은 탄환으로 반쪽이 되었다. 그래도 나는 불평하지 않는다. 당신은 언제나 투덜투덜 불평만 했기 때문에 가게는 문을 닫게 되고 그대의 건강도 친구도 전부 잃고 마는 것이다."

나는 비로소 깨닫게 되었다. 나는 그 동안 내가 얼마나 행복했던가에 정신이 들었다. 그래서 예전의 나로 되돌아갈 것을 결심했다. 그리고 곧 실행했다.

나의 친구인 루실 블레이크는 심각한 병에 걸려 있었으나 그때 그녀는 자기에게 없는 것을 원망하는 것을 그치고, 그 반면에 자기가 가지고 있는 것에 만족하는 것으로 행복해진다는 것을 배웠다.

내가 루실과 만난 것은 얼마 전의 일이다. 그 당시 우리들은 컬럼비아 대학의 문학부에서 단편소설 작법을 열심히 배우고 있었다. 9년 전 애리조나에 살고 있던 그녀는 실로 커다란 쇼크를 받았다. 그녀는 그 때의 일을 이렇게 이야기하고 있다.

나는 눈이 돌 만큼 바쁜 나날을 보내고 있었습니다. 애리조나 대학에서는 피아노를 연습하고 거리에서는 스피치 강습회의 지도를 했으며, 디저트 윌로우 목장에서는 음악감상도 가르쳤습니다. 그리고 파티, 댄스, 야간 승마도 했습니다.

그런데 어느 날 아침, 나는 졸도하고 말았습니다. 심장이 탈이었습니다. '1년간은 절대 안정이 필요하다'고 의사는 말했습니다. 의사는 재기 가능이란 말로 나를 위로하지는 않았습니다.

1년간의 병상 생활! 재기 불능으로 죽을지도 모른다. 나는 두려움에 싸여 있었습니다. 왜 이렇게 되었을까? 이런 벌을 받지 않으면 안 될 일을 저지른 것인가? 나는 비통에 젖었습니다. 나는 절망감에 빠져 반항적으로 되었습니다만 의사에게 들은 대로 하기로 했습니다.

나의 집 부근에 살고 있는 화가인 루돌프 씨는,

"당신은 1년 동안 병상에 있는 것을 비극이라고 생각하는 모양이지만 결코 그렇지 않습니다. 천천히 생각할 시간이 있으므로 자신의 실체를 인식할 수가 있습니다. 그 동안은 이제까지의 생활 이상으로 정신적 성장을 얻게 될 것입니다."

라고 격려해 주었습니다. 나는 이제까지의 생각을 바꿔서 새로운 가치의 관념을 기르기로 하였습니다. 그리고 영감에 관한 서적을 읽었습니다.

어느 날 나는 라디오 평론가가,

"인간은 자기가 의식하고 있는 것만큼 표현할 수 있다."

라는 말을 들었습니다. 이런 말은 이제까지 때때로 들었지만 그때처럼 나의 마음 깊이 파고든 적은 없었습니다. 나는 비로소 살아야겠다는 결심을 한 것입니다.

결국 매일 아침 나는 눈을 뜨면 환희·행복·건강 등 내가 감사해야만 할 일들을 생각해 보려고 마음을 먹었습니다. 고통이 없는 일, 귀여운 젊은 처녀, 나의 시력, 청각, 라디오에서 들려오는 아름다운 음악, 독서 시간, 맛있는 음식, 친절한 친구 등. 내가 쾌활해지고 문병 오는 손님이 많아지자 의사는 방문객을 일정한 시간에 한 번씩 병실에 들어오도록 지시를 하였습니다.

그로부터 9년이 흘렀습니다. 나는 지금 충실하고 활발한 생활을 하고 있습니다. 그리고 1년간의 병상 생활에 감사하고 있습니다. 그것은 애리조나에서 보낸 가장 귀중하고도 행복한 1년이었습니다.

매일 아침 자기의 행복을 하나하나 쌓아올리는 그때의 습관은 지금도 여전합니다. 그것은 나의 가장 귀중한 보배 중 하나입니다. 나는 죽음에 직면할 때까지 정말로 살아가는 법을 몰랐던 나를 생각하면 부끄러운 생각이 듭니다.

친애하는 루실 블레이크여!
당신은 미처 모르겠지만, 2백 년 전에 사무엘 존슨 박사가 체득했던 교훈을 배운 것이다. 존슨 박사의 말은 이렇다.
"모든 일의 가장 좋은 면을 보는 습관은, 1년에 천 파운드의 소득과 같다."
이와 같은 말은 직업적 낙천주의자로부터 나온 것이 아니다. 20년간 불안·패배·기아에 고생하면서 그 시대에 있어서 가장 뛰어난 문학자의 한 사람이 된, 고금을 통해서 가장 유명한 좌담가에 속하는 인물들한테서 나온 말이다.
로건 피어설 스미드의 말은 짧지만 함축성이 있다.
"인생에는 목표라고 할 수 있는 것이 두 가지 있다. 첫째는 욕심나는 물건을 손에 넣는 일, 둘째는 그것을 즐기는 일이다. 인류 가운데서 가장 현명한 사람들은 모두 두 번째의 일을 성취하고 있다."
부엌에서 접시를 닦는 일에도 스릴을 찾을 수 있다고 생각하지 않는가? 만일 그렇게 생각한다면, 비그힐드 다알의 《나는 보았다》라는 책을 읽으면 된다. 그 책에는 불굴의 용기가 있으며 감격이 있다.
그 책은 50년간 장님으로 지냈던 부인에 의해 씌어졌다. 그녀는 이렇게 쓰고 있다.
"나는 한쪽 눈밖에 없다. 그 한쪽 눈도 큰 부상을 입어 겨우 물건을

제1부 평화와 행복을 얻는 방법 59

볼 수 있을 뿐이었다. 그러므로 책을 읽는데도 책을 얼굴에 가까이 대고 왼쪽 눈에 비치도록 하지 않으면 안 되었다."

그러나 그녀는 타인의 동정과 특별 취급받는 것을 거절했다.

어린 시절, 그녀는 동네 아이들과 줄을 그어 놓고 하는 돌차기를 좋아했다. 그러나 그녀에게는 줄이 보이지 않았다. 그래서 아이들이 돌아가 버렸을 때, 땅바닥에 엎드려 줄을 살폈다. 그녀는 동네 아이들과 함께 놀았던 지면을 매우 익숙할 정도로 살펴 두었다. 그래서 언제나 한쪽 눈으로도 다른 아이들에게 지지 않게 되었다.

그녀는 집에서 책을 읽는 법을 배웠다. 큰 활자의 책을 눈썹에 닿도록 가깝게 하지 않으면 안 되었다. 그녀는 두 곳의 대학에서 학사 학위를 받았고, 미네소타 주립 대학에서 문학박사, 컬럼비아 대학에서 문학석사 학위를 취득했다.

그녀는 미네소다 주 트와인 벨리라는 작은 마을의 교사가 되었다. 그리고 코타주스 필스의 오거스타나 대학의 신문학과 문학 교수가 되었다.

그녀는 거기서 13년간 강의를 했다. 그리고 부인 클럽에서는 강연을, 라디오에서는 책과 그 저자에 관한 것을 방송했다.

"나의 마음 한구석에는 항상 장님이 되지 않을까 하는 공포가 잠재해 있었다. 이 공포를 극복하기 위하여, 나는 언제나 쾌활한 생활태도를 취했다."

라고 그녀는 서술하고 있다.

1943년, 52세 때 드디어 기적이 일어났다. 유명한 마요 진료소에서 수술을 한 결과 예전보다 40배나 더 잘 보이게 된 것이다. 새로운 아름다운 세계가 그녀 앞에 열렸다. 그녀는 부엌에서 접시를 닦는 것이 몸이 으쓱으쓱할 정도로 기쁘기만 했다.

"나는 접시의 하얀 면을 비누거품으로 만지작거린다. 그 안에 손을 넣어 비누거품을 움켜쥐고 안아올린다. 그리고 그것을 햇빛에 비추면 그 거품 가운데서 작은 무지개의 찬란한 빛을 보게 된다."
라고 그녀는 서술하고 있다.

또 그녀는 부엌의 유리창으로, 회색의 공작이 하얀 눈 속으로 날개를 펼치고 날아가는 것을 보았다고 서술하고 있다. 그리고 마지막 페이지를 다음과 같은 구절로 끝맺고 있다.

"사랑하는 하느님이시여, 하늘에 계신 우리의 아버지시여, 나는 당신에게 감사를 드립니다. 나는 당신에게 감사를 드린다고 속삭입니다."

접시를 닦으면서 거품 속에서 무지개를 보았기 때문에, 내리는 눈 속으로 날아가는 새를 보았기 때문에 하느님에게 감사하는 것이다.

우리들은 태어나서부터 이렇게 아름답고 복받은 나라에 살고 있는데도 마음의 눈이 먼 탓으로 그것이 보이지 않는다. 항상 보고 있으므로 그것에 즐거움을 느낄 수 없다.

♣ 그러므로 번민을 해소하고 새로운 생활을 시작하고 싶은 사람에게 필요한 법칙

번민하지 말고 축복하라!

제 6 장
죽은 개는 걷어차지 않는다

전 미국 교육계에 화제를 불러일으켰던 사건이 1920년에 일어났다. 전국의 학자들이 그 사건 때문에 시카고에 속속 모여들었다.

그보다도 수년 전, 로버트 허친스라는 청년이 급사, 제재소 인부, 가정교사, 어망 세일즈맨을 하면서 예일 대학을 졸업했는데 그로부터 불과 8년 후에 그는 미국에서 네 번째로 부유한 대학인 시카고 대학 학장으로 취임했다. 30세라는 젊은 나이였다.

나이 많은 교육자들은 머리를 옆으로 흔들었다. 요란스러운 비판이 이 신동에게 쏟아졌다. 그는 이렇다, 그는 저렇다, 너무 젊다, 경험이 없다, 그의 교육관은 편향적이다 등등. 신문은 신문대로 그들에게 동조했다.

그의 취임식이 거행되던 날, 친척 중 한 사람이 로버트 허친스의 아버지에게,

"나는 오늘 아침 신문에서 아드님을 공격하는 사설을 읽고 분개했습

니다."
라고 말했다.
 "그렇습니까, 대단한 비판이군요. 그러나 누구도 죽은 개는 걷어차지 않을 것입니다."
라고 노인은 말했다. 그렇다. 중요하면 할수록 인간은 그것을 걷어차는 것으로 커다란 만족을 느낀다.
 영국의 황태자 에드워드 9세(원저 공)는 어린 나이로 이것을 체험했다. 당시, 그는 14세로 데본셔의 다트머스 대학(이것은 미국의 아나폴리스의 해군 사관학교와 같다)의 생도였다.
 어느 날, 해군 장교가 그가 울고 있는 것을 보고는 대체 무슨 일이냐고 물었다. 처음에는 대답하지 않았으나, 재차 물어 보자 후보생들에게 걷어채였다고 대답했다.
 교장이 후보생들에게 황태자가 불평을 말하여 부른 것이 아니라 왜 특별히 그 한 사람이 이렇듯 눈에 띄게 봉변 당하는가, 그 이유가 알고 싶기 때문에 불렀다고 설명했다.
 후보생들은 헛기침하는 것으로 감추려고도 하고, 그만 웃음을 터뜨리고 말았다.
 그리하여 그들이 영국 해병의 사령관이나 함장이 되었을 때, 나는 지난날 국왕을 걷어찬 적이 있다고 말하는 것이었다. 그러므로 그대가 발로 채였다든가 비평을 받았을 때는 발로 찬 사람의 생각을 하나하나 분석해 보라. 그것은 그대가 누군가의 주목을 끌고 있다는 것을 의미한다.
 세상에는 자기들보다 높은 교육을 받은 사람이나 성공한 사람들을 나쁘게 말하는 것에 야만적인 만족을 느끼는 사람들이 많다. 다시 말하면 내가 이 장을 집필하고 있을 때 한 부인으로부터 구세군 창시자인 윌리엄 부즈를 비난하는 편지를 받았다. 그러나 나는 부즈 대장을 찬미하는 방송을 한 적이 있었다.

이 부인은 부즈 대장이 어려운 사람을 구제하기 위하여 모금한 돈 8천만 달러를 가로챘다고 썼다. 이 고발은 실상 허위였으나 그 부인은 사실을 규명하고자 한 것이 아니었다. 그녀는 자기보다 더 높은 누군가를 비난하는 것으로 만족감을 느끼고 있었던 것이다.

나는 이 악의에 가득 찬 편지를 쓰레기통에 구겨 넣고 내가 그녀의 남편이 아닌 것을 하느님께 감사했다. 그녀의 편지는 부즈 대장에 대한 것을 하나도 가르쳐 주진 못했으나 그녀 자신에 관해서는 많은 것을 가르쳐 주었다. 쇼펜하우어는 이전에,

"천한 사람은 위인의 약점이나 우행에 비상한 즐거움을 느낀다."
라고 말했다.

예일 대학의 학장을 비속한 인간이라 생각하는 사람은 아마도 없을 것이다. 그러나 전 학장 티모게 드와이트는 미국 대통령에 입후보한 어떤 사람을 비난하는 것에서 커다란 즐거움을 느끼고 있었던 듯싶다. 그는,

"만일 이 남자가 대통령에 당선된다면 우리들의 처나 딸들은 공인 매춘제도의 희생자가 되어, 매우 심한 모욕을 받을 것이며, 우아함도 도덕에서의 추방자로 화하여 신과 인간에게 미움을 받을 것이다."
라고 경고했다. 이것은 히틀러에 대한 탄핵에 어울리는 것이 아닐까. 아니, 그렇지가 않다. 이것은 토머스 제퍼슨을 탄핵한 것인데 토머스 제퍼슨이라면 독립 선언문의 기초자인 동시에 민주주의 기수가 아닌가? 역시 그 제퍼슨이다.

미국인으로 위선자, 사기꾼, 살인을 하기에는 좀 부족한 남자라고 악평을 받은 것이 누구라고 생각하는가?

어느 신문의 만화는 그를 단두대에 세워 놓고 그 곁에 큰 도끼를 그리고는 거리를 끌려 다니는 장면에서 군중들이 그에게 노기에 찬 소리를 지르는 광경을 묘사했다. 그는 바로 조지 워싱턴이다. 그러나 그것은 옛날의 일이다. 그러나 피어리 제독의 예를 생각해 보자.

그는 1909년 4월 6일, 썰매로 북극에 도달하여 세계를 놀라게 한 탐험가이다. 이 탐험은 수세기 동안 용감한 사람들이 도달하고자 끊임없이 노력하였으며 생명을 잃기도 했다. 피어리 자신도 추위와 기아로 하마터면 죽을 뻔했었다. 그의 발가락 8개는 격심한 동상으로 부득이 절단하지 않으면 안 되었다.

그는 고난과 고난의 연속으로 미칠 것 같았다. 그럼에도 불구하고 워싱턴에 있는 그의 상관들은 피어리가 인기를 독점하고 있다고 분개했다. 그들은 피어리가 과학적 탐험을 빙자해서 돈을 모아가지고,

"북극에서 즐기고 있다."

라고 비난했다.

그들은 스스로 그렇게 믿을지도 모른다. 믿으려고 생각하는 것을 믿지 않는다는 것은 도리어 불가능한 것이므로 피어리를 굴복시켜 그의 계획을 제지하려는 그들의 결의는 맹렬하였다. 그러나 대통령 매킨리의 직접 명령에 의하여, 피어리는 모진 고생 끝에 겨우 북극 탐험을 계속할 수가 있었다.

피어리가 워싱턴의 해군부에서 사무를 보고 있었다면 이런 비난을 받았을까? 천만에, 그런 것은 질투를 초래하는 일이 아니다.

그랜트 장군은 피어리 제독보다도 한층 더 격심한 경험을 했다.

제1부 평화와 행복을 얻는 방법 65

1862년 그랜트 장군은 북부를 환희에 싸이게 한 최초의 대승리를 했다. 반나절에 걸쳐 얻어진 승리가 그랜트를 하룻밤 사이에 국민의 우상으로 만들었다. 멀리 구주에까지 절대적인 영향을 일으킨 승리였다. 대서양 연안에서 미시시피 강에 이르는 곳까지 모든 교회의 종을 울리고 축하의 불꽃이 튀는 승리였다.

그런데 북군의 영웅 그랜트는 대승리를 가져온 지 6주일도 못 되어서 체포되어 군대의 지휘권을 박탈당하고 말았다. 그는 굴욕과 절망에 비명을 질렀다.

왜 그랜트 장군은 그의 승리가 절정에 이르렀을 때 체포되었는가, 그것은 오만한 상관들의 질투 때문이었다.

♣ 그러므로 우리들이 부당한 비난에 번민하게 되었을 때 그것을 이겨내는 법칙.

부당한 비난은 흔히 위장된 찬사에 있다는 것을 기억하라. 또한 죽은 개는 누구도 걷어차지 않는다는 것을 기억하라.

제 7 장
확실히 하라, 그러면 비평도
그대를 범하지 않는다

 한번은 스메들리 버틀러 소장과 이야기를 나눈 적이 있었다. 그는 '사팔눈', '지옥의 악마'라는 별명을 가진 괴짜였다. 미국 해군사상 가장 이채로운 원기가 충천한 사령관이었다.
 젊은 시절의 그는 인기를 얻고 싶었다. 무엇보다 세상의 평판을 받고 싶었다. 그래서 짧은 비평에도 신경을 곤두세우고 흥분했다. 그러나 30년간의 해군 생활은 그의 태도를 바꾸게 하였다.
 "나는 몇 번이나 악평을 받고 모욕당하고, 정신병자·독사·스컹크 등등 전문가들에게 쓸모 없는 자라고 지적당했다. 영어로 할 수 있는 욕은 전부 나를 위해 나열되었다. 쇼크를 받았느냐구? 천만에, 가까운 곳에서 욕을 하는 소리가 들려도 절대 노한 얼굴은 보이지 않았다."
 다행히 얼마 후 사팔눈은 비평을 졸업했다. 우리들의 대부분은 조소나 욕에 지나치게 신경을 쓴다.
 한번은 나의 성인 클럽의 선전집회에 나온 뉴욕 《선》지의 기자에게 나와 나의 일에 대하여 재미있고도 우습게 기사화된 적이 있다.

물론 나는 그것을 개인적 모욕으로 생각했다. 나는 《선》지의 집회위원장 길 하지스에게 전화를 걸어 조소적인 기사가 아니고 사실적인 것을 지상에 게재하라고 요구했다. 나는 기사를 쓴 당사자에게도 책임을 추궁할 생각이었다.

그러나 나는 그 당시의 행동을 매우 부끄럽게 생각하고 있다. 구독자의 반 이상이 그 기사를 읽었을 것이 분명하고, 읽은 후에 반수는 미소를 지으며 제 나름대로의 의견을 이야기했을 것이 분명했다. 그리고 그들도 수주일 후에는 모두 잊어버리고 말았을 것이 틀림없기 때문이다.

나는, 인간은 타인의 일이나 타인의 평판 같은 것에는 관심이 없음을 알고 있다. 그들은 아침에도 낮에도, 밤 12시까지 언제나 자기 일만을 생각한다. 그들은 누가 죽었다는 뉴스보다 천만 배나 자기의 가벼운 두통에 더 정신을 쓰고 있다. 우리들이 속임수를 당해도, 바보 취급을 당해도, 옆구리를 맞아도, 칼로 등을 찔려도, 가장 친한 친구가 노예로 팔려가도 그러한 것 때문에 자기 할 일을 못하는 것은 어리석은 일이다.

그보다도 예수의 일을 생각해 보자. 그에게서 가장 신뢰를 받고 있던 열두 제자 중 한 사람은, 현재의 가치로 19달러 정도의 유혹 때문에 예수를 배신했다. 또 다른 한 사람은 예수가 고난을 당할 때, 그를 보고 도망했다가 세 번이나 예수를 모른다고 단언하고 서약까지 했다. 예수가 겪은 고난에 비할 때 우리들이 그 이상을 기대하는 것은 무리라는 것이다.

나는 이미 오래 전에, 타인으로부터 부당한 비평을 받지 않는 것은 불가능하지만 그런 비평을 마음에 두지 않는 것은 가능하다는 것을 깨달았다.

그렇다고 모든 비평을 무시하라고 주장하는 것은 아니다. 부당한 비평을 무시하라는 것뿐.

지난날 나는 엘리너 루스벨트에게 부당한 비평을 당했을 때 어떻게 행동하느냐고 물어 보았다. 백악관에 살았던 여자 중에서 그녀만큼 많은 수의 열렬한 친구와 맹렬한 적을 가졌던 사람은 없다.

소녀 시절의 그녀는 정말 병적일 만큼 내성적이어서 다른 사람의 입에 오르내렸다. 그래서 어느 날 숙모에게 말했다.

"숙모님, 저는 이러이러한 일이 하고 싶지만 남이 뭐라고 할까 봐 겁이 나요."

루스벨트의 누이는 질녀의 얼굴을 바라보며 이렇게 말했다.

"자기의 마음속에서 올바르다고 확신한다면 다른 사람의 말은 신경 쓸 필요가 없단다."

엘리너 루스벨트는, 이 충고를 백악관의 여주인이 되었을 때도 마음 속 깊이 간직하였다고 말했다. 그녀는 또 다른 비평을 피하는 유일한 방법은 드레스덴의 도자기 인형처럼 책상 위에 가만히 앉아 있는 것이라고 말하기도 했다.

"자기의 마음속에서 올바르다고 믿고 있는 일을 하면 된다. 그래도 어차피 욕은 먹는 것이며, 그렇게 하지 않아도 욕을 먹는다. 비평을 피할 수는 없다."

이것이 그녀의 충고이다.

고(故) 메투. C. 브러시가 아메리칸 인터내셔널 코퍼레이션의 사장이었을 당시, 나는 그에게 비평을 마음에 두고 있는가 물어 보았다. 그러자 그는 대답하였다.

"그렇지, 젊은 시절에는 항상 마음에 걸렸지. 나는 우리 회사의 전 종업원에게 완전한 인간이라고 생각케 하고 싶었다. 그래서 항상 번민했다. 나는 나에게 가장 큰 반감을 가지고 있을 듯싶은 사람을 불러 설득시키려 했으나 그것이 도리어 다른 사람들을 노하게 하는 결과가 되었다.

한 사람과 타협을 한다면 또 다른 사람들의 마음을 불쾌하게 한다는 것을 그 뒤에 깨달았다. 또한 개인적 비평을 피하기 위해서 반감을 위로하고 평정하려고 하면 할수록 적이 늘어간다는 것을 알았다. 거기서 나는 스스로 다짐했다.

'사람 위에 올라가서 비평을 피하려고 하는 것은 불가능하다. 마음에 거슬리지 않을 수는 없다.' 이 생각은 놀랄 만큼 효과가 있었다. 그때 이후 나는 최선이라 생각되는 일을 실행하는 방침으로, 낡은 우산을 쓰고 비평의 비에 맞지 않도록 노력하고 있다."

딤즈 테일러는 이보다 좀더 발전해 있었다. 그는 비평의 비를 맞아가면서 대중 앞에 나타나 유쾌하게 웃어 보인 것이다. 그가 뉴욕 필하모니 심포니 오케스트라의 토요일 오후 라디오 콘서트 휴식 시간에 해설을 하고 있을 때 어느 부인이 그를 가리켜,

"거짓말쟁이, 변절자, 독사, 백치!"
라고 쓴 편지를 받았다.

테일러 씨는 그의 저서 《인생과 음악에 관해》 중에서 이렇게 서술하고 있다.

"아마도 나의 이야기가 마음에 들지 않았던 모양이다."
다음 주의 방송에서 테일러는 이 편지를 낭독해서 수백만의 청취자

에게 전했다. 그러자 4, 5일 후에 같은 부인으로부터 또 편지가 왔다. 그 편지에 의하면 그녀의 의견은 조금도 변하지 않고 또다시
"거짓말쟁이, 변절자, 독사, 백치!"
라고 했다.

우리들은 비평에 대해서 이러한 태도를 취하는 사람에게 경탄하지 않을 수 없다. 우리들은 그의 평정, 자신에 가득 찬 자세와 유머에 경의를 표한다.

찰스 슈와브는 프린스턴 대학의 학생들에게 한 연설 중에서 그가 지금까지 배운 가장 중요한 교훈의 하나, 슈와브 제강 공장에서 일하고 있는 나이 많은 독일인에게서 배운 거라고 고백했다.

이 늙은 독일인은 전쟁 중에 자주 일어나는 맹렬한 전쟁 논쟁에 휘말려 들어서, 격분한 직공들에 의해 하천에 던져졌다. 슈와브는 이렇게 이야기하고 있다.

"그가 흙탕물에 빠진 쥐꼴이 돼서 내 사무실에 나타났을 때, '당신을 하천에 처넣은 자들에게 무엇이라 했는가'라고 묻자 '웃기만 했지요.'라고 대답했다."

슈와브 씨는 그 이후 이 늙은 독일인의 말 '그저 웃었다'를 좌우명으로 하고 있다고 단언했다.

이 좌우명은 부당한 비평에 희생되었을 때, 특히 큰 힘을 주었다. 덤벼드는 상대와는 마주 싸울 수 있지만, '그저 웃는' 상대에게는 손을 댈 수 없지 않은가.

만일 링컨이 그에게 던져진 신랄한 비난에 답하려는 어리석음을 깨닫지 못했더라면 남북전쟁의 과로 때문에 쓰러졌을 것이 틀림없다. 그가 어떠한 방법으로 그에 대한 비난을 처리했는가, 그것에 관한 그의

기술은 문학 작품으로도 주옥이며 고전이 되어 있다.
맥아더 장군은 전쟁 중에도 그 글을 사령부의 책상 위에 써붙였다. 처칠은 그의 서재 벽에 그 글을 걸어 놓았다. 그것은 다음과 같은 문장이었다.

만일 내가 나에게 가해지는 공격에 대해서 변명하려 한다면 이 사무실을 봉쇄하고 무언가 다른 일을 시작하는 것이 좋다. 나는 내가 알고 있는 가장 좋은 방법으로 내가 이룩하려고 하는 것을 최선으로 실행하고 있다. 그것을 최후까지 할 결심이다. 그래서 최후의 결과가 좋다면, 나에 대한 비평 같은 것은 문제가 아니다. 만일 최후의 결과가 좋지 않다면 열 명의 천사가 내가 올바른 일을 했다고 증언해 주어도 아무런 효과가 없다.

♣ 우리들이 부당한 비평을 받았을 때를 위해 기억해 두어야 할 법칙

최선을 다하라. 그리고 그대의 낡은 우산을 쓰고 비평의 비를 몸에 맞지 않도록 하라.

제2부
성공을 위한 마음 자세

제 1 장
문제점을 발견하라

 어떤 경우에 있어서도 당신에게 문제가 생겼다는 것은 매우 좋은 일이다. 그 이유는 당신이 그런 어려운 문제에 부딪쳤을 경우 그것을 이기고 또 되풀이하는 동안에 성공에 이르는 길은 더욱 빨라지기 때문이다.
 그것은 문제와 싸워 이길 때마다 당신의 지혜·도덕적 판단 능력이 다같이 성장하기 때문이다. 당신이 문제와 부딪쳐서 그것과 맞붙어 PMA(Positive Mental Attitude : 적극적인 마음가짐)를 가지고 문제를 이길 때마다 성공을 향해 나가는 인간이 되는 것이다.
 다시 한 번 생각해 보면 당신의 인생에 있어서나 역사상의 어떤 인물의 인생에 있어서 성공이란 그 사람이 직면하였던 문제 덕분이라고 생각된다.
 이 세상의 어느 누구에게나 문제가 있는 이유는 살아나가는 모든 것이 끊임없는 변화하는 과정에 있기 때문이다. 변화는 움직일 수 없는 자연 법칙이다. 당신에게 있어서 중요한 것은, 변화에 대한 성공과 실패는 당신의 마음 가짐에 달려 있다.

당신은 자신의 생각을 지배하고, 감정을 조절하면서 자신의 태도를 결정할 수가 있다. 당신은 주변 변화에 대해서 어떻게 하여야만 되는가를 스스로 판단해야 한다. 그래야만 당신은 자신의 운명을 결정할 수가 있다.

언제라도 당신이 부딪치는 모든 어려운 문제들을 **PMA**를 가지고 대처할 수가 있다면 어떤 어려운 문제가 있더라도 현명하게 해결할 수 있을 것이다.

만약 당신이 **PMA**를 가지고 있으면서 그 적극적인 마음가짐의 가장 중요한 요소, 즉 신이 있다고 믿고 있으며 그 신이 항상 당신 곁에서 좋은 이미지를 갖고 있다면, 다음에 열거하고 있는 공식을 유효 적절하게 이용하여 당신이 직면해 있는 문제에 대처할 수 있다.

당신이 해결해야 하는 어떤 어려운 문제에 부딪치더라도

① 신의 인도를 구하되 올바른 해결책을 발견하기 위한 도움이라면 매우 가능한 일이다.
② 다시 한 번 냉정한 판단력으로 그 문제를 생각해 보라.
③ 문제를 분석하고 분명히 하고 똑똑히 말하도록 노력하라.
④ 당신 자신에게 자신을 갖고 "그것은 좋은 일이다!"라고 말하라.
⑤ 다음에 나오는 종류의 특별한 질문을 자기 자신에게 물어 보라. 과연 그의 어떠한 점이 좋았는가? 또 내가 어떻게 처리하여야만 그 문제와 같은 비중이 될 수 있는, 아니 그 이상의 이익으로 바꿀 수가 있을까? 또한 내가 지금 지고 있는 부채(負債)를 완전히 탈바꿈하여

제2부 성공을 위한 마음자세 77

자산화할 수 있을까?

⑥ 지금까지 부딪쳤던 방법 가운데 효과가 있는 답을 하나만이라도 찾도록 계속 노력해 보라.

당신이 직면하고 있는 문제는 크게 두 가지로 나눌 수가 있다. 그 하나는 당신 개인적인 문제, 즉 경제, 감정, 도덕, 정신적, 육체적인 문제처럼 일반적인 것이요, 다른 하나는 사업상의 문제나 직업상의 문제이다. 앞서 말한 개인적인 문제는 우리 모두가 경험하는 문제이기 때문에, 우리는 인간이 경험할 수 있는 가장 힘든 문제에 직면하였던 어떤 사나이의 이야기를 예로 든다.

당신은 이 이야기를 읽어 가는 동안에, 그가 최후의 승리에 도달했을 때까지의 여러 가지 어려운 문제를 해결하는 데에 어떻게 PMA를 이용하였는지를 자세히 알게 될 것이다.

그의 어린 시절은 매우 불우했다. 초등학교 시절에는 궁색한 집안을 돕기 위해서 샤르트 항구 주변을 돌아다니며 신문을 팔기도 했으며 구두를 닦은 적도 있었다. 또 나이가 조금 든 후에는 알래스카 항로의 화물선에서 일하는 급사가 되기도 하였지만, 17세 되던 해 고등학교를 졸업하자 가출했다. 그리고는 철도편을 이용하는 부랑자에 휩쓸려서 미국 각 지방을 돌아다녔다.

따라서 그가 상대하고 있는 동료들은 모두가 거친 성격에 품위가 없었다. 도망자·밀수업자·도둑, 이런 류의 인간들이 그의 주위에 있었다. 또 도박에 손을 댄 후부터 그의 생활은 더욱더 비참해졌다.

찰리 워드라고 불리우는 그는 이렇게 말했다.

"나의 잘못이란 나쁜 동료와 손을 잡은 것이었습니다. 그로 인해서 나의 인생은 말할 수 없는 지경에까지 이른 것입니다."

그는 도박으로 큰돈을 벌기도 했지만 곧바로 잃고 말았다. 드디어 그는 마약 밀수 행위로 체포되었으며 재판에서 유죄 판결을 받았다. 그러나 찰리 워드는 결백하다고 주장하고 있었다.

그의 나이 24세 때, 그는 리푼워스 교도소에 처음으로 수감되었다. 그의 친구들과는 달리 그때까지 한번도 교도소 출입을 한 적이 없었다. 교도소에 들어간 그는 비참한 기분에 휩싸이기 시작했다. 그는 어떠한 감옥이라도 자신을 언제까지나 가두어 둘 만큼 견고하지는 못할 것이라고 믿고 탈옥의 기회만을 노렸다.

그러한 생각을 가지고 있었던 그가 자신을 PMA로 바꾸는 데 도전할 만한 일이 일어났다. 그의 마음속에 있었던 그 무엇이 적의를 포기하고 교도소 안에서 가장 모범적인 수감자가 되라고 지시하고 있었다. 그리하여 그 순간부터는 그가 처한 환경이 자신에게 가장 좋은 상태라고 생각하기에 이르렀다.

그것은 단지 소극적인 마음가짐에서 적극적인 마음가짐으로 변했을 뿐인데도 그 순간부터 찰리 워드 자신을 지배하기 시작했다. 따라서 그 이후부터 그는 오늘날의 이런 비참한 환경에 자신을 빠트린 관리들을 용서하기로 마음먹었다. 그래서 자기를 잡아들인 형사를 미워하는 일을 중지하였다.

그는 지금까지 자신이 어떤 인품의 소유자였는지를 생각하고 자신의 장래에 대해서 비관적인 생각을 하지 않도록 노력했으며, 어떻게 하면 교도소에서의 생활을 유쾌하고 명랑한 시간으로 만들 수 있는지 고심했다.

제일 먼저 그는 앞에서 열거한 공식에 따라 자신에게 질문을 던져 보았다. 그리고 성인이 된 후에 처음으로 그 해답을 발견할 수 있었다. 성서 속에서……

그때부터 그는 감방 안에서 성서를 읽기 시작했다. 그리고 그가 73세로 죽을 때까지 매일 영감과 인도와 도움의 길을 찾기 위해 성서를 계속해서 읽었다.

그가 이렇게 태도를 바꾸자 그의 행동도 바뀌어 교도소 관리의 눈에 들고 호감도 사게 되었다. 그러던 어느 날, 동력 공장에서 일하고 있는 모범수가 3개월 이내에 출감한다는 이야기를 간수장이 그에게 알려줬다.

그러나 그때의 찰리 워드는 전기에 관해서는 전혀 아는 바가 없었다. 그래서 교도소 도서관에 있는 전기에 관한 책을 모조리 읽기 시작했다.

그로부터 3개월 뒤 만반의 준비를 갖춘 찰리는 그 일을 지원하기에 이르렀다. 그의 평상시의 행동이나 목소리는 교도소장에게 호감을 주었으므로 그는 마침내 그 일을 얻을 수가 있었다. 그것은 찰리 워드의 적극적인 마음가짐의 진지성과 성실성 때문이었다.

그 이후로 그는 적극적인 마음가짐을 갖고 일에 임함으로써 얼마 후에는 15명의 부하를 거느리는 교도소 내의 동력 공장 감독이 되었다.

그러자 우연하게 친구이자 동료를 얻을 기회가 생겼다. 미네소타 주의 세인트폴에 있는 브라운 앤드 비디로 사의 사장 허버드 휴즈 비디로가 탈세 혐의로 찰리가 있는 교도소로 수감되었을 때, 그는 비디로가 환경에 적응할 수 있도록 여러 가지 도움을 주었다. 비디로는 이런 찰리의 우정과 협조를 고맙게 생각하고 먼저 출감하면서 찰리에게 이렇게 말했다.

"지금까지의 우정에 대해 깊이 감사하고 있소. 당신이 출감하거든 꼭 세인트폴로 오시오. 나도 성의껏 당신을 맞아들일 테니까."

이렇게 헤어진 그들은 찰리가 나머지 5주간의 형기를 마치고 출감했을 때 세인트폴에서 만났다. 그리고 비디로는 약속한 대로 주급 25달러의 노무자로 일하게 해 주었다.

여기서도 찰리에게 큰 도움을 준 것은 PMA이었다. 적극적인 마음가짐으로 인하여 1년 반이란 세월이 흐르자 노무반장이 되었고, 또 1년 후에는 감독이 되었다. 그리고 마침내는 부사장 겸 총지배인의 직위까지 오를 수가 있었다.

비디로가 1933년 9월에 사망하자 찰리 워드는 브라운 앤드 비디로 사의 사장이 되었다. 그리고 1959년 여름 그가 죽을 때까지 사장직에 머물고 있었다. 그가 그 직에 있기 전에는 300만 달러의 매상도 못 되던 것이 연간 5,000만 달러로 상승하였다. 그리하여 비디로 사는 같은 업종 가운데서 손꼽히는 회사로 발전하였다.

PMA와 어려운 처지에 있는 사람을 돕겠다는 마음가짐으로 찰리는 안식과 행복을 얻었고 인생에 있어서 보다 보람된 일을 할 수 있었다. 그 당시 미국 대통령이었던 루스벨트는 그의 모범적인 생활방식을 인정하고 그의 시민권을 복권해 주기도 했다. 그리고 그의 주위에 있던 사람들은 그의 인격을 최고로 평가하고 거울로 삼기도 했다.

그러나 그가 행했던 어느 것보다도 칭찬할 만한 일은 교도소에서 출감한 50여 명의 남녀를 고용하여 엄격하면서도 보다 이해 있는 지도와 격려로 그들의 사회복귀를 위해 노력한 일이다. 그러면서도 자기가 수감자였다는 것을 결코 잊지 않았다. 그래서 그를 보는 사람들은 그의 팔뚝에 새겨진 옛날 교도소의 번호를 볼 수 있었다.

찰리 워드의 인생에 있어서 교도소에서의 생활은 그에게 큰 변화를 주었다. 만일 그가 예전의 그 환경에서 벗어나지 못하였다면 그의 인생은 어떻게 되었을까. 그러나 인간의 가장 비참한 환경에서 그는 그것을 극복하고 자기를 바꾸는 데 도전했다. 그리고 거기서 적극적인 마음가짐을 배움으로써 개인적인 어떤 낙관도 헤칠 수 있다고 생각했던 것이다. 그런 까닭으로 그는 제2의 세계를 이룰 수가 있었고 보다 훌륭하고 크나큰 인물이 될 수 있었다.

물론 세상의 모든 사람들이 찰리 워드와 같지는 않다. 그러나 앞에서 예를 든 것에는 소극적인 마음가짐에서 적극적인 마음가짐으로 바꾼 행위 이외에도 우리가 배울 점이 많다.

"나의 잘못은 나쁜 친구와 손을 잡은 것입니다."
라는 찰리의 말을 기억할 것이다. 여기서 보더라도 나쁜 일은 전염성이 빠르기 때문에 우리가 무엇보다 중요시하는 일은 인간 관계에 있다. 나쁜 일이라고 느끼면서도 걷잡을 수 없는 일에 휘말려 들기 때문이다.

그러나 당신이 직면하는 문제가 모두 어려운 것만은 아니다. 때로는 사고방식 적응성만으로도 해결이 가능한 것도 있다. 성공하기 위해서는 실행을 동반한 오직 하나의 아이디어만으로도 만족할 수가 있기도 한 것이니까. 다음에 예를 든 경우에서도 볼 수 있듯이 성공에는 그것에 적절한 하나의 아이디어만 있더라도 충분하다는 것을 알 수가 있다.

미국의 시카고 북부 미싱건 도로에 서 있는 빌딩이 비어 있었던 해는 1939년이었다. 그 해 미싱건 도로의 빌딩은 찾는 사람이 없어 고심하고 있었다. 사업계로서는 최악의 불운한 해였으며, 그 여파로 시카고 부동산 업계는 NMA(Negative Mental Attitude)를 가지고 있었다.

"아무리 선전을 해 보아야 결과는 뻔한 일이야. 사람들의 수중에 돈이 없으니까 매매가 안 돼."

"아무리 돈이 있더라도 시세를 무시할 수는 없다."
라는 의견이 나돌았다.

이런 암담한 상황 속에서도 적극적인 마음가짐으로 이 일을 극복한 사람이 있었다. 어느 빌딩의 지배인이었던 그는 자신의 아이디어를 실행함으로써 위기를 극복했다. 이 사람은 노스웨스턴 생명 보험회사가 저당 유실로 넘어간 미싱건 도로변에 있는 빌딩 경영을 위해서 채용한 인물이었다.

그가 채용되어 지배인으로서 일을 보게 되었을 때에 그 빌딩은 10퍼센트 내외의 대여가 이루어졌을 뿐이었다. 그런데 그가 그 자리에 앉은 지 1년 이내에 100퍼센트 분양되었으며 밀려오는 사람이 많아서 고민할 지경에까지 이르게 되었다. 그 비결이란 사무실이 비어 있는 상황을 어쩔 수 없는 불운이라 생각하지 않고 자신이 부딪치는 당연한 문제라고 생각했던 것이다.

다음은 그의 입을 통해서 알려진, 고난을 극복하기까지의 이야기이다.

내가 처음 그 일에 직면했을 때는 무척 난감한 기분이었다. 그래서 나 자신에게 여러 질문을 던져 보았다. 거기서 나온 결론은 신용 있는 사람들로 사무실이 전부 차기를 희망하고 있다는 사실이었다. 그러나 그 일은 꿈과 같은 엄청난 이야기가 될는지도 모른다고 생각했다.

그러나 내가 행하는 일로 얻는 것은 많아도 잃는 것은 없으리라는 자부심을 갖고 다음의 몇 가지 계획에 들어갔다. 첫째로 할 일은 나 자신이 원하는 좋은 사람을 찾아내는 일이었다. 그리고 나서 둘째로는 사무실을 얻으려는 사람의 입장에 서서 상상을 해 보자.

그렇다. 시카고에서 가장 아름다운 사무실을 지금 그들이 사용하고 있는 비용보다 비싸지 않은 임대료로 제공하는 일이다. 그뿐만 아니라 셋째 만일 입주자가 1년의 임대차(賃貸借) 계약 조건으로 똑같은 임대금의 월액수를 우리에게 지불한다면 그 사람의 현재의 임대차 계약의 책임을 인수할 일이다.

그리고 이에 덧붙여서 사무실을 빌리는 손님에게는 무료로 실내장식을 다시 해 주며 또한 이름 있는 건축가와 실내 장식가를 고용해서 각기 새로운 손님의 개인적 취미에 맞도록 사무실을 꾸며 주는 일이었다.

여기까지 계획한 나는 다시 이렇게 판단을 내릴 수 있었다.

만약에 이런 상태로 앞으로 2, 3년 계속한다면 우리는 이 사무실 대여로는 아무런 수입도 올릴 수가 없을 것이다. 이 상태로 연말까지 아무런 수입 없이 참지 않으면 안 될지 모르지만 그래도 아무런 계획이 없던 때보다는 나을 것이다. 오히려 그것이 좋은 계기가 될는지도 모른다.

그것은 세를 드는 사람이 이제부터 먼 앞날을 내다보고 기대할 수 있는 임대료를 지불해 주기 때문이다. 그뿐만 아니라 1년 정도의 기간으로 사무실을 대여하는 것은 어디서나 볼 수 있다. 그러나 일반적인 경우에 나의 사무실로 새로 들어오는 사람들의 이제까지의 계약은 겨우 수개월밖에 남아 있지 않았으므로 그들의 임대료를 인수하는 약속을 하는 것은 그리 걱정할 만한 일은 아니다.

만일에 사무실을 빌리는 사람이 계약한 1년이 지나서 나간다면 그 방을 다시 대여하는 것은 쉬울 것이다. 그리고 그 방을 정비하는 데는 그리 많은 돈은 들이지 않아도 될 것이다.

이런 계획과 판단의 결과는 매우 놀랄 만한 것이었다. 새로 단장한 사무실은 전보다 훨씬 아름답게 보였으므로 빌리려는 사람도 열성적이었고 많은 사람들이 추가금을 걸게 되었다. 어떤 때에는 사무실을 빌리려는 쪽에서 다시 정비하는데 22,000달러나 추가금을 지불한 경우도 있었다.

이렇게 해서 처음에는 10퍼센트밖에 입주하지 않았던 빌딩 사무실이 연말에는 100퍼센트까지 입주하게 되었고 임대 기간이 끝나도 나가는 사람은 없었다. 그들은 모두 이 새롭게 단장한 깨끗한 사무실에 만족하고 있었으며, 우리는 최초 1년의 계약 기한이 되어도 임대료를 인상하지 않음으로써 그들의 영원한 호의를 얻을 수 있었던 것이다.

우리는 당신이 이 경이적인 이야기를 몇 번이고 되풀이해서 생각해 주기를 바라고 있다. 여기에 가장 어려운 문제에 직면한 사나이가 있었다. 그는 빌딩 내의 사무실이 10퍼센트밖에 들어 있지 않은 빌딩의 경영을 위임받았으나 당황한 나머지 그 운영의 묘를 살리지 못하여 1년이 다 지나도록 빌딩의 사무실은 비어 있는 채로였다.

이와 같은 두 가지 경우의 차이는 문제와 맞선 빌딩 지배인의 마음가짐에서 비롯된 것이다. 똑같은 문제에 직면하여, 한 사람은,

"문제가 생겼다. 큰일났다!"

라고 말했고 또 한 사람은,

"문제가 생겼다. 그러나 그건 좋은 일이다."

라고 생각했다.

문제에 직면했을 때 좋은 면으로 생각하는 사람은 적극적인 마음가짐의 의미를 이해하고 있는 사람이며, 그런 마음가짐은 실패를 성공으로 바꿀 수도 있다.

어느 누구에게나 한 번은 일어남직한 문제와 곤란을 최선의 길로 바꾸려는 모범적인 처리는 그것을 되풀이해 가는 것이다. 그렇지만 그 바꾸려는 것을 되풀이해 가면서 우리 쪽에서 그것을 이점으로 만들어야 한다.

이렇게 해서 지금까지 읽은, 또 이 책에서 읽어 갈 많은 이야기는, 문제가 생겼다 하는 것은 좋은 일이다. 따라서 어려운 문제에 직면하더라도 곧 그것을 PMA를 가지고 해결하려고 노력하며 실행을 동반한 하나의 좋은 아이디어를 생각해 낸다면 실패를 성공으로 바꿀 수도 있다고 생각하라.

♣ 그러므로 우리들이 어려운 문제에 직면할 때 그것을 이겨내는 법칙

모든 역경은 보다 큰 이익의 가능성을 갖고 있다.

제 2 장
일을 완성하는 방법을 터득하라

 어떤 문제에 부딪혔을 경우 이 장에서는 그 일을 완수하는 법을 알게 될 것이다. 만약에 지금 당신이 원하지 않는 일을 하고 있거나, 원하는 일을 할 수가 없을 때 이 장은 당신에게 큰 도움을 줄 것이다.
 일을 완수하는 법을 배우려면 어떻게 해야 할 것인가? 그것은 습관에 의한 것이며, 그 습관을 되풀이함으로써 형성된다.
 "행동의 씨앗을 뿌리면 습관의 열매가 열리고, 습관의 씨앗을 뿌리면 성격의 열매가 열리며, 성격의 씨앗을 뿌리면 운명이라는 열매가 열린다."
라고 위대한 심리학자이자 철학자였던 윌리엄 제임스는 말했다. 그는 타인이 만들어 내는 모든 것은 당신의 습관이라고 말했으나 당신은 당신의 습관을 자유로이 선택할 수가 있다.
 만약에 당신이 어떤 습관을 몸에 익히고 싶다면 셀프스타터(self starter : 자동차 등의 자동 시동기. 무엇이든 자발적으로 행동하는 사람)를 쓰면 될 것이다.

그렇다면 일을 완수하는 비결은 도대체 무엇일까? 그리고 이 위대한 비결을 쓰도록 당신에게 강요하고 있는 셀프스타터란 무엇일까?

당신이 살아가는 일생 동안 행하려고 하는 일이 아니면 '곧 시작하라!'라고는 결코 말하지 않을 것이다. 그리고 그 행위가 좋은 일이고 '곧 시작하라!'라는 말을 당신이 의식했을 때는 언제든지 곧 행동으로 옮길 일이다.

조그마한 일에 대해서도 '곧 시작하라'라고 하는, 셀프스타터에게 답하는 것을 언제나 실천해야 한다. 그렇게 함으로써 당신은 반사감응(反射感應)의 습관을 재빨리 몸에 익히고 비상시나 기회가 왔을 때 곧 행동하게 될 것이다.

만약 당신의 집안에 아무도 없고 혼자 있을 때 전화벨이 울렸다고 하자. 그러나 당신은 귀찮은 생각과 본래부터 우물쭈물하는 경향이 있으므로, 언제까지나 전화를 받지 않는다. 그러나 '곧 시작하라!'라는 셀프스타터가 당신의 잠재의식에 떠오르면 당신은 곧 행동하게 된다. 그러므로 결과적으로 전화를 받게 될 것이다.

이렇게 일을 완수하는 비결을 배운 사람 중에는 H. G. 웰즈가 있다. 그는 그것을 실행했기 때문에 많은 작품을 쓸 수가 있었으며, 좋은 아이디어가 떠오르면 절대로 놓치는 일이 없었다. 그는 아이디어가 의식 속에서 생생할 때 그것을 곧 글로 써 놓곤 했다.

그러나 이와 같은 일은 한밤중에도 일어날 수가 있었다. 아무리 깊은 한밤중이라도 웰즈는 일어나서 언제나 그의 침대 곁에 놓여 있는 종이와 연필을 꺼내어 그것을 적고 나서야 잠을 청했다.

잠시 생각났다 곧 사라지는 아이디어라도 그것이 머리에 떠올랐을 때 곧 적어 두어 영감의 번득임을 봄으로써 그 기억을 새롭게 하면 되살아나게 된다. 웰즈의 이러한 습관은 당신이 행복했던 시절을 회상하고 미소 짓는 것처럼 자연스럽고 무리하지 않게 행해지는 현상이다.

일부 사람들에게는 우물쭈물하는 습관이 있다. 그 때문에 일에 뒤지거나, 열차를 놓치는 일도 있으며 또는 좀더 중요한 일, 그들의 인생을 좋게 바꿀 수 있는 기회를 놓쳐 버리는 수도 있다. 누구인가 그 시기에 필요한 일을 연기했기 때문에 전쟁에 패한 예는 전사(戰史)에 무수히 기록되어 있다.

적극적인 마음가짐 강좌에 출석하는 새로운 수강생 가운데는 우물쭈물하는 습관을 버리고 싶다고 생각하는 사람도 있다. 그 경우 우리는 일을 완수하는 방법을 그들에게 가르쳐 준다. 그들에게 셀프스타터를 제공해 주는 것이다.

그리고 우리는 셀프스타터가 제2차 세계대전 때 한 전쟁 포로에게 어떠한 의미가 있었는지 실화를 이야기해 줌으로써 그들을 자극시키기도 한다.

제2차 세계대전 중 일본군이 마닐라에 상륙했을 때 케네스 E. 하먼은 민간인으로서 필리핀 해군에 근무하고 있었다. 그는 일본군에 체포되어 2일간 호텔에 억류당한 뒤 포로 수용소로 송치되었다.

그가 수용소로 들어간 첫날, 같은 방에 있는 사람이 베개 밑에 한 권의 책을 갖고 있는 것을 보고는 그에게 책을 빌려달라고 청했다. 그것은 《생각하라, 그러면 부자가 될 수 있다》라는 책이었다.

케네스는 그 책을 읽어 내려감에 따라 한쪽에는 PMA, 다른 쪽에는 NMA라고 새겨진 눈에 보이지 않는 마스코트를 지닌 이 세상에서 가장 위대한 인물을 만날 수 있었다.

그는 그때까지 절망감에 빠져 있었다. 수용소 속에서 일어날 수 있는 고통, 학대, 심지어 죽음까지 생각하고 공포에 떨고 있었다. 그러나 그 책을 읽어 내려가는 동안에 그는 희망을 품게 되었다.

그는 그 책을 자기 것으로 만들고 싶다는 강한 욕망을 가지고 이 무서운 나날 속에 그것을 자기 곁에 놓고 싶다고 생각했다. 그러나 동료 포로들과 그 책 이야기를 하는 사이에 그 책이 소유자에게 중요한 의미를 가지고 있음을 깨닫게 되었다. 그래서 그는 그에게 이렇게 말했다.

"이것을 복사하도록 해 줄 수 없겠나!"

"좋아, 그렇게 하게."

이런 대답을 듣고 난 하면은 맹렬한 기세로 타이핑하기 시작했다. 한 페이지도 빠짐없이 정성을 들여서 써 내려갔다. 언제 이곳에서 다른 수용소로 이동하게 될지 모른다는 생각에 불안한 마음으로 그 일에 몰두하게 되었다.

그 일은 매우 잘한 일이었다. 그가 마지막 페이지를 베껴내고 한 시간도 되지 않아서, 일본군은 그를 악명 높은 세인트 토머스에 있는 포로 수용소로 옮겼기 때문이다. 그가 늦지 않게 일을 끝낼 수 있었던 것은 시기를 잘 맞추어 일을 시작했기 때문이었다.

그는 3년여의 포로 생활 동안 그 원고를 소중히 간직했다. 그리고 되풀이해서 그 책을 읽어 어느덧 그의 사상의 양식이 되었다. 때로는 그를 격려하여 용기를 주고, 정신적·육체적 건강을 갖게 해 주었으며, 장래의 계획을 세우는 데 도움을 주었다.

그가 수용되어 있던 세인트 토머스의 포로 대부분이 영양부족과 공포 때문에 육체적·정신적으로 상처를 입고 있었지만 그의 경우는 예외였다.

"나는 처음 거기에 들어갈 때보다 더욱 인생의 준비가 철저히 되어 있었고 기민해진 정신력을 가지고 세인트 토머스를 나왔다."
라고 그는 말하고 있다. 그의 다음 말로 우리는 그의 사고방식을 알 수 있다.

"성공은 끊임없이 실행되지 않으면 안 된다. 그렇지 않다면 그것은 우리가 느끼지 못하는 사이에 우리에게서 멀어진다."

지금 이 순간이라도 행동하라. 일을 완수하는 법은 사람의 마음가짐을 소극적에서 적극적으로 바꿀 수가 있기 때문에 자칫 우울했던 날이 즐거운 날로 바뀌는 일이 생길지도 모른다.

코펜하겐 대학생이었던 조지 줄라아르는 어느 여름, 관광객을 안내하는 아르바이트를 한 적이 있었다. 그는 보수와는 상관없이 일을 잘 했으므로 시카고에서 온 몇몇 관광객이 그가 미국을 여행할 수 있게 도와 주었다. 여정(旅程)에는 시카고로 가는 도중에 워싱턴에서 관광하는 것도 짜여져 있었다.

워싱턴에 도착한 조지는 미리 선불해 놓은 윌아드 호텔에 묵게 되었다. 그의 웃옷에는 시카고행 비행기표, 그리고 바지 뒤 주머니에는 패스포트와 지갑이 들어 있었다. 그런데 즐거운 여행이 엉망이 될 정도로 큰 사건이 일어났다.

그가 막 침대에 누우려 할 때 지갑이 없어진 사실을 알았다. 놀란 그는 아래층 프론트까지 뛰어내려갔다.

"힘껏 찾아보겠습니다."

라고 지배인은 말했지만, 다음날 아침이 되어서도 지갑은 그에게 돌아오지 않았다. 조지에게는 겨우 2달러밖에 남아 있지 않았다.

낯선 외국에 돈도 없이 외톨이로 남는다면 어떻게 해야 하나? 시카고에 있는 친구에게 전보를 쳐서 이 위급한 사실을 알리면 어떨까? 또 덴마크 대사관에 가서 패스포트를 잃어버렸다고 말하고 도움을 청하며 안 될까? 차라리 경찰서에 가서 무슨 소식이 올 때까지 앉아 있을까?

이런저런 궁리 끝에 갑자기 그는 이렇게 생각하였다.

'아니다. 이제까지의 생각은 모두 잘못된 것이다. 나는 워싱턴을 구경할 것이다. 나의 일생에 이런 기회가 두 번 다시 올 것인가. 이 커다란 도시에서 내 인생의 귀중한 하루를 보내는 거야. 지금 나에게는 오늘밤 시카고까지 갈 수 있는 표가 있으니 그 다음에 돈과 패스포트 문제를 해결할 시간은 충분히 있다. 그러나 지금 내가 워싱턴을 구경하지 않는다면 두 번 다시 관광할 기회는 없을 것이다. 우리 나라에서는 몇 마일씩이나 걸어서 여행한 적도 있으니까 여기서도 그 방법을 이용하자.'

이렇게 생각한 그는 더욱 마음을 다졌다.

'나는 지갑을 잃기 전인 어제와 똑같은 마음가짐으로 관광에 나선다. 나는 어제 행복했었다. 나는 지금도 행복해야 한다. 이렇게 미국까지 와서 이 위대한 거리에서 휴일을 즐길 수 있는 특권을 가지고 있으니까. 그리고 이후로는 지갑을 잃어버린 불행을 끄집어내는 일로 시간을 낭비하는 그런 어리석은 짓을 하지 않을 것이다.'

그리고 그는 호텔을 나섰으며, 걸어서 백악관과 의사당을 보았다. 박물관도 보았으며 워싱턴 기념탑 꼭대기에도 올라갔다. 또 엘링턴 묘지와 그밖에 그가 보고 싶다고 생각했던 장소는 비록 다 가진 못했지만 구경한 곳은 아주 유심히 보았다. 남아 있던 2달러의 돈으로 땅콩과 캔디를 사서 공복을 참기 위해 그것을 핥기도 했다.

그가 여행을 마치고 덴마크로 돌아왔을 때, 미국 여행에서 가장 기억에 남는 것은 워싱턴을 거닐던 그날의 일이었다. 만일 그가 그 일을 불행이라 생각하고 일을 완수하는 방법을 쓰지 않았다면 그날은 조지 줄라아르로서는 영원히 헛되게 보내버린 하루였을 것이다.

그는 "지금이 그때이다"라는 말의 진리를 알고 있었으므로, 어제는 이런 일이 생겼다는 생각을 하기 전에 현재에 전념해야 한다는 것을 알고 있었던 것이다.

이 이야기를 매듭지음에 있어서 말해 둘 것은 그 다사(多事)했던 날이 지난 닷새 후에 지갑과 패스포트가 그의 손에 다시 들어왔다는 사실이다.

클레멘트 스토운은 1955년 일곱 명의 회사 간부와 함께 국제 판매간부 협회의 대표로서 아시아 태평양 지역을 여행하였다.

그는 오스트레일리아 멜버른의 비즈니스맨 그룹에서 연설을 했다. 그때가 11월 중순의 어느 화요일이었고 연설의 제목은 〈어떻게 동기를 유발시켜 행동할 것인가〉였다. 다음 목요일 밤 그는 전화를 받게 되었다. 그것은 한 금속 캐비닛 회사의 지배인인 에드윈 H. 이스트에게서 온 것이었는데 그는 매우 흥분하고 있었다.

"놀랄 만한 일이 일어났습니다. 아마 이 소식을 들으면 당신도 나처럼 열광하실 거라고 생각합니다."

"말씀해 보십시오. 도대체 어떤 일이 일어났는데요?"

"굉장한 일입니다. 당신이 화요일 연설할 적에 동기 유발에 관한 이야기를 하셨죠? 그리고 사람을 분발시키는 책을 열 권씩이나 추천하셨지요. 나는 그 중에서 《생각하라, 그러면 부자가 될 수 있다》라는 책을 사서 그날 밤부터 읽기 시작했습니다. 그날 밤 늦게까지 그것을 읽었고 다음날 아침에도 읽고, 그리고 나서 한 장의 종이에다 이렇게 적었습니다. '나의 뚜렷한 목표는, 올해는 작년 매상고의 두 배를 파는 일'이라고 그러나 놀라운 사실은 그로부터 43시간 이내에 목표를 이룩했다는 것입니다."

"어떻게 해서 수입을 두 배로 올렸습니까?"

이 물음에 대한 이스트의 대답은 간단했다.

"동기 유발에 관한 이야기 가운데서 당신은 위스콘신 주에 있던 당신의 부하 세일즈맨 알아렌이 어떻게 거리에 나가서 물건을 팔았는지 얘기하셨죠? 그때 당신은 알아렌이 하루 종일 일해도 얻는 것이 하나도 없었던 것이 마침내 행운을 가져오게 했다고 말씀하셨습니다. 그날 밤에 당신은 이렇게 말씀하였습니다. 알아렌은 사람을 분발시키는 불만을 폭발시켰던 것이라고. 그는 다음날에는 손님들을 찾아다니며 다른 친구들이 하려면 1주일 걸리는 것보다도 더 많은 보험을 팔아 보겠다고 결심한 것이었습니다."

"그 알아렌의 경우와 같은 일이 당신에게도 일어났습니까?"

"네. 당신은 알아렌이 왜 똑같은 거리를 돌아다녔는지 얘기하셨죠? 그는 똑같은 사람들을 두 번 방문해서 66구좌나 되는 신규 상해 보험을 팔았던 것입니다. 또 나는 당신이 이렇게 얘기한 것을 기억하고 있습니다. '그것은 도저히 불가능한 일이라고 생각될지도 모르겠습니다.' 알아렌은 거침없이 그 일을 해냈습니다. 나는 그 말을 믿었습니다. 그리고 그 일이 나에게도 가능하다는 생각이 들었습니다."

"그래서 그 방법을 당신의 사업에 이용하셨습니까?"

"나는 당신이 가르쳐 준 셀프스타터의 '곧 시작하라!'라는 말을 생각해 내고는 고객 카드가 있는 데로 가서 세일즈가 안 되었던 10명의 고객을 분석해 보았습니다. 그리고 그 이전에는 귀찮은 생각이 들어 실행하지 않았던 일들을 했습니다. 그 다음에 나는 적극적인 마음가짐으로 이 10명의 고객을 찾아가서 그 중 8명에게 세일즈를 했습니다. 세일즈맨의 파는 방식에 PMA, 그 힘을 이용하면 놀라운 효과가 있다는 것은 매우 특이할 만한 일이었습니다."

에드윈 H. 이스트가 동기 유발에 대한 이야기를 들었을 때 그의 마음은 이미 준비가 되어 있었다. 그는 자기에게도 적용될 수 있다는 말에 자신을 갖고서 찾기 시작하였다. 그리고 그는 그가 찾고 있던 것을 발견했다.

이 글을 읽고 당신의 마음에 '곧 시작하라!'라는 셀프스타터를 가르쳐 주었으면 한다. 곧 실행할 결심을 함으로써 예기치 않았던 꿈조차 실현되는 일이 가끔 있기도 하다.

1. 당신의 사업과 취미 생활을 병행하라

맨레 스위디는 사냥과 낚시를 매우 좋아했다. 그가 바라는 멋진 생활은 사냥총을 가지고 숲 속을 헤치고 들어가서 2, 3일 후에는 피로와 긴장감과 진흙투성이가 되어 돌아오는 일이었다.

그러나 그가 그의 오락을 즐길 수 없는 가장 큰 이유 중의 하나는 보험 세일즈맨으로서 너무 많은 시간을 뺏기고 있기 때문이다.

어느 날, 낚시를 간 호수를 떠나 거리를 걷던 중 한 가지 아이디어가 떠올랐다. 거친 들판 속에서도 보험을 필요로 하는 사람들이 있지 않을까? 만일 그 경우 나는 일과 동시에 취미 생활도 살릴 수가 있지 않을까?

스위디는 실제로 그런 사람들과 만날 수 있었다. 그들은 알래스카 철도에서 일하는 사람들로, 이 사람들은 100마일이나 되는 선로 주변에 흩어져서 살고 있었다.

그렇다면 이와 같은 철도원, 거기다가 그 땅의 사냥꾼이나 금광의 광부들에게 보험을 팔 수는 없을까? 이 아이디어가 떠오른 날 스위디는 적극적으로 행동에 옮겼다. 그는 여행사와 의논하고 짐을 꾸리기 시작했다.

그는 분주하게 일을 진행시킴으로써 혹시 실패할지도 모른다는 공포를 지워버리려 노력했다. 그는 일단 그곳으로 떠났다. 그가 '도보(徒步)의 스위디'라는 별명을 얻으며 철도를 따라 몇 번이나 돌아다닌 결과 그들을 보험에 가입시켰을 뿐만 아니라 외부 세계의 대표자로서 환영받는 위치에까지 이르렀다.

그는 자신의 능력으로 할 수 있는 조그마한 일이라도 그들에게 도움을 주므로 그들에게 감사함을 표했다. 머리를 무료로 깎아 주기도 했고 요리 강습도 했다. 독신 사나이들의 거의 대부분이 인스턴트 식품밖에 먹고 있지 않았기 때문에 그의 요리 솜씨는 크게 환영을 받았다. 그는 그 동안에도 개인적으로 하고 싶은 일도 잘 해내고 있었다. 언덕을 넘어 사냥도 하고 낚시질도 했으며 그가 멋있다고 생각했던 일들을 모두 실행하고 있었다.

그때의 생명보험 업계에는 연간 100만 달러 이상의 보험을 판 사람에게 수여되는 특별한 명예의 자리가 있었는데 바로 100만 달러 그룹이라고 불리우는 것이었다. 그런데 그 명예가 스위디에게 수여된 것이다. 참으로 믿기 어려운 일이 스위디에게 일어난 것이다.

충동적으로 알래스카의 광야로 뛰어들어 누구도 주목하지 않았던 철도를 돌아다닌 그는 100만 달러 이상의 일을 했으며, 그 결과 단지 1년 만에 100만 달러 그룹에 들어가게 되었던 것이다.

만약 터무니없는 아이디어가 떠올랐을 때, 그가 주저하였더라면 이러한 결과는 얻지 못했을 것이다.

'곧 시작하라!'라는 셀프스타터를 기억해 두라. 그것은 당신의 인생에 큰 영향을 미칠 것이다. 그리고 주저하는 마음에 자신감을 갖게 도와줄 것이다.

또 그것은 맨레 스위디가 했던 것처럼 당신이 하고자 하는 일을 도와줄 수도 있다. 그것은 한번 잃으면 다시는 얻기 어려운 순간을 잡는 데도 도움이 된다.

2. 때때로 자신에게 편지를 써라

아이디어가 떠올랐으면 곧바로 책상 앞에 앉아서 자신에게 편지를 써라. 당신이 언제나 하고자 했던 일들이 완성된 것처럼 알리는 것이다. 전기 작가가 뛰어난 사람의 업적을 쓰는 것 같은 태도로 써나가야 한다.

그러나 그것만으로 그쳐서는 안 된다. 일을 완수하는 법을 쓰면서 '곧 시작하라!'는 셀프스타터에 대답하는 것이다. 만일 당신이 적극적인 마음가짐으로써 행동한다면 당신이 원하는 것이 될 수 있다.

'곧 시작하라!'는 동기를 유발시키는 데 중요한 말이다. 그것은 〈당신 스스로 동기를 유발시키는 법을 터득하라〉는 다음 장의 원칙을 이해하고 적용하기 위한 중요한 걸음이다.

♣ 어떤 아이디어가 떠올랐을 때 그것을 처리하는 법칙

곧 시작하라.

제 3 장
보는 방법을 배워라

　조지 W. 칸벨은 선천적인 시각 장해인이었다. 의사는 선천적인 쌍안 백내장(雙眼白內障)이라고 했다. 조지의 부친은 믿을 수 없다는 듯 의사를 바라보며 물었다.
　"무슨 방법이 없을까요? 수술로도 고칠 수 없을까요?"
　"그렇습니다."
라고 의사는 잘라 말했다.
　"이 병을 고칠 방법은 전혀 없습니다."
　조지 칸벨은 비록 볼 수는 없었지만 부모의 사랑과 신앙은 그의 인생을 풍부하게 만들었다. 아직 어린 나이였으므로 그는 자기에게 무엇이 결여되어 있는지 알지 못했다.
　조지가 9세가 되었을 때, 그가 이해할 수 없는 기이한 일이 일어났다. 어느 날 오후 그는 아이들과 놀고 있었다. 같이 놀던 아이들은 조지가 눈먼 사실을 잊고 그에게 공을 던졌다.

"비켜! 공에 맞는다!"

조지는 비록 공에 맞지는 않았지만 무척 당황했다. 그 일이 있은지 얼마 안 되어 그는 어머니에게 물었다.

"빌은 나에게 어떤 일이 일어나려고 하는지 어떻게 미리 알고 있었을까요?"

어머니는 한숨을 쉬었다. 그녀가 두려워하고 있던 일이 드디어 찾아왔기 때문이었다. 지금이야말로 자식에게 '너는 장님이다'라고 알리지 않으면 안 될 때였다.

"앉거라. 조지."

그녀는 아들의 손을 잡고 상냥하게 말했다.

"나도 잘 설명할 수 없고 너도 잘 알아들을 수 없을지도 모르지만 이렇게 말하면 이해할 수 있을 거야."

그리고 다정스럽게 아들의 조그마한 오른손을 자기 손에 꼭 쥐고 그 손가락을 헤아리기 시작했다.

"하나, 둘, 셋, 넷, 이 손가락을 오감(五感)이라고 일컫는 것과 똑같단다."

그녀는 자신의 엄지와 검지 사이에 아들의 손가락을 끼고 설명하면서 하나하나 만졌다.

"이 작은 손가락은 듣기 위한 것, 이 작은 손가락은 만지기 위한 것, 이 작은 손가락은 냄새를 맡기 위한 것, 이 작은 손가락은 맛을 보기 위한 것이란다."

여기까지 설명하고 난 다음 그녀는 잠시 주저하다가 말을 이었다.

"이 작은 손가락은 보기 위한 것이란다. 그리고 다섯 개의 손가락처럼 저마다 오감 각자가 네 머리에 신호를 보내도록 되어 있단다."

그리고 그녀가 보기 위해라고 부른 새끼손가락을 집어 그것이 조지의 손바닥에 붙도록 구부렸다.
"조지야, 너는 다른 애들과는 다르단다."
하고 그녀는 설명했다.
"네가 네 개의 손가락밖에 가지고 있지 않은 것처럼 네 개의 감각밖에 쓸 수가 없단다. 듣는 것, 만지는 것, 냄새 맡는 것, 맛보는 것을 할 수가 있지만 보는 감각은 가지고 있지 않아. 지금 어떤 일을 해서 보여 주마. 잠깐 일어서라."
그녀가 상냥히 말하자 조지는 일어섰다. 어머니가 공을 들었다.
"자, 이걸 붙잡게 손을…… 내밀어 봐라."
조지는 손을 내밀었다. 그리고는 자기 손가락에 딱딱한 공이 닿는 것을 느꼈다.
"잘한다, 잘했어."
라고 어머니는 말했다.
"네가 지금 한 것을 잊지 말아라 조지야. 네가 다섯 개의 손가락 대신에 네 개의 손가락으로 공을 붙잡을 수가 있는 것처럼 충실하고 행복스런 생활을 붙잡을 수가 있어."
조지의 어머니는 이렇게 손가락에 비유해서 이야기를 했다. 이 단조로운 이야기 방법도 사람 사이의 생각을 전달하는 수단이 될 수가 있다.
조지는 다섯 손가락 대신에 네 손가락으로 하는 상징을 잊은 적이 없었다. 그런 마음가짐이 그에게는 희망을 의미했다. 그리고 그가 자기의 핸디캡 때문에 용기가 꺾였을 때에는 언제나 자기에게 용기를 주는 도구로 이 상징을 생각했다. 그런 모든 것들이 그에게는 일종의 자기 암시가 되었다.

그는 '다섯 손가락 대신에 네 손가락을'이라는 말을 몇 번이고 되풀이했으며 필요하다고 느낄 때에는 언제나 그것이 그의 잠재의식의 표면에 떠올랐다. 그는 충실하게 인생을 살아갈 수 있었고, 자기가 가지고 있는 네 개의 감각만으로 그것을 계속 지켜 나감으로써 결국은 어머니가 옳았다는 것을 알았다.

그 후 고등학교에 다니던 도중 이 소년은 병에 걸려 입원해야만 했다. 조지가 퇴원하게 될 무렵에 그의 부친은 과학의 진보로 선천적 백내장이 치료될 수 있다는 소식을 들었다.

더욱이 성공의 가능성이 실패할 가능성보다도 훨씬 많았다.

그 후 9개월 동안 양쪽 눈에 2회씩 까다로운 외과수술을 받았다. 수술 후 며칠 동안 붕대를 감고 병실에 있었다.

드디어 붕대를 푸는 날이 왔다. 의사는 천천히 주의 깊고 세심하게 조지의 머리 둘레와 두 눈에서부터 붕대를 풀어 나갔다.

그 순간까지 조지 칸벨은 아직 시각 장애인이었다.

한참 후 의사가 침대 곁을 떠나는 소리가 들렸다. 무엇인가가 그의 두 눈에 비쳤다.

"어때, 보이나?"

의사의 질문이 들렸다. 그는 베개에서 약간 머리를 쳐들고 앞을 보았다. 희미한 빛에 색깔이 묻어 왔다. 그것은 색깔이 묻은 모양이요, 모습이었다.

"조지!"

하고 외치는 소리가 들렸다. 그 쪽을 돌아본 그는 목소리의 주인을 볼 수가 있었다. 그것은 어머니였다.

조지 칸벨이 18년 동안 처음으로 자기 어머니를 본 순간이었다. 거기에는 피로한 눈, 주름 잡힌 62세의 얼굴, 거친 손이 있었지만 그녀는 누구 못지 않게 아름다웠다. 그에게 있어서 그녀는 천사였다. 고생한 인내의 세월, 교육과 계획의 세월, 그의 눈이 되어 지낸 세월, 사랑과 감동, 그것이 조지가 본 최초의 모습이었다.

지금까지 그는 최초에 본 자기 어머니의 인상을 마음에 간직하고 있다. 그리고 당신도 알 수 있듯이 그는 시각(視覺)에 감사하는 것을 배웠다.

"그런 상황을 겪지 않고서는 아무도 시각의 기적을 이해할 수 없습니다."
라고 그는 말했다.

본다는 것은 매우 유익한 일

또 조지는 PMA 연구에 흥미를 가지고 있는 사람이라면 누구에게든지 도움이 되는 일을 배웠다. 그의 병실 안에서 그의 앞에 서 있던 어머니를 보고서도 그녀의 목소리를 들을 때까지는 그녀가 누구인지 아니, 그녀가 무엇인지조차 몰랐던 날의 일을 결코 잊지 않았던 것이다.

"우리가 눈으로 보는 것은 항상 마음의 판단에 의한 것입니다. 우리는 우리가 보는 것을 해석하기 위해서 마음을 훈련하지 않으면 안 됩니다."

이 견해는 과학에 의해서도 주창되고 있다. 사뮤엘 렌쇼 박사는 보는 것의 심리과정을 설명한 자리에서 다음과 같이 말하고 있다.

"본다는 과정의 대부분이 눈에 의해서만 되는 것은 아니다. 눈은 마치 손을 내밀어서 물체를 붙잡고 그것을 머리 속에 기억하는 작용을 하는 것이다. 거기서 뇌는 그 물체를 기억하게 인도한다."

사람들 중의 일부는 추함이나 아름다움을 거의 보는 일없이 그 생애를 보내고 있다. 따라서 우리는 눈이 뇌의 심리 과정을 통하여 우리에게 주는 정보를 파악하고 있지 않다. 그 결과 우리에게는, 어떤 일을 보면서도 실은 보지 않는다는 결과가 종종 일어나게 된다.

우리는 그것이 과연 어떠한 의미가 있는지를 알지 못하고 다만 육체적인 인상을 받는 일이 있다. 다시 말한다면, 우리 기억 속의 인상에 **PMA**를 작용시키지 않는다.

과연 당신은 다음의 시력을 체크해 본 일이 있는가? 육체의 시력을 체크하는 것은 전문의의 일이지만 마음의 시력도 육체의 시력과 마찬가지로 비뚤어지는 일이 있다. 그렇게 되면 당신은 그릇된 생각의 안개 속을 가는 것이 되고 필요 없이 당신 자신이나 타인에게 상처를 입히게 된다.

보통 우리 인간의 눈의 육체적 약점이라면 근시와 원시 두 개의 정반대 현상이지만 마음의 시력에 있어서도 이와 마찬가지이다. 정신적으로 근시인 사람은 그 주위에 없는 대상이나 가능성을 빠뜨리고 보아 넘기려는 경향이 있다. 그런 사람은 곧 눈앞에 있는 문제에만 주의하고 미래를 생각함으로써 손에 들어오는 기회에 대해서는 거의 맹목적이었다. 만일 당신이 계획이나 목표 또는 장래를 위한 기초를 닦지 않는다면 당신은 정신적인 근시이다.

한편 정신적으로 원시인 사람은 곧 눈앞에 있는 가능성을 빠뜨리는 경향이 있으므로 손 가까이 있는 기회를 보지 않는다. 이런 사람은 현재와는 아무런 관계도 없는 미래의 세계만을 꿈꾼다. 이와 같은 사람은 한 걸음씩 위로 올라가는 대신에 단번에 정상으로 뛰어올라 가려

하여 발밑에 구덩이를 파는 결과를 낳게 될 수도 있다.

2. 보는 것을 인정하라

보는 것을 배우는 과정에 있어서 당신은 가까운 곳을 보는 눈과 먼 곳을 보는 눈 양쪽을 다 몸에 지녀야 한다고 생각할 것이다. 그러므로 바로 앞에 있는 것을 보는 방법을 터득하고 있는 사람의 이익은 대단히 크다.

몬테나 주의 다비라는 조그만 거리에 살고 있던 사람들은 예전부터 크리스탈이라 부르던 산을 쳐다보며 지냈다. 그 산은 침식 작용에 의해 바위 소금처럼 보이는 크리스탈 광맥을 노출하고 있기 때문에 이렇게 불렸다.

1937년 그 봉우리까지는 길을 내었지만, 그 반짝이는 물질에 실제로 관심을 가지고 관찰한 것은 그로부터 14년 후인 1951년이었다. A. E. 캰레와 L. I. 톤프슨이라는 다비의 주민이 거리에 진열되어 있던 광물 수집품을 본 것은 바로 이 해의 일이었다. 그 진열된 광물 중에 녹주석(綠柱石)의 견본이 있었는데, 거기에 설명되어 있는 카드에 의하면 원자력 연구에 쓰이는 것이었다.

톤프슨과 캰레는 곧 크리스탈 산의 채광권을 손에 넣었다. 톤프슨은 광석의 견본을 광산국에 보내고 광석이 묻혀 있는 부분을 보기 위해 검사관을 파견해 달라고 요청했다.

그 해 연말 무렵이 되어 광산국은 불도저를 산 위까지 운반해 올려 그것이 정말로 귀중한 베릴륨이 매장된 세계 최대 광산인가를 검사하였다. 그 결과 지금은 대형 트럭이 그 산에 올라가 무거운 광석을 아래까지 운반하고 있다. 이렇게 된 것은 어느 날 두 젊은 사나이들이 눈으로 관찰했을 뿐만 아니라 마음으로 보는 수고를 마다하지 않았기 때문이다.

그들은 지금 억만장자의 길을 걷고 있다.

3. 창조적인 눈으로 보아라

심리적으로 원시인이라면 톰프슨이나 캬레와 같은 일은 하지 못할 것이다. 왜냐하면 그는 자기 발 밑에 놓여 있는 이익에는 눈이 어둡고 먼 곳에 있는 가치밖에 보이지 않기 때문이다.

지금부터라도 당신의 눈앞에 행운이 뒹굴고 있는지 주위를 살펴볼 일이다. 당신이 집안일을 하며 돌아다니고 있을 때에 무엇인가 초조감의 원인이 되는 것과 부딪치는 일이 없는가? 당신은 그것을 극복하는 방법, 당신뿐만 아니라 다른 사람에게도 도움이 되는 그런 방법을 발견해 낼 수가 있다.

이와 같이 가정에 꼭 필요한 일을 생각해 내어 재산을 모은 사람도 많이 있다. 머리핀을 발명한 사람, 클립을 연구한 사람, 지퍼를 발명한 사람도 역시 그러했다. 그러므로 당신의 주위를 잘 살필 일이다. 어쩌면 당신은 당신의 집 뒤뜰에서 다이아몬드 광맥을 발견할지도 모른다.

그러나 정신적인 근시도 정신적인 원시와 마찬가지로 문제가 있다. 이와 같은 사람은 바로 눈앞의 것만을 보고 조금 먼곳에 있는 가능성은 전혀 알아보지 못한다. 이와 같은 사람은 계획의 힘을 이해 못 하는 사람이다. 생각하는 시간의 가치를 이해 못 하는 사람이다.

그런 사람들은 자기에게 직접 부딪치는 문제에 지나치게 집착하므로 새로운 기회를 찾아 보다 큰 심상(心像)을 붙잡기 위해서 노력하는 마음의 여유를 가지고 있지 않은 사람들이다.

제2부 성공을 위한 마음자세 107

미래를 볼 수가 있다는 것은 인간 두뇌의 가장 눈부신 능력 중 하나이다.

플로리다 감귤지대의 중심부 깊숙이 윈터헤븐리라고 불리우는 조그만 거리가 있다. 주위에는 농가뿐이었으므로 대개의 사람들이 이 지방이 관광객을 유치하기에는 적당치 않다고 생각했던 것도 무리가 아니었다. 거기는 고립된 장소이기 때문에 해변도 없을 뿐더러 산도 없었다. 있는 것은 오직 골짜기에 조그만 호수와 측백나무의 늪지대가 있는, 기복이 그리 심하지 않은 언덕이 줄지어 있을 뿐이었다.

그런데 이 측백나무의 늪지대를 찾아온 사람이 있었다. 그는 리처드 포프라고 했다. 포프는 이 낡은 측백나무 늪지대를 샀다. 그리고 그 둘레에 울타리를 치고 단장한 결과 세계적으로 유명한 측백나무 정원이 되었다. 물론 그 일이 간단한 것은 아니었으나 모든 것은 포프가 그의 입장에서 기회를 볼 수가 있었기 때문이다.

포프는 많은 사람을 마을에서 동떨어진 이 장소로 데려올 수 있는 유일한 방법은 오로지 선전에 의지할 수밖에 없다는 것을 잘 알고 있었다. 그러나 선전에는 많은 돈이 필요했으므로 포프는 지극히 간단한 방법을 택했다.

그는 먼저 대중을 상대로 하는 사진관을 개업했다. 측백나무 정원에 사진 재료점을 열어 관광객에게 필름을 팔고, 정원 풍경을 잘 찍는 요령을 가르쳤다. 또 그는 숙련된 수상스키어를 고용해 그들에게 여러 가지 연기를 시키고, 그 광경을 멋지게 찍으려면 카메라를 어떻게 쓰면 좋은가를 가르쳐 주었다.

그리하여 이들 여행자가 집으로 돌아갔을 때에 제일 좋은 여행 사진은 늘 측백나무 정원의 사진이었다. 그러므로 그들은 포프를 위해 다시없는 선전을 해 주는 결과가 되었다.

우리 모두가 몸에 지니지 않으면 안 되는, 창조적으로 본다는 것은 바로 이러한 일이다. 우리는 신선한 눈으로 우리의 세계를 보는 방법을 배우지 않으면 안 된다. 우리 둘레에 놓여 있는 기회를 볼 뿐만 아니라 동시에 그 기회를 잡아서 미래를 보는 눈도 길러야 한다.

보는 것은 배울 수 있는 기술이다. 그러나 어떤 기술이나 그러하듯이 그것을 연습해 둘 필요가 있다.

4 마음으로 보는 눈을 가져라

당신에게 직면한 문제에 대해 당신 자신이나 남에게 질문을 해 보는 것은 당신에게 큰 이익을 가져다 줄지도 모른다. 그 결과 세계적으로 위대한 과학적 발견 하나가 이루어질 수 있었다.

어떤 영국인 할머니 농장에 한 학생이 휴가를 즐기러 왔다. 그런데 그의 눈앞에서 한 개의 사과가 땅에 떨어지는 것이었다.

"왜 사과는 땅에 떨어지는 것일까?"

그는 스스로에게 물어 보았다.

'대지가 사과를 끌어당기는 것일까? 사과가 대지를 끌어당기는 것일까? 아니면 서로 끌어당기는 것일까? 거기에 있는 보편적인 원리는 무엇일까?'

고등수학을 공부하던 그 학생은 여러 생각 끝에 하나의 해답을 발견했다.

'대지와 사과는 서로 끌어당기고 있는 것이다. 그리고 물체와 물체의 인력의 법칙은 온 우주에 적용되는 것이다.'

이렇게 하여 뉴턴은 만유인력의 법칙을 발견했다. 이것은 그의 관찰력이 날카롭게 관찰한 것의 답을 찾았기 때문이다. 따라서 생각한다는 것은 마음으로 보는 일이다.

뉴턴은 관찰력을 발휘하고 알아낸 것에 따라 행동했지만 어떤 사람은 행복과 큰 재산을 발견했다. 뉴턴은 자신에게 질문했지만, 그 사람은 전문가의 조언을 구했다.

5. 전문가의 조언을 받아들여라

1899년 일본의 토리우(鳥羽)에 살던 미키모토 고기치는 국수집 주인인 부친의 일을 돕고 있었다. 그런데 얼마 후 그의 부친은 병에 걸려 일을 할 수가 없었다. 그때 미키모토의 나이는 겨우 열한 살이었다. 아홉 명의 동생과 양친을 부양해 나가야 했으므로 어린 미키모토는 국수를 만들어야 할 뿐만 아니라 그것을 팔지 않으면 안 되었다. 그가 상인으로서 성공할 수 있는 재능은 이 무렵부터 싹텄다.

훨씬 전에 미키모토는 어떤 무사에게 가르침을 받은 일이 있었는데 그 무사의 가르침 속에는 이런 말이 있었다.

"신앙의 본보기는 동포에 대한 친절과 사랑을 실행하는 데 있는 것이지 그저 기계적으로 되풀이하는 기도에 있는 것은 아니다."

이 기본적인 PMA 철학을 가지고 적극적으로 행동한 미키모토는 아이디어가 떠오르면 실행으로 옮기는 습성을 몸에 지니게 되었다.

그가 20세가 되었을 때, 어떤 무사의 딸과 사랑에 빠졌다. 이 젊은이는 장인 될 사람이 국수집 아들과 딸을 결혼시키는 것을 좋아하지 않으리라 생각했다. 그래서 직업을 바꾸어 진주(眞珠) 상인이 되었다.

이런 환경에 처한 미키모토는 세계의 성공한 많은 사람들과 마찬가지로 이 새로운 활동 영역에서 자기에게 도움이 된다고 생각되는 특별한 지식을 찾으려고 무척 노력했다. 그리고 현대의 위대한 실업가와 마찬가지로 대학에서 원조를 얻기 위해 동분서주하였다. 그러자 어떤 대학 교수가 아직 실험되지 않은 자연 법칙의 학설을 미키모토에게 가르쳐 주었다.

가령 진주는 모래알 같은 이물질이 굴조개 속에 들어갔을 때에 그 속에서 형성된다. 만일 그 이물질이 굴조개를 죽여 버리지 않는다면 자연의 힘으로 굴조개의 조가비 안에 모진주(母眞珠)를 만드는 것과 같은 분비물로 싸여 버릴 것이다. 이 말을 들은 미키모토는 가슴이 뛰었다. 그는 자기에게 물어 본 질문에 대한 답을 기다리기가 힘들 정도로 어떤 의욕을 가지고 고심하기 시작했다.

"굴조개 속에 인공적으로 작은 이물질을 심어서 그것을 성공시킴으로써 진주를 양식할 수는 없을까?"

그는 이 학설을 적극적인 행동으로 전환했다. 미키모토는 그 대학 교수의 조언에 의하여 보는 것을 배웠다. 그리고 그는 그의 상상력을 이용했다.

그는 언제나 적극적 사고방식을 적용했다. 그는 만일 이물질이 굴조개에 틀어박혔을 때만 진주가 만들어진다면 자연의 법칙을 이용함으로써 진주를 만들어 낼 수가 있을 것이라고 판단했다. 그러므로 이물질을 굴조개 속에 심어 키움으로써 진주를 만들 수 있을 것이라고 생각했다. 그는 관찰하고 실행하는 것을 배웠으며 연역법(演繹法)을 쓴 덕택으로 성공할 수가 있었다.

미키모토의 인생을 연구해 보면 그가 성공의 17가지 원칙을 전부 적용했음을 볼 수 있다. 지식만으로는 성공하지 못한다. 다만 지식을 응용함으로써만이 성공자가 될 수 있다.

행동해야 한다!

보는 능력은 눈의 망막을 통하여 광선을 붙잡는다는 육체적 과정에 머무르는 것이 아니다. 우리는 많은 사람들이 지각(知覺)을 사용하여 성공한 예를 보고 있다. 그것은 당신이 보는 것을 해석하고, 그 해석을 당신의 인생과 타인의 생활에 적용하는 기술이다.

보는 것을 터득함으로써 당신이 이제까지 존재한다고는 꿈에도 생각지 못했던 그런 기회를 포착할 수가 있다. 그러나 성공하기 위해서는 정신적인 지각에 대한 것을 알고 있는 이상으로 적극적인 마음가짐을 갖는 것이 중요하다.

당신은 당신이 배운 것을 실행함으로써 당신이 계획한 일을 완수할 수가 있기 때문이다. 그러기 위해서는 기다릴 필요는 조금도 없다. 다만 자신에게 행해진 일을 완수하는 법을 잘 파악하고 있으면 된다.

♣ 언제나 사물을 주시하고 보는 눈을 기르는 법칙

성공하기 위해서는 보는 눈을 마음으로부터 가져라.

제 4 장
사람을 움직이는 방법을 깨달아라

효과적으로 사람을 행동시키는 방법을 아는 것은 중요한 일이다. 당신은 당신이 사람들을 움직이고, 그들이 또 당신을 움직이는 이중 역할을 살아 있는 한 계속 연출한다. 선생과 학생, 어버이와 자식, 세일즈맨과 손님, 주인과 하인 등등. 이렇게 사람은 저마다의 역할을 담당하고 있다.

다음의 이야기는 어린아이가 아버지를 움직이는 방법을 깨닫는 과정이다.

크리스마스 날, 2년 6개월 된 어린애가 맛있는 음식을 잔뜩 먹고 난 뒤에 아버지와 함께 거리를 거닐고 있었다. 그들이 100미터쯤 걸어갔을 때 어린애는 발을 멈추고 서서 웃는 얼굴로 부친을 쳐다보고,

"아빠……."

라고 부르고는 머뭇거렸다. 아빠는,

"뭐냐?"

하고 물었다. 어린애는 1, 2초쯤 있다가 이렇게 말을 계속했다.

"아빠, 만일 아빠가 제 다리가 되고 싶으시다면 엎드려도 좋아요."

이와 같은 붙임성을 누가 마다할 수 있겠는가? 철없는 어린애라도 어버이가 행동하도록 동기를 유발시킬 수가 있다. 물론 어버이가 어린애의 마음을 움직일 수도 있다. 어린애에게 신뢰를 갖는 것은 그에게 자기에 대한 자신감을 심어 놓는 것이 된다.

어린애가 자기는 잘할 수 있고, 확고한 신뢰에 싸여 있다고 생각할 때에는 사실 생각하고 있는 그 이상으로 잘하는 법이다. 그는 실패의 손해에서 자기를 지키기 위해 감정의 에너지를 낭비하는 것으로 그친다. 그리고 그 대가로 성공의 보수를 손에 넣기 위해 에너지를 쓰게 된다. 그의 방어는 허술해지고 사다리는 내려지고 신뢰는 그의 능력 위에 적당한 효과를 미치므로 그의 마음속에 있는 최선의 것을 끄집어내게 된다.

그러니까 당신도 그들에게 신뢰를 갖음으로써 사람들을 움직일 수가 있다. 신뢰는 정확히 말한다면 적극적인 것이지 소극적인 것은 아니다. 소극적인 신뢰는, 멍청히 보는 것이 관찰하는 것이 아닌 것과 마찬가지로 이미 힘이 될 수 없다.

당신이 그들에게 신뢰를 가짐으로써 그들을 움직이려면 적극적인 신뢰를 갖지 않으면 안 된다. 따라서 당신의 신뢰를 상대에게 전하기 위해 애써야 한다.

"나는 당신이 이 일에 성공한다는 것을 알고 있습니다. 그러니까 나는 이렇게 말할 수 있는 것입니다. 우리는 여기서 당신을 지켜보고 있습니다."

라고 말하지 않으면 안 된다. 이와 같은 당신이 남에 대하여 신뢰를 갖게 된다면 그 사람은 반드시 성공할 수 있다.

그런데 신뢰는 편지로 표현할 수도 있다. 사실 편지는 사람의 생각을 서술하여 타인의 마음을 움직이게 하는 데 뛰어난 도구이다. 편지를 쓰는 사람은 누구나 암시에 의해 그것을 받는 사람의 잠재의식에 작용을 미치게 할 수가 있다. 물론 이 암시의 힘은 몇몇의 요소에 의해 좌우되고 있다.

만약 당신의 아들딸이 멀리 유학하고 있다면, 다른 방법으로는 도저히 할 수 없는 일도 편지로 이룰 수가 있을 것이다. 당신은 이 방법으로 자식의 성격을 조성해 주고 말로는 할 수 없었던 일에 대해 서로 얘기하고, 당신의 속마음을 고백할 수가 있다.

대부분의 소년 소녀는 말로 할 때는 충고를 받아들이지 않는다. 그때의 환경이나 감정이 그것을 막는 원인이 되기도 한다. 그러나 주의 깊게 씌어진 진지한 편지에 담긴 충고는 소중히 간직할 것이다.

충고를 포함한 편지를 가정에서 멀리 떨어져 있는 딸이나 아들에게 보내는 것은 어떤 내용이든지 환영받을 만한 일이다. 비록 그것이 충고가 담긴 내용이라도 올바로 씌어 있으면 그것을 되풀이해 읽고 연구하고 소화해 낼 수 있다.

또 세일즈 매니저도 부하인 세일즈맨에게 적절한 편지를 씀으로써 이제까지의 모든 판매 기록을 깨도록 마음을 움직일 수가 있다. 마찬가지로 자기의 세일즈 매니저에게 편지를 쓰는 세일즈맨은 자기의 입장을 유리하게 쓸 수가 있다. 능숙한 세일즈 매니저라면 세일즈맨의 마음을 움직이는 가장 효과적인 방법은 직접 그 사나이와 함께 일하면서 실례를 보여 주는 것임을 잘 알고 있다.

제2장에서 이미 밝힌 바 있는 클레멘트 스토운은 자기가 아이오와

주의 쇼크스에 살고 있는 세일즈맨을 어떻게 훈련했는지 그 방법을 이야기해서 많은 사람들의 주목을 받았다. 그의 이야기를 살펴봄으로써 남의 마음을 움직이는 방법을 터득한 예를 알 수가 있다.

나는 쇼크스에 있는 우리 회사 세일즈맨 중 한 사람의 형편을 들었다. 그는 쇼크스의 거리에서 꼬박 이틀 동안 열심히 일했지만 하나도 팔 수가 없었다고 했다.

"이 쇼크스 시가지에서 판다는 것은 잘 되지 않습니다. 그곳에 살고 있는 사람들은 네덜란드계의 이민자들로서 대단히 배타적입니다. 같은 나라 사람 이외에는 아무에게도 사려 하지 않습니다. 게다가 그 지역은 5년간이나 흉년이 계속되어서 보험을 판다는 것은 불가능한 일입니다."

그 말을 듣고 나는,

"그럼 내일 자네가 이틀 동안 하나도 팔지 못했던 그 거리에서 다시 한번 팔아보지 않겠나?"

라고 제안했다. 그리고 다음날 아침 자동차를 타고 쇼크스 시로 갔다. 나는 거기서 **PMA**를 간직하고, 우리 회사의 방식을 신뢰하고 그것을 활용하는 세일즈맨이라면 설사 어떤 장해가 있어도 팔 수가 있으리라는 것을 실증해 보이려 했다.

그 세일즈맨이 차를 운전하는 동안, 나는 눈을 감고 명상하며 정신을 가다듬었다. 나는 왜 팔 수가 없는가 하는 사실보다 어떻게 하면 팔 수가 있는지를 계속 생각하고 있었다.

나는 이렇게 생각했다.

'그 세일즈맨은 그곳의 주민이 네덜란드계 이민자들로서 배타적이기 때문에 팔 수가 없다고 말했다. 그러나 얼마나 좋은 일인가. 만일 그

주민 중의 한 사람, 특히 우두머리에게 팔 수만 있다면 그 다음부터는 훨씬 수월하게 팔 수도 있지 않은가. 그러니까 내가 해야 되는 것은 적당한 사람에게 최초로 파는 일이다.'

나는 시간이 걸리더라도 그것을 해 보이리라 마음먹었다.

그 세일즈맨은 그 지역이 5년간이나 계속 흉작이라고 말했다. 그러나 이 이상 더 멋진 상황이 어디 있을까? 또한 네덜란드계 이민자들은 돈을 모으는 것을 좋아할 뿐만 아니라 책임감이 있어 자기들의 가정과 재산을 열심히 지킨다. 그리고 다른 보험 세일즈맨도 아직 거기까지는 생각지 않을 테니까 아마 그들은 아직 어떤 상해 보험에도 들지 않았을 것이다.

아마 다른 세일즈맨도 지금 차를 운전하고 있는 이 사나이와 마찬가지로 소극적인 마음가짐을 가지고 있을 것이다. 거기다 우리 회사의 보험 방식은 적은 보험료로 충분한 보장을 받도록 되어 있다. 그러므로 경쟁 상대가 없다고 해도 틀린 말은 아니다.

그리고 나서 나는, 내가 정신 조절이라고 일컫는 일에 전념했다. 나는 경건히, 진지한 마음가짐으로 기대와 감정을 갖고,

"신이여 제가 파는 것을 도와주십시오! 신이여, 제가 파는 것을 도와주십시오!"

라고 되풀이하였다. 몇 번이나 이 말을 되풀이하고 난 뒤에야 다음 계획을 위해 조금 잠을 잘 수 있었다.

우리가 쇼크스 중심가에 도착하여 첫번째로 찾아간 곳은 은행이었다. 거기에는 부사장과 출납계와 예금계가 있었다. 20분 동안 설명한 결과 부사장은 우리 회사에서 추천하고 있는 상해보험에 가입했다. 그러자 출납계도 같은 보험에 들었다. 그러나 예금계만은 아무리 설득해

도 보험에 들어 주지 않았다.

 이 사건을 시작으로 우리는 가게에서 가게로, 사무실에서 사무실로 조직적으로 뛰어들어 방문을 시작했다. 우리는 모든 사람을 면접했다.

 그러자 놀라운 일이 일어났다. 그날 방문한 모든 사람은 우리가 추천하는 보험에 하나의 예외도 없이 모두 가입해 주었다.

 일을 마치고 돌아오는 도중에 나는 하루 동안 나를 도와주신 신의 힘에 감사했다.

 그러면 다른 사람이 실패한 그 고장에서 내가 판매에 성공한 이유는 무엇일까? 사실 나는 다른 사람이 실패한 똑같은 이유를 가지고 성공을 경험할 수 있었다.

 그는 그 지역의 주민들이 네덜란드계 이민자들이기 때문에 배타적이어서 팔 수가 없었다고 말했다. 그것은 소극적인 마음가짐이다. 그리고 그들은 5년간 계속 흉작이므로 도저히 보험을 팔 수가 없었다고 말했다. 그것도 소극적인 마음가짐이다.

 그러므로 나의 경우 소극적인 마음가짐을 적극적인 마음가짐으로 변환시킨 것뿐이다. 거기다가 나는 신의 인도와 도움을 구했을 뿐만 아니라, 내가 그 도움을 받고 있는 중임을 굳게 믿었다.

 그리하여 같이 갔던 세일즈맨은 쇼크스 시가지로 돌아와서 매일 판매 기록을 경신해 나갔다.

 이제까지의 이야기는 실례에 의해 남의 마음을 움직인 예이다. 앞의 세일즈맨은 그가 이전에 실패했던 장소에서 성공한 것인데, 그렇게 된 까닭은 그가 적극적인 마음가짐으로 일하는 것의 가치를 깨달았기 때문이다.

적극적인 마음으로 바꾸기 위해서는 여러 가지 방법이 있지만 가장 효과적인 것은 책에 의해 사람을 분발시키는 방법이다.

따라서 판매에 성공하는 가장 중요한 요인은 다음과 같다. 동기 유발의 영감, 판매 기술이라 불리우는 특정한 제품이나 서비스를 팔기 위한 지식, 제품이나 서비스 그 자체에 대한 지식, 이 세 가지의 원리가 성공에 필요하다.

당신은 실례로 들은 이야기에서 세일즈맨이 판매 기술의 지식과 자기가 팔고 있는 서비스 지식을 가지고 있었다는 것을 알 것이다. 그러나 그에게 가장 중요한 성분인 동기 유발에 대한 영감이 결여되어 있었다.

이미 잘 알려진 판매 컨설턴트(경영상의 상담역)인 모리스 피카스가 1937년 《생각하라, 그러면 부자가 될 수 있다》라는 책을 클레멘트 스토운에게 주었다. 그 다음부터 스토운은 세일즈맨에게 동기 유발의 영감을 주기 위해 책을 이용해 보았다.

이때의 스토운은 영감과 집중이 판매 조직의 생명이라는 것을 잘 알고 있었다. 그리고 영감과 집중의 불꽃은 끊임없이 계속해서 연료를 보급하지 않으면 꺼져 버리므로, 스토운은 자신의 부하 세일즈맨에게 3개월마다 한 권의 수양서(收養書)를 보내주곤 했다. 또 그는 정신의 영양소 역할을 하는 책도 발간했다.

이 책을 읽고 있는 동안에 당신은 자기 암시나 자동 암시의 중요성을 깨달았을 것이다. 스토운은 이 지식을 이용해서 타인을 움직이는 테크닉상의 일대 발견을 했다.

당신에게도 그 발견은 반드시 도움이 된다. 사람을 움직여 행동시키는 것이 무엇인지를 알면, 당신도 그 올바른 테크닉을 사용할 수가 있기 때문이다. 당신 자신이나 타인을 움직여 행동시키는 데 도움이 되는 이 간단한 테크닉은 암시, 자기 암시, 자동 암시의 이용에 기초를 두고 있다. 이것을 구체적으로 서술해 보면 다음과 같다.

가령 여기에 소극적인 마음을 가진 세일즈맨이 있다. 만약 그의 일이 적극성을 필요로 할 경우 세일즈 매니저가 겁을 먹는 것은 자연스런 현상임을 이성으로써 납득시켜 준다. 그리고 다른 사람이 그 겁을 극복한 일을 실례를 들어 설명한다. 그런 다음 그가 원하고 있는 것을 상징하는 동기를 유발시킬 말을 가끔 되풀이하도록 그 세일즈맨에게 권한다.

이 경우에 그 세일즈맨은 이 말을 밤낮으로 가끔 되풀이하게 된다.
"적극적이 되라! 적극적이 되라!"

행동이 필요한 특수한 상황 아래서 겁에 질렸을 때에는 특히 이것이 필요하다. 그리고 이러한 경우에는 '곧 시작하라!'는 셀프스타터를 쓰면 많은 도움이 된다.

만약 세일즈 매니저가 부하 중에서 거짓말쟁이이며 정직하지 못한 사람을 발견했을 때, 그것을 고치기 위해서는 이런 방법을 쓴다. 세일즈 매니저는 다른 사람이 이와 같은 어려운 문제를 어떻게 해결했는지를 얘기한다. 그리고 나서 그 세일즈맨에게 사람을 분발시키는 책이나 논문이나 시를 준다. 또는 성서의 한 구절을 추천해도 좋다. 우리의 경험에 의한다면 《나는 할 수 있다》라는 책이 이와 같은 목적에 적당하다.

그리고 이 경우에도 앞에서 서술한 것처럼 세일즈맨은 밤낮으로 되풀이해서 '성실하라! 성실하라!' 하고 소리 높여 되풀이해 보라. 부정직해지려 할 때, 남을 속이려 할 때는 특히 그렇게 할 필요가 있다.

'곧 시작하라!'라는 셀프스타터와 진실에 직면하는 용기를 가지고 해결하라.

어쨌든 당신이 지금 자기 자신과 타인의 마음을 움직여 행동시키는 방법을 알았다는 것은 부(富)를 향한 문의 열쇠를 받을 준비가 되었음을 의미한다.

♣ 타인의 마음을 움직이는 법칙

인생에 있어서 손에 넣을 가치가 있는 것은 그것을 얻기 위해 노력할 가치가 있다.

제 5 장
동기를 유발시키는 방법

 동기 유발이란 도대체 무엇인가? 동기 유발이란 행동시키는 것, 또는 선택하여 결정짓게 하는 일이다. 그것이 바로 동기를 가지게 하는 일이다.
 즉, 동기란 생각, 감정, 욕망, 충동 등 그 사람이 행동하도록 자극하는, 사람의 내부에만 있는 내부의 자극이다. 그것은 특정한 결과를 낳는 시도(試圖)를 향하여 행동을 일으키는 희망이나 그밖의 힘이다.

1. 자신과 타인을 행동시키는 법

 당신이 어떻게 사람을 움직여 행동시킬 수 있는가 깨닫는다면 타인을 행동시킬 수 있는 원칙도 알게 된다. 반대로 타인을 움직이게 할 수 있는 원칙을 안다면 당신 자신을 움직여 행동시킬 수 있는 원칙도 알게 된다.
 그러므로 당신 자신을 움직여 스스로 행동할 수 있는 방법을 서술하는 것이 이 장의 목적이다. 그리고 적극적인 마음가짐으로 당신 자신이나 타인을 움직여 행동시키는 방법을 서술하는 것이 이 책 전체의 목적이다.

성공이나 실패의 여러 가지 경험을 설명하는 우리의 목적은 바람직한 행동을 단행하도록 당신을 움직여 행동시키는 데 있다. 따라서 PMA를 가지고 당신 자신을 행동시키면 당신은 당신의 사고를 지도하고 감정을 조절하여 당신의 운명을 결정할 수가 있다.

2. 보이지 않는 힘으로 당신 자신과 타인에게 동기를 유발시켜라

보이지 않는 힘이란 어떤 것일까? 한 사람이 그것을 발견했다. 다음에 서술하는 것은 그의 이야기이다.

몇 해 전의 일이다. 화장품 제조업으로 성공한 이 사나이는 65세의 나이로 은퇴했다. 그 뒤 해마다 그의 친구들은 생일 파티를 열어 주었는데, 그들은 언제나 성공 비결을 공개해 달라고 졸랐다. 그때마다 그는 애교 있게 거절하곤 했다.

그가 75세의 생일을 맞았을 때 친구들은 반농담으로 또 한번 그 비결을 밝혀 줄 것을 부탁했다.

"지금까지 여러분에게 신세를 졌으니 이야기해 드리지요."

"아실지도 모르겠습니다만, 다른 화장품 회사들이 하는 방법 외에 나는 하나의 마법의 성분을 덧붙였습니다."

"그 마법의 성분이란 무엇입니까?"

라고 모두들 기대에 차서 물었다.

"나는 우리 회사의 화장품이 그녀들을 아름답게 하리라고는 절대로 말하지 않습니다. 그래서 그녀들에게 언제나 희망을 주는 겁니다."
 바로 희망이 마법의 성분인 것입니다! 희망은 욕심나는 것이 얻어진다는 기대와 그것이 손에 들어올 것이라는 신념을 수반한다. 인간은 거의 대부분이 욕심 나는 것, 믿는 것, 도달할 수 있는 것에 의식적으로 반응하게 된다.
 또 주위로부터 암시·자기암시·자동 암시 등으로써 그 잠재의식의 힘이 해방될 때에는 행동을 낳는 내부 충동에도 무의식적으로 반응하게 된다. 다시 말한다면 타인의 마음을 움직여 행동시키는 요인에는 여러 종류의 정도와 반응이 있다.
 그러나 어느 결과도 일정한 원인을 가지고 있다. 당신이 어느 행동을 할 때의 일정한 원인, 즉 당신의 동기의 결과이다. 가령 앞의 이야기와 같이 부인들의 희망은 제조업자에게 유리한 사업상의 행동을 구축하는 동기를 유발시켰으며 그것은 또 부인들이 스스로 그의 화장품을 사도록 마음으로부터 충동시켰던 것이다.

3. 인간의 행동을 유발시키는 10가지 기본 동기

 당신이 느끼는 모든 생각, 당신이 자발적으로 행하는 모든 행동은 어떤 특정한 동기 또는 여러 가지 동기의 결합에서 생긴다. 모든 사고(思考), 모든 자발적인 행동을 일으키는 10가지 기본적인 동기가 있다.
 하나의 동기도 없이 어떤 일을 행하는 사람은 한 명도 없다. 어떤 일정한 목적을 위해 자기 자신을 행동시키는 방법, 또는 타인을 행동시키는 방법을 배우기 위해서는 이 10가지 기본적인 동기를 이해하지 않으면 안 된다. 그것을 열거하면 다음과 같다.
 ① 인정받고 싶다는 것과 자기 표현의 욕망

② 물질적인 이득에 대한 욕망
③ 죽은 뒤의 인생에 대한 욕망
④ 몸과 마음의 자유에 대한 욕망
⑤ 노여움의 감정
⑥ 미움의 감정
⑦ 섹스의 감정
⑧ 사랑의 감정
⑨ 공포의 감정
⑩ 자기 보존의 욕망

4. 감정을 조절하는 법은 무엇인가

인간은 외부의 힘의 영향에 의해 강제(强制)되기 전에, 의식하는 마음의 활동에 의해 자신의 내부로부터 그 감정을 자발적으로 조절할 수 있는 유일한 존재이다.

따라서 인간만이 감정 반응의 습관을 임의로 바꿀 수가 있다. 당신이 문명에 개화될수록 그만큼 보다 쉽게 당신의 감정을 조절할 수가 있다.

감정은 이성과 행동의 묶음으로써 조절된다. 공포가 아무 이유 없으며 유해한 경우에는, 그것은 없앨 수가 있으며 없애지 않아서는 안 된다. 그러면 어떻게 그렇게 한다는 것일까?

항상 당신의 감정은 이성의 직접적인 대상은 아니지만, 그것은 행동의 대상이다. 왜냐하면 당신은 소극적인 감정이 필요 없다는 것을 이성을 가지고 이해할 수가 있으며, 그렇게 함으로써 자기 자신을 행동하도록 동기를 유발시킬 수가 있다.

또한 당신은 공포 대신에 적극적인 감정을 가지고 일에 임할 수가 있다. 어떻게 해서 이와 같은 일을 한다는 것일까?
　하나의 효과적인 방법은 당신이 원하고 있는 것을 나타내는 그런 한 마디 말의 신조(信條)를 가지고 자기 암시를 하는 것이다. 말하자면 자기에게 명령을 내리는 것이다. 가령, 당신이 무엇인가를 두려워하고 있어서 용기를 가졌으면 하고 생각한다면, 용기를 가지라는 말을 빠르게 몇 번 되풀이해 본다. 그리고 행동으로 그것을 보충한다. 용기 있는 사람이 되고 싶다고 생각한 순간부터 용감히 행동하는 것이다. 어떻게 하는 것이 좋은가?
　'곧 시작하라!'는 셀프스타터를 사용하는 것이다. 그리고 곧 행동으로 옮기는 것이다.
　이 장에서는 당신이 자기 암시를 함으로써 당신의 감정과 행동을 조절하는 방법을 알 수 있다. 따라서 지금 중요한 것은,
　"당신이 하고 싶다고 생각하는 것에 정신을 집중하고, 당신이 하고 싶다고 생각하지 않는 것은 곧 잊어버리는 일이다."

5. 성공의 공식

　아마도 당신은 《프랭클린 자서전》을 읽었으리라. 그리고 프랭크 베드가의 《나는 어떻게 판매 외교에 성공했는가》를 읽고 있는지? 만일 아직까지 읽지 않았다면 당신에게 이 두 책을 읽으라고 권유하고 싶다. 이 두 책에는 언제나 성공할 수 있는 공식이 씌어져 있다.
　프랭클린의 자서전에는 이 세상에서 가장 위대한 사람이 당신을 도와주려 했듯이 벤자민 프랭클린을 도와주려 노력했던 것을 다음과 같이 서술하고 있다.

"나는 그것들의 덕(德)을 전부 몸에 지니고 싶다고 생각한다. 그러나 그것을 전부 한 번에 몸에 붙임으로써 주위를 산만하게 하는 것보다는, 하나의 덕(德)만을 꼭 몸에 붙였다는 것으로써 다른 것이 나에게 붙기 쉽도록 그와 같은 관점에서 그 덕을 배치했다."

그 뒤 프랭클린은 이렇게 적고 있다.

"매일 반성이 필요하다고 생각했기에 그것을 행하기 위해서 다음과 같은 방법을 생각해 냈다. 나는 조그만 수첩을 만들어 그 속에 각각 덕(德)의 페이지를 나누어 놓았다. 나는 그것이 일곱 개의 세로의 난(欄)을 갖도록 페이지마다 빨간 색으로 줄을 쳤다. 그리고 요일을 적어 넣었다. 가로의 난은 열셋으로 나누고, 열셋의 덕을 거기다가 적어 넣었다. 그 결과 내가 이들 덕을 지키지 않으면 해당되는 난에 조그만 점을 찍기로 했다."

그렇다면 다음에는 이 공식을 아는 것과 마찬가지로 이 공식을 이용하는 방법을 아는 것이 중요하다. 당신이 지식을 쓰는 방식은 다음과 같이 하는 것이다.

b. 행동의 공식

일주일 동안을 하나의 원칙에 집중한다. 언제든지 기회가 있으면 바른 행동을 답하도록 한다. 그리고 나서 둘째 주일은 제2의 덕으로 옮겨 간다. 그리고 제1의 원칙은 잠재의식에 맡겨 버린다. 매주 일시에 한 원칙에 정신을 집중하고 다른 것은 잠재의식 속에 확립된 습관의 실행에 맡겨 둔다.

이것이 대충 끝나면 다시 처음부터 되풀이한다. 이렇게 해서 연말에 가서는 모든 과정을 4회 되풀이하는 것이 된다. 몸에 간직하고 싶다고 생각했던 특성이 몸에 붙거든, 더욱 발전시키고 싶다고 생각하는 새로운 덕이나 태도, 활동을 위해서 새로운 원칙으로 바꾼다.

당신은 벤자민 프랭클린 자신을 돕기 위해 사용한 방법을 읽은 셈이지만, 이 책의 독자인 당신으로서는 프랭클린의 원칙을 배워서 그 원칙을 적용하는 방법을 아는 것이 현명하다. 만일 당신이 당신 자신의 계획을 시작하는 것을 결의했지만, 어떤 원칙부터 시작하면 좋을지 잘 모르겠거든 프랭클린이 쓴 3가지 덕에서부터 시작해도 좋다. 또는 성공의 17가지 원칙을 쓰는 것도 좋을 것이다.

우리는 이 장의 처음에 인간의 기본적인 동기 유발에 대해 서술했는데 여기서 다시 한 번 그것을 되풀이해 볼까 한다.

우선 첫째가 인정받고 싶다는 것과 자기 표현의 욕망, 둘째 죽은 뒤의 세계에 대한 욕망과 육체와 정신의 자유이다. 셋째, 노여움과 미움의 감정, 넷째 섹스의 감정과 사랑, 공포의 감정, 그리고 마지막이 자기 보존의 욕망이다.

♣ 당신 자신에게 동기를 유발시키는 법칙

희망을 가지고 일에 임하라고 설득하라.

제 3 부
부(富)를 얻으려면

제 1 장
부(富)로의 지름길

　부로의 지름길이란 과연 가능한 것일까? 그것은 보통의 순서보다도 보다 신속하고 정확하게 어떤 일을 해내는 방법을 말한다. 따라서 보통의 방법보다도 더욱 직접적인 것을 의미한다.
　그러므로 지름길을 가는 사람은 그 목적지를 알고 있으므로, 그가 부딪치는 장해나 불행을 이겨나가야만 목적지까지 도달할 수 있다.
　클레멘트 스토운은 여러 해에 걸쳐서 성공의 원칙에 대하여 강의하거나 교육을 해 왔다. 그 코스의 명칭은 PMA, 성공의 과학이라고 부르고 있다. 그 성공의 17원칙을 열거해 보면 다음과 같다.
　① 적극적인 마음가짐(PMA)
　② 목적의 명확화
　③ 덤을 붙일 것
　④ 정확한 사고
　⑤ 자기 규율

⑥ 지도성

⑦ 신앙심

⑧ 남이 좋아하는 성격

⑨ 자발성

⑩ 열의

⑪ 조절된 주의력

⑫ 팀워크

⑬ 패배에서 배울 것

⑭ 창조적인 비전

⑮ 시간과 돈의 예산을 세울 것

⑯ 건강의 유지

⑰ 우주 습성의 힘의 이용

　우리가 여기에서 17가지 성공의 원칙을 알아보는 것은 당신에게 부의 지름길을 제시해 주려는 생각 때문이다. 우리는 당신이 가장 직접적인 방법을 써서 성공에의 지름길로 가기를 원한다.

　그런데 여기서 알아두어야 할 것은 직접적인 방법을 취하기 위해서 적극적인 마음가짐을 가질 필요가 있다. 그리고 적극적인 마음가짐은 앞에서 열거한 17가지 성공의 원칙을 적용하는 데서 생긴다. 생각한다는 말은 하나의 상징이다. 당신에게 있어서 그 의미는 당신이 누구인가에 따라서 달라질 수도 있다.

　그렇다면 당신은 누구인가? 당신은 당신의 육체, 유전(遺傳)의식과 잠재의식, 경험, 시간, 공간에 있어서의 특정한 위치와 방향, 그리고 기지(既知)와 어떤 기지의 힘을 포함한 그밖의 무엇인가의 소산이다.

　당신이 적극적인 마음가짐을 생각할 때에는 당신이 17원칙에 영향을 주어서 이용하고 조절하면서 조화시킬 수도 있다. 그러니까 당신만이 당신을 위해 생각할 수 있다. 당신에게 있어서 부에의 지름길은 다음의 짧은 말로 상징되고 있다.

적극적인 마음가짐으로 부를 만들어야 한다

♣ 부를 향한 마음의 법칙

할 수가 있다고 믿으면 그것은 가능하다.

제 2 장
부(富)를 대하는 마음자세

　당신이 누구이든 연령, 교육 정도, 직업 등에 전혀 관계없이 당신은 부(富)를 획득할 수가 있다. 당신은 또 그것을 거부할 수도 있다.
　"부를 거부하지 말고 끌어당겨라!"
　이 장은 당신에게 돈을 버는 방법을 가르친다.
　당신은 부자가 되는 것이 좋은가? 진지하게 대답해 주기 바란다. 물론 좋을 것이다. 그렇지 않다면 부자가 되는 것이 두려운가?
　아마도 당신은 부를 원하지 않을지도 모른다. 만일 그렇다면 반신불수가 되어서 PMA를 갖고 소시지 장사로 성공했던 밀 C. 존스의 예는 어떨까?
　또는 만일 당신이 병원에 입원해 있는 환자라면 다음에 서술하고 있는 조지 스테페크가 실행한 것처럼 공부하고 생각하고 계획하는 시간을 가짐으로써 자기 주위로 부를 끌어당길 수가 있다.

1. 어떤 환경에서도 생각하라

우리는 성공한 사람들의 경력을 연구할 때마다 그들의 성공의 실마리가 그들이 자기 개선을 위해서 책을 손에 넣은 날로 거슬러 올라가야 된다는 것을 발견했다. 그러므로 책의 효용을 과소 평가해서는 안 되며 어쩌면 책은 당신을 대담한 새 계획으로 몰아넣을 수도 있다. 그리고 어떤 계획이라도 따르기 마련인 어두움을 밝게 비칠 수 있는 영감을 공급해 주는 도구이다.

조지 스테페크는 하이네 베레탕 병원에 입원하고 있었는데, 최근에는 그 병세가 조금씩 좋아지고 있었다. 그는 우연히 생각하는 시간의 가치를 발견했다.

조지는 아무것도 가진 것이 없었다. 입원해 있는 동안 책을 읽거나 무엇인가 골똘히 생각하는 시간을 제외하면 그 외는 아무 일도 할 것이 없었다. 그는 《생각하라, 그러면 부자가 될 수 있다》라는 책을 읽고 성공을 위한 마음의 준비를 할 수 있었다.

그의 머리에 한 가지 아이디어가 떠올랐다. 많은 세탁소에서는 새로 다려낸 와이셔츠를 모양이 흐트러지거나 주름이 잡히지 않도록 두꺼운 종이로 싼다. 2, 3개의 세탁소에 알아본 결과, 이 마분지 봉투를 1,000장에 4달러씩 주고 사서 쓴다고 했다.

그의 아이디어는 이 마분지 봉투를 1,000장에 1달러로 판다는 것이었다. 그 대신 어느 봉투에나 광고를 게재할 생각이었다. 물론 광고주는 광고료를 지불하고 조지는 그것으로 이익을 올리게 되므로 남보다 적은 돈을 받더라도 유지가 가능하다고 생각했다.

조지는 이와 같은 아이디어를 생각해 내고 병원에서 퇴원하자마자 곧 실천에 옮겼다. 그것은 새로운 광고 분야로서 여러 가지 문제가 있기는 했지만 시행착오를 계속 거침으로써 효과적인 세일즈 기술을 몸에 지니게 되었다. 조지는 매일 연구하고 계획하는 시간을 갖는, 입원 중에 몸에 뱄던 습관을 여전히 지켜 나갔다.

그의 사업이 급속히 번창하고 있을 때에도 그는 서비스 효과를 더욱 증가시킴으로써 매상을 높이려 노력했다. 와이셔츠 포장지는 그 속에서 와이셔츠를 일단 꺼낸 뒤에는 내버리는 것이 보통이다.

그래서 그는 다음과 같은 질문을 자기에게 해 보았다.

"어떻게 하면 광고가 붙은 이 종이를 손님에게 언제까지나 보존시킬 수가 있을까?"

이윽고 그 해결책이 그의 머리에 떠올랐다.

과연 그는 어떻게 했을까? 봉투 한쪽 면에는 이제까지와 같이 흑백으로, 또는 색도를 넣어 광고를 인쇄했다. 그리고 다른 한쪽 면을 새롭게 활용했다. 가령 어린이들을 위한 재미있는 게임이나 주부를 위해서 맛있는 요리법, 온 가족을 위해서 퍼즐 등을 인쇄했다.

조지의 말에 의하면, 어떤 남자가 세탁비가 갑자기 많이 지출된 것을 이상하게 여기고 알아보았다. 그랬더니 그의 부인이 요리법을 좀더 많이 얻기 위해 아직 맡기지 않아도 되는 와이셔츠를 세탁소에 맡겼다는 것이다.

그러나 조지는 여기서 그치지 않았다. 그는 좀더 야심적이었으므로 그 꿈을 더욱 펼치려고 생각했다. 그래서 그는 이번에도 자기에게 물어 보았다.

"어떻게 하면 그걸 할 수 있는가?"

그리고 이번에도 대답을 찾아낼 수 있었다.

조지 스테페크는 세탁소에서 받은 1,000장에 대한 1달러의 돈을 전부 아메리카 클리닝업 협회에 기부했다. 그러자 협회에서는 조지의 와이셔츠용 봉투를 독점적으로 사용하라고 회원들에게 권유하였다.

이렇게 해서 조지는 타인에게 베풀면 베풀수록 자신도 보다 많은 것을 손에 넣을 수가 있다는 또 하나의 중요한 발견을 했다.

2. 생각하고 그것을 메모하는 습관을 길러라

조지 스테페크에게 막대한 부를 가져다 준 기발한 아이디어가 떠오르는 것은 조용한 환경에 있을 때이다. 시끄러움 속에서 뛰어난 자아가 발견된다는 그릇된 생각을 가져서는 안 된다. 또 생각하는 시간을 갖는 것은 시간을 낭비하는 것이라는 생각은 금물이다. 사색은 그 위에 다른 모든 것들이 짜여지는 토대이기도 하다.

그러나 뛰어난 행동을 일으키는 책을 읽거나 그것을 읽고 나서 생각하는 습관을 기르기 위해 병원에 입원할 필요는 없다. 또 생각하거나 계획하는 시간도 그리 긴 시간을 필요로 하지는 않는다. 공부하거나 계획하는 시간의 고작 1퍼센트만 빌어도 당신의 목표에 도달하는 스피드에는 놀라운 성과를 나타나게 된다.

당신의 하루를 정확히 계산하면 1,440분이다. 이 시간의 1퍼센트를 연구하고 생각하고 계획하는데 쓰라. 그러면 당신은 이 시간이 당신을 위해 어떤 일을 해 주는가에 반드시 놀랄 것이다. 왜냐하면 당신이 일단 이 습관을 몸에 붙이면 언제 어떤 곳에 있거나 식사를 하고 있을 때이든 버스를 타고 있을 때이든 목욕을 하고 있을 때이든 항상 건설적인 아이디어가 생길 것이기 때문이다.

에디슨과 같은 천재는 인류가 이제까지 발명한 것 중에 가장 위대한 발명을 가장 간단한 두 가지 도구인 연필과 종이를 잊지 않고 활용함으로써 이룩하였다. 에디슨이 한 것처럼 이 방법을 이용하여 아침이나 낮이나 머리에 떠오르는 아이디어를 기록하라.

부를 획득하는 또 하나의 필요 조건은 자기 목표를 세우는 방법을 배우는 일이다. 이것은 당신에게 매우 중요한 일이다. 비록 이 일의 중요성을 인식하고 있었을 경우라도, 목표를 설정하는 방법을 정말로 이해하고 실행하는 사람은 극히 드물기 때문이다.

3. 목표를 설정하라

당신의 마음에 간직해 두어야 할 4가지 중요한 일이 있다.

첫째, 당신의 목표를 메모하라. 그렇게 함으로써 당신의 생각이 구체화된다. 쓰면서 생각하는 것은 당신의 기억에 뚜렷한 인상을 남기게 된다.

둘째, 목적을 달성할 기간을 분명히 하라. 이것은 당신이 목표를 향해 출발하여 계속 움직이도록 만든다.

셋째, 목표를 높은 곳에 두어야 한다. 목표를 달성하는 일의 용이함과 당신의 동기의 강함 사이에는 직접적인 관계가 있는 것같이 생각된다. 일반적으로 말해서 당신의 주된 목표를 높은 곳에 두면 둘수록 그것을 달성하기 위해서는 집중적인 노력이 필요하다.

넷째, 높은 것을 지향해야 한다. 인생에 있어 높은 것을 지향하고 성공과 번영을 구하기 위해 필요로 하는 노력은 불행과 빈곤에서 벗어나기 위해 필요로 하는 노력보다도 결코 많은 것은 아니므로 노력해야 한다.

이제부터 당신은 용기를 내어 현재 당신이 가치가 있다고 생각하는 것보다도 더 많은 가치를 인생에서 구해야 한다. 왜냐하면 인간에게는 그들에게 부여된 요구에 합치되도록 향상해 나가는 경향이 있기 때문이다.

4. 첫걸음이 중요하다

목표를 결정한 다음으로 중요한 것은 행동으로 나타내는 일이다. 최근, 찰스 필리피아라는 63세의 할머니가 뉴욕에서 플로리다 주 마이애미까지 도보로 여행을 했다.

신문 기자와의 인터뷰 도중 기자들은 그와 같은 긴 도보 여행을 한다는 생각만으로도 공포에 휩싸이지 않았는지를 알고 싶어했다. 또한 힘들게 걸어야 하는 기묘한 여행을 할 용기를 어떻게 가질 수가 있었느냐고 묻기도 했다.

"첫걸음을 내딛는 데에 용기는 필요 없었어요."
라고 필리피아 부인은 대답했다.

"그리고 내가 한 것은 그뿐입니다. 나는 한 걸음을 내디뎠습니다. 그리고 다음에 또 한 걸음을 내디뎠습니다. 그리고 또 한 걸음 이렇게 해서 드디어 여기까지 도착하게 된 것입니다."

그렇다. 어느 계획에 돌입하더라도 당신은 그 첫걸음을 내딛지 않으면 안 된다. 당신이 생각하거나 공부하는 시간을 얼마나 많이 잡을까 하는 것은 문제가 아니다. 실행이 그와 함께 수반되지 않으면 아무리 원대한 계획이라도 소용이 없다.

5. NMA는 부(富)를 밀어낸다

적극적인 마음가짐은 부를 끌어당기지만 소극적인 마음가짐은 그 반대의 결과를 초래한다.

제3부 부(富)를 얻으려면   143

적극적인 마음가짐을 가지고 있으면 당신은 부를 손에 넣을 때까지 계속 노력할 수 있다. 지금 당신은 적극적인 마음가짐으로 출발하여 첫걸음을 내디디려 하고 있다.

그리고 당신이 아무리 적극적인 마음가짐을 가졌다 하더라도 어떤 소극적인 면의 영향을 받아 목적지에 도달하기 바로 직전에 그만 멈추어 버리는 일이 없다고는 말할 수 없다. 성공의 17원칙 중의 하나를 적용하는 데 실패할지도 모른다.

그 좋은 실례가 있다.

이 이야기의 주인공을 오스카라 부르기로 하자.

1925년 후반의 어느 날, 그는 오클라호마 시 정거장에 내렸다. 거기서 그는 몇 시간 후에 있을 동부행 기차를 기다려야 했다. 그는 찌는 듯한 더위가 계속되는 서부의 사막 속에서 수개월이나 지내왔던 터이다. 그는 지금 어떤 동부의 회사를 위해 석유를 찾고 있는 중이었다.

오스카는 매사추세츠 공과대학 출신으로, 매장된 석유를 발견하기 위해서 광맥 탐지기를 개량하여 새로운 장치를 만들었다.

그런데 기쁨도 잠시뿐 그는 회사가 파산했다는 소식을 받았다. 파산의 원인은 사장이 거액을 주식 시장에서 투기로 유용했다는 데 있었다. 주식 시장은 1929년 가을에 모두 폭락하고 말았다.

그래서 오스카는 할 수 없이 집으로 돌아오는 중이었다. 그는 직장을 잃었으므로 앞날에 아무런 희망도 없는 것같이 보였다. 그런데 NMA의 힘이 그에게 강력한 영향을 미치기 시작했다. 그는 몇 시간 동안을 역에서 기차를 기다려야 했으므로 가지고 있던 장치를 그곳에서 작동해 보리라 마음먹었다. 그런데 생각대로 잘 되지 않았다. 화가 치민 오스카는 그 장치를 발로 차서 망가뜨리고 말았다.

"석유 따위는 똥이나 먹어라! 석유 따위는 똥이나 먹어라!"

그는 욕구불만 상태여서 소극적인 마음가짐의 영향 아래 있었다. 그러나 이제까지 찾던, 그에게 찾아올 기회는 바로 그의 발 밑에 있었다. 그것을 붙잡으려면 오직 한 걸음만 더 앞으로 나아가면 되었다. 그러나 NMA의 영향 탓으로 그는 그것을 인정하기를 거부했다.

이 사건으로 그는 자기의 발명에 자신감을 잃고 있었다. 만일 그가 PMA의 영향 아래 있었다면 그것을 부정하지 않고 인정하려고 노력했을 것이다.

따라서 신념을 갖는다는 것은 성공의 17원칙 중의 하나이다. 당신의 신념을 테스트하는 방법은 가장 필요로 할 때에 그것을 쓸 수 있는지를 결정하는 일에 있다.

NMA는 오스카가 그 동안 믿던 일이 잘못되어 있다고 생각하게 만들었다. 당신도 기억하겠지만, 심각한 불경기는 많은 사람의 마음속에 공포심을 심어 놓는다. 오스카도 그 중 한 사람이었다.

이제까지 그 가치를 실증해 온 기계도 쇠부스러기처럼 되었고 오스카는 그만 소극적인 마음가짐으로 욕구불만이 되어 있었다.

그날 오스카가 오클라호마 시 정거장에서 열차에 올라탔을 때는 망가진 석유 탐지기도 버려진 채였다. 그리고 전국 최고의 석유 매장지와도 영구히 작별을 고했다.

그 후 얼마 안 되어 오클라호마 시는 문자 그대로 석유 위에 떠 있는 땅이 되었다. 오스카는 다음과 같은 2가지 원칙 적용의 산 실례가 되었다. 적극적인 마음가짐은 부를 끌어당기지만, 소극적인 마음가짐은 부를 밀어낸다.

b. 저축하도록 힘써라

이런 말을 듣는다면 당신은 이렇게 반문할지도 모른다.

"적극적인 마음가짐이나 소극적인 마음가짐에 대해 말하는 일은 모두 100만 달러를 만드는 능력이 있는 사람에게는 대단히 좋은 일이겠지요. 그러나 그런 환경에 있지 않은 나는 100만 달러를 만든다는 자체도 어림없는 일입니다."

"물론 나도 경제적 안정을 바라고 싶습니다. 좋은 생활도 누리고 싶고, 퇴직하고 나서 필요한 것을 마련하고 싶다고 생각합니다."

"하지만 내가 일개 샐러리맨이라면 어떻게 합니까? 그리 대단치도 않은 급료를 받고 있다면 그건 불가능한 일이 아닐까요."

이에 대한 대답은 어떨까?

어떤 사람이라도 재산은 손에 넣을 수가 있다. 경제적 안정을 보장하는 재산뿐만 아니라 부자가 될 정도로 충분한 재산조차도 모을 수가 있다. 그러기 위해서는 PMA의 영향이 당신에게 작용하도록 만들기만 하면 된다. 이것이 가능하다는 것을 증명해 보이겠다. 그리고 만일 당신이 아직 충분히 이해되지 않았다면 《바빌론 최대의 부호》라는 책을 읽으라고 권유하겠다. 그리고 그 다음에 첫걸음을 내디며 주기 바란다.

계속 걸어서 당신이 구하는 재산이라든가 경제적 안정을 손에 넣을 때까지는 어떤 경우라도 발을 멈추어서는 안 된다. 오스번이 취했던 것도 바로 그것이었다.

오스번의 직업은 샐러리맨이었는데 그럼에도 불구하고 많은 재산을 손에 넣었다. 그런 결과를 위해 오스번이 썼던 원칙은 대단히 뚜렷한 것이었다. 그것은 어느 누구의 눈에도 보이지 않았고 오스번의 마음속에서만 일어났다.

그가 사용했던 그 원칙, 그리고 당신도 쓸 수 있는 원칙은 몇 마디 말로도 나타낼 수 있다.

《바빌론 최대의 부호》를 읽는 사이에 오스번은 재산이란 다음과 같은 일을 함으로써 손에 넣을 수가 있다는 것을 발견했다.

① 당신이 1달러를 벌었다면 그 중에서 10센트를 저축하라.

② 저축이나 이익금 중에서 6개월마다 배당금을 투자하라.

③ 투자하는 데 있어서는 안정한 투자를 위해서 전문가의 충고를 구하고, 도박을 해서 원금을 잃는 어리석은 일은 하지 말라.

오스번의 경우처럼 당신은 손에 넣은 1달러 중에서 10센트를 저축하고 그것을 안전하게 투자함으로써 경제적 안정이나 재산을 얻을 수가 있다.

언제부터 시작하면 좋을까? 지금 곧 시작하라.

그럼 오스번의 경험과 몸도 튼튼하고 사람을 분발시키는 책도 읽고 있던 어느 사나이의 경험을 비교해 보자.

이 사나이가 나폴레옹 힐을 만났을 때 그는 50세였다.

1. 지금부터 시작하라

이 사나이는 이렇게 말하고 미소 지었다.

"나는 당신의 《생각하라, 그러면 부자가 될 수 있다》라는 책을 몇 해 전에 읽은 일이 있습니다. 그러나 나는 지금 부자는 아닙니다."

그 말을 들은 나폴레옹 힐은 진지한 얼굴로 이렇게 대답했다.

"그러나 당신은 부자가 될 수 있을 것입니다. 당신의 미래는 지금부터입니다. 당신은 부자가 되기 위해 준비하지 않으면 안 됩니다. 그리고 당신이 그 기회를 잡기 위해서는 먼저 적극적인 마음가짐을 가지고 있어야만 합니다."

이 사나이는 나폴레옹 힐의 충고를 머리에 담아 두었다. 그것은 지금으로부터 5년 전의 일이었다. 그는 지금은 적극적인 마음가짐을 몸에 지니고 서서히 부자가 되어가고 있다.

그에게는 수천 달러의 부채가 있었는데, 지금은 깨끗이 청산하고 저축한 돈으로 투자를 하려고 마음먹고 있다.

그는 PMA를 가진 사람이 되었다. NMA가 그에게 영향을 줄 때 그는 자기 도구가 나빠서 불평만 하고 있는 직공과 같았다.

이제까지 당신은 자기 도구에 대해 불평을 한 일이 있는가? 만일 당신이 완전한 카메라를 가지고 있어 적당한 필름을 쓰고 카메라의 조절도 잘못하지 않았는데, 다른 사람은 그 카메라로 완전한 사진을 찍어내고 당신은 실패했다면 도대체 어디에 결함이 있을까? 카메라에 결함이 있는 것일까? 설명서를 읽었지만 그것을 잘 이해하고 있지 못했을까? 또는 이해하고 있었지만 설명서대로 하지 않았을까?

이런 경우와 마찬가지로 당신의 인생을 바꿀 수가 있는 그런 책을 이미 읽었겠지만, 그것을 이해하고 소화하고 그 원칙을 배워서 적용하는 수고를 아꼈을 수도 있을 것이다.

지금이라도 배운다면 너무 늦은 것은 아니다. 아직까지 배우지 않았다면 이제부터라도 배울 수 있다. 당신이 그 원칙을 알고 이해하지 않으면 성공할 수는 없으며, 그것을 적용하지 않으면 성공하는 일은 불가능하다. 그러니까 당신이 이 책에서 지금 읽고 있는 것을 이해하고 적용하기 위해서는 아무래도 시간이 걸려야 할 것이다. 그러면 PMA

가 당신을 도와줄 것이다.

　우리는 **PMA**로 재산을 끌어당기라고 말한다. 그렇지만 당신은 돈을 만드는 데는 돈이 필요한데 나에게는 한푼의 돈도 없다고 말할지도 모른다. 이것은 소극적인 마음가짐이다. 만일 당신이 돈을 가지고 있지 않다면 다른 사람의 돈을 쓰면 된다. 다음 장에서 그것에 대해 적어 보겠다.

♣ 부를 얻기 위한 일반적인 법칙

연구하고 생각하고 계획하는 시간을 가져라.

제 3 장
신용을 잘 이용하라

"비즈니스라고? 그것은 극히 간단한 일이다. 그것은 타인의 돈을 쓰는 것이다!"

알렉산드르 뒤마 2세는 《돈의 문제》라는 희곡에서 이렇게 말했다. 그것은 단순히 OPM——즉, 타인의 돈(Other People's Money)을 쓴다는 말이다. 그것이 바로 큰 재산을 손에 넣는 길이다.

우리가 알고 있는 벤자민 프랭클린도 그렇게 했고, 윌리엄 니커슨도 그렇게 했고, 콘래드 힐튼도 그렇게 했다. 그리고 만일 당신이 부자라면 당신도 그렇게 했을지도 모른다.

프랭클린은 다음과 같은 충고를 하고 있다. 1948년에 프랭클린에 의해 《젊은 상인에의 충고》가 씌어졌는데 OPM의 이용에 대하여 이렇게 논하고 있다.

"돈은 자기를 불어나게 하는 성질을 가지고 있다. 돈은 돈을 낳을 수가 있다. 그리고 그 결과 더 많은 돈을 낳는다."

프랭클린은 또 이렇게 계속하고 있다.

"1년에 100파운드의 돈을 모았다면 하루에 겨우 4펜스짜리 은화 한 개에 지나지 않는다. 이 얼마 안 되는 돈을 빌린 사람은 100파운드를 가지고 끊임없이 이용할 수가 있다."

프랭클린의 이 말은 곧 돈을 빌려 그것을 이용하는 것을 나타내고 있다. 그의 충고는 그것이 씌어졌던 때와 마찬가지로 오늘날에도 도움이 된다. 당신은 단 몇 센트를 가지고 일을 시작해 그것을 사용함으로써 500달러나 되는 돈을 늘 가질 수가 있다. 또는 이 아이디어를 확대하여 수백만 달러의 돈을 항상 소유하는 것조차 가능하다.

콘래드 힐튼이 한 것도 그런 것이었다.

그는 신용을 활용한 사나이다. 최근에도 힐튼 호텔스 코퍼레이션(사단법인)이 큰 공항에 비행기 여행자용의 호화로운 호텔을 건설하기 위해서 2,500만 달러의 신용을 자기 것으로 만들었다. 그때 무엇을 담보로 했을까. 성실성의 대명사라고도 할 만한 힐튼의 이름이 담보의 대부분을 차지했던 것이다.

성실성은 무엇과도 바꿀 수 없다. 그것은 다른 많은 인격적인 특색보다도 훨씬 인간의 마음에 깊이 파고든다. 따라서 성실성의 여부는 말하는 사람의 말 끝에서 또는 사상이나 행위 속에 틀림없이 나타난다. 또 얼굴에 나타나는 수도 있어서 성실성의 정도는 꼭 정확하다고는 할 수 없으나 대개 알게 된다.

한편, 불성실한 인간의 목소리의 음조, 얼굴 표정, 얘기하는 방법이나 이야기의 내용, 서비스 태도 등에 그 결점이 나타나게 마련이다.

윌리엄 니커슨도,

"돈은 돈을 낳을 수가 있다. 그리고 그 결과가 또 돈을 낳는다."

라는 것을 깨닫고 신용과 명성을 얻은 사람이다. 그리고 그는 자기가 쓴 책 속에서 거기에 대해 언급하고 있다.
"백만장자를 소개해 주십시오."
라고 그는 적고 있다.
"반드시 크게 돈 빌릴 사람을 소개하겠습니다."
그가 언급하고 있는 크게 돈 빌릴 사람이란 헨리 카이저나 헨리 포드, 월트 디즈니와 같은 큰 부자를 말한다.
이제부터 소개하는 찰리 서먼즈도 은행에서 돈을 빌어 10년 동안에 4,000만 달러의 돈을 버는 사업을 한 사람이다. 그러나 그 전에 콘래드 힐튼, 윌리엄 니커슨, 찰리 서먼즈 등에게 돈을 빌려 주어 사업을 도와준 사람들의 일에 대해 서술해 두겠다.
은행이란 돈을 융통해 주는 장사이다. 되도록이면 성실한 사람에게 빌려 주어 통화를 늘리고 있다. 상업은행은 돈을 빌려 주는 일이 기본적인 사업 목표이므로 헛된 융자는 허용되지 않는다.
은행은 전문가이다. 그러니만큼 당신의 편이다. 은행은 당신을 도와주고 싶어한다. 당신이 성공하기를 간절히 바라는 사람 중의 한 명이다. 자기 일을 분별하고 있는 은행이라면, 은행이 하는 말에 귀를 기울이라.
따라서 상식이 있는 사람이라면, 빌린 돈의 힘이나 전문가의 충고를 경시하는 일은 결코 하지 않는다.
미국의 찰리 서먼즈라는 평범한 소년이 큰 부자가 된 것은 OPM과 성공으로 이끄는 계획, 거기에 진취적 기질·용기·상식 등으로 이루어져 있는 PMA의 성공 원리를 효과적으로 이용했기 때문이다.
댈러스의 찰리 서먼즈는 백만장자이다. 아니, 이밖에 몇 사람의 텍사스인과 마찬가지로 그는 천만장자이다. 그는 19세 때까지만 해도 다른 많은 10대 소년처럼 금전적으로는 여유가 없었기 때문에 일을 해서 조금씩이라도 돈을 저축하는 수밖에 도리가 없었다.

그 서먼즈가 매주 토요일 모은 돈을 예금하러 다니고 있던 은행 간부 한 사람이 그에게 흥미를 가졌다. 그 이유는 앞날이 기대되는, 돈의 가치를 알고 있는 소년이라고 생각했기 때문이었다.

돈을 좀 가진 서먼즈가 혼자서 솜 매매에 뛰어들 결심을 하자 그 은행가는 그에게 신용을 주었다. 그것은 찰리 서먼즈가 OPM을 이용한 최초의 경험이었다. 말할 것도 없이 최초이자 최후의 경험이 되지는 않았다.

그는 그때 다음과 같은 일을 배워 확신하게 되었던 것이다. '은행은 내편이다'라는 것을.

솜 브로커를 시작한지 1년 반쯤 되어 서먼즈는 말과 라버(熔岩)를 매매하게 되었다. 그가 인간의 본질에 대해 많은 것을 배운 것은 그 무렵이다. 그리고 돈에 관한 지식에 보태어 인간의 이해가, 현재 성공하고 있는 사람이나 장래 성공할 사람에게 공통적으로 볼 수 있는 극히 건전한 철학을 자신의 사상 속에 길러 내었다.

젊은 시절에 차지하였던 이 철학을 몸에 지니고 두 번 다시 그것을 잃지 않은 서먼즈는 지금도 그것을 계속 가지고 있다.

그 철학이란 다름 아닌 상식이라는 이름으로 알려져 있다.

몇 해 후에 서먼즈는 두 사나이와 함께 설립한 보험회사의 주식을 전부 매수하기에 이르렀다. 그는 그 돈을 어떻게 조달했을까? OPM과 저축한 돈을 썼던 것이다. 그러나 부족한 거액의 돈은 물론 은행에서 빌렸다. 앞에서 설명한 바와 같이 그는 전부터, 은행은 그의 편이라는 것을 알고 있었다.

이윽고 그의 회사가 연간 4,000만 달러 가까운 보험 적금을 모은 해에, 그는 드디어 오랫동안 찾고 있던, 급속히 성장하기 위한 성공의 공식을 찾아낼 수 있었다.

이것으로서 모든 준비는 갖추어진 셈이다. 1년간에 4,000만 달러 가까운 보험 적금을 판매한 것은 그 공식과 OPM 때문이었다. 서먼즈는 시카고 보험회사가 리드 방법에 의한 판매 계획을 개발하여 성공하고 있다는 것을 알고 있다.

오래 전부터 세일즈 매니저가 사용하고 있던 방법은 판매 개척을 위한 리드 시스템을 의미했다. 세일즈맨은 충분한 리드를 얻어 가끔 많은 수입을 얻고 있었다. 리드란 것은 관심을 보이는 개인으로부터 문의하는 것을 말한다. 이것은 어떤 종류의 판매촉진 계획에서 얻을 수 있다.

앞의 경험에서도 알 수 있듯이, 본래 인간은 모르는 사람이나 전에 개인적인 접촉이나 커뮤니케이션이 전혀 없는 사람에게 무엇을 팔려고 하면 두려움을 느끼게 된다. 그 때문에 많은 세일즈맨들이 그들이 목표로 하는 손님에게 무엇인가를 파는 데 많은 시간을 헛되이 보내고 있다.

그러나 보통 세일즈맨이라도 리드의 목표로 하는 손님은 자진해서 방문할 생각이 든다. 그 까닭은 자기 자신은 세일즈 트레이닝을 받거나 세일즈 경험이 없다 하더라도 충분한 리드를 얻을 수 있다면 많은 판매에 성공한다는 것을 알고 있기 때문이다. 게다가 방문하는 장소나 만나는 상대도 알고 있다. 그는 면접하기 전부터 목표로 하는 손님이 어떠한 관심을 가지고 있는가를 알고 있다.

그러니까 사전 준비를 조금도 하지 않고 파는 계획을 세우지 않을 수 없는 경우만큼 두려움을 느끼는 일은 없다. 일부 회사에서는 판매 계획 전체가 이와 같은 리드에 기초를 두고 구성되어 있고, 그것을 얻기 위해 광고를 이용하고 있다. 그러나 광고는 돈이 든다.

찰리 서먼즈의 경우는 은행의 담보가 될 만한 아이디어를 가지고 있을 때는 돈을 조달하기 위하여 어디에 가면 좋은가를 알고 있었다. 그 은행은 텍사스에서는 잘 알려져 있었기 때문이다. 그리고 찰리 서먼즈와 같은, 계획을 가지고 그것을 살리는 방법을 알고 있는 성실한 인간에게 돈을 빌려 주는 것을 업으로 하고 있었다.

일부 은행 중에는 융자 희망자에 대한 조사에 시간이 별로 걸리지 않는 데도 있다. 리퍼블릭 내셔널 은행의 오란 카이트 같은 간부들이 바로 그런 경우이다. 서먼즈는 그들에게 그의 계획을 설명했다. 그 결과, '리드 시스템'에 의한 보험 사업을 구축해 내기 위해 신용을 얼마든지 쓸 수 있게 되었다.

이리하여 찰리 서먼즈는 미국의 크레디트 시스템 덕분으로 준비 생명 보험회사를 설립할 수가 있었다. 이와 같은 조직을 하고 나서 10년이라는 단기간 내에 보험 적금을 40만 달러에서 4,000만 달러로 늘릴 수 있었다.

그는 또 투자를 해서 호텔·사무실·빌딩·제조공장 등의 경영권을 손에 넣을 수가 있었다.

그러나 OPM의 이용은 특별히 텍사스에만 국한된 것은 아니다. W. 클레멘트 스토운은 파는 측의 돈을 써서 자산 160만 달러의 보험 회사를 매수했다.

그는 볼티모어에 있는 이 회사 매수에 대해 이렇게 기술하고 있다.

섣달 그믐날이었다.

나는 여러 가지로 조사하고 생각하면서 계획을 세우고 있었다. 내년의 주된 목표는 몇몇 주(州)에서 영업할 수 있는 보험회사를 가지도록 하자는 결심을 세우고 있었다. 또 목표 달성의 기한은 내년 12월 31일로 정해 놓았다.

그때 내가 알고 있던 것은 내가 무엇을 찾고 있는가 하는 것과, 목표 달성의 기한이 결정되었다는 것뿐이었다. 목표를 어떻게 하면 달성할 수 있는가 하는 것은 알지 못했다. 그러나 이것은 대단한 것은 아니다. 나는 방법을 찾아낼 수 있다고 생각하고 있었기 때문이다.

우선 하지 않으면 안 되는 일은 내 요구를 채워줄 회사를 찾는 일이었다. 나의 요구는 첫째로 상해 보험을 팔 수 있는 면허를 가지고 있고, 둘째로 거의 모든 주에서 영업할 수 있는 인가를 갖고 있다는 것이었다. 나는 기존의 사업은 필요 없었다. 필요한 것은 오직 전달수단이었다.

여기에는 물론 돈 문제도 있었다. 그러나 돈 문제가 생겼을 때는 그때 가서 해결해도 된다. 실제로 그 문제가 일어났을 때에, 나는 그래도 유능한 세일즈맨이니까 필요하다고 생각되면 회사를 매수하는 계약을 맺고, 그 회사가 취급하는 보험을 전부 얼마간 큰 회사의 보험에 재가입시키고, 유효한 보험 이외의 것은 모두 내 것으로 만든다는 1단계 준비를 하고 나면 거래해서 되지 않을 리가 없다는 것을 생각해냈다.

그러므로 나에게는 기존의 사업은 필요 없었다. 나에게 전달 수단이 있는 한, 상해 보험을 시작할 경험과 능력이 있었다. 이 일은 전국적인 보험의 판매 조직을 설치함으로써 이미 증명된 일이다.

나는 당장 직면할지도 모르는 문제를 분석하면서 내가 무엇을 찾고 있는지 세상에 알릴 것을 검토했다. 그렇게 하면 세상이 도와주리라고 생각했다. 그래서 나는 무엇을 찾고 있는지 세상에 알렸다. 정보를 제공해 줄 환경에 있는 동업자를 만날 때마다 내가 찾고 있는 것을 얘기했다.

엑세스 보험회사의 조 깁슨도 그 중 한 사람이었다.

새해가 열면 스타트를 끊었다. 큰 목표가 서고 그것을 향해 걸어나갔기 때문이다. 한 달이 지나고 두 달이 지나고 여섯 달이 지났다. 그리고 드디어 열 달이 지나 버렸다. 나는 많은 가능성에 내탐(內探)의 손을 뻗쳐 보았지만, 나의 두 가지 기본적 욕구를 채워 주는 것은 하나도 없었다.

10월의 어느 토요일, 나는 되돌아온 서류를 가지고 책상 앞에 앉아 여러 가지로 조사해 보고 계획을 짜거나 시간을 생각하고 그 해 목표의 리스트를 체크해 보았다. 목표는 일단 전부가 조성되어 있었지만, 달성되지 않은 중요한 목표가 하나 남아 있었다.

그리고 나서 이틀 뒤에 뜻하지 않은 일이 생겼다. 그날도 나는 책상 앞에 앉아 문서를 꾸미고 있었다. 내가 수화기를 들자 상대방의 목소리가 들려왔다.

"여보세요. 클레멘트 씨입니까? 조 깁슨입니다."

그때 주고받은 대화는 비록 짧은 것이었지만 나는 잊을 수가 없다. 이어 깁슨은 빠른 말로 이렇게 말했다.

"볼티모어의 상업 신용회사가 큰 적자를 냈기 때문에 펜실베니아 상해 보험회사를 정리한다는 이야기가 있는데, 흥미가 있지 않을까 생각되었습니다. 펜실베니아 상해 보험회사가 상업 신용회사의 것이라는

제3부 부(富)를 얻으려면　157

건 물론 아시겠죠? 내주 목요일에 볼티모어에서 중역 회의가 열리는 모양입니다. 펜실베니아 상해회사가 취급하고 있는 보험은 전부가 상업 신용회사가 가지고 있는 두 개의 다른 보험회사의 보험에 이미 재가입해 있습니다. 상업 신용의 부사장은 E. H. 워하임이라는 사람입니다."

나는 워하임이라는 사람을 알지 못하였으므로 그를 찾아볼 마음이 생기지 않았다. 그러나 지금 서둘러야 내 것으로 만들 수 있음을 깨달았다. 이윽고 다음과 같은 생각이 나를 행동으로 이끌었다.

"시험해 보아도 잃는 것은 아무것도 없다. 시험해서 성공하여 모든 것이 얻어질 수 있다면 어떤 방법이든 동원해 보자. 아무튼 시도하고 볼 일이다!"

이제는 주저할 것이 없다고 판단되자 수화기를 들어 볼티모어에 있는 W. H. 워하임에게 장거리 전화를 걸었다.

"워하임 씨! 들어 볼 만한 이야기가 있습니다."
라고 나는 거친 목소리로 말을 꺼냈다.

그리고 나서 내 소개를 하고, 펜실베니아 상해 보험회사의 처분 방법을 물었다. 그리고 나라면 좀더 빨리 목적이 달성되도록 협력할 수 있다고, 나의 생각을 얘기했다. 그리고 나서 이틀 후 오후 2시에 볼티모어에서 워하임과 만날 약속을 했다.

이틀 후 2시 고문 변호사인 W. 러셀 아린틀과 나는 워하임을 만났다. 펜실베니아 상해 보험회사는 내 욕구를 채우는 것이었다. 이 회사는 35개 주(州)에서 영업할 수 있는 면허를 가지고 있었다. 취급하고 있던 보험은 이미 다른 보험회사에 재가입하고 있었으므로 유효한 보험은 전혀 없었다. 상업 신용회사 쪽은 판로 확대로 빠르고 확실하게 목적을 달성할 수가 있었다. 그밖에 면허의 권리금으로 나에게서 25,000달러를 받게 되었다.

결국 유가증권과 현금으로 160만 달러의 유동(流動)자산이 상업 신용 은행의 수중에 들어갔다. 나는 그 160만 달러를 어떻게 해서 얻을 수 있었을까? OPM을 이용했던 것이다. 그것은 다음과 같은 방식으로 이루어졌다.

"160만 달러면 어떨까요?"
라고 워하임이 말했다. 나는 이러한 질문이 나오리라는 것을 미리 짐작하고 있었으므로 그 자리에서 대답했다.

"상업 신용 은행은 돈을 빌려 주는 것이 장사지요? 그러니 그 160만 달러를 여러분들에게 빌어 썼으면 합니다."

모두들 웃었지만 나는 이야기를 계속했다.

"여러분은 얻는 것은 있어도 잃는 것은 없습니다. 지금 사려 하는 400만 달러의 회사도 포함해서 내가 가지고 있는 것을 몽땅 차용금의 담보로 하기 때문입니다."

그러자 모두 의아한 눈으로 나를 쳐다보았다.

"게다가 여러분은 돈을 빌려 주는 것이 장사입니다. 나에게 팔아 주시려는 회사보다도 더 좋은 담보가 딴 데 있을까요? 그 위에 이자도 붙는 겁니다. 여러분에게 가장 중요한 것은 이 방법을 따르면 빨리 확실하게 여러분의 문제가 해결된다는 것입니다."

내가 말을 머뭇거리자 워하임은 또 중요한 점을 다시 물었다.

"당신은 어떻게 그 대금을 갚을 생각입니까?"

나는 이 질문에 대한 대답도 이미 준비해 놓고 있었으므로 수월하게 대답했다.

"60일 이내에 완전히 갚을 생각입니다. 아무튼 펜실베니아 상해 보험회사가 인가를 받고 있는 주에서 상해 보험회사를 경영하는데 50만 달러 이상은 필요 없습니다. 펜실베니아 상해 보험회사가 전부 내 것이 되면, 자본금을 160만 달러에서 50만 달러로 줄여 버리면 되는 겁니다. 그렇게 하면 독점 주주로서 나는 남은 110만 달러를 대금을 갚는 데에 충당할 수가 있는 셈입니다."

여기까지 말하고 나서 나는 다시 말을 이어나갔다.

"문제는 말할 것도 없이 수입 지출을 불문하고 모든 거래에 부과되는 소득세입니다. 그러나 이 거래에서는 소득세를 지불할 필요는 없겠지요. 그 이유는 간단합니다. 펜실베니아 상해 보험회사는 이익을 올리고 있지 않으며, 따라서 자본금을 줄일 때에 내가 받는 돈도 이익금으로 되지 않기 때문입니다."

질문이 계속되었다.

"그렇다면 자본금으로 들어가는 50만 달러는 어떻게 갚을 생각입니까?"

이 경우도 나는 예견하고 있었으므로 이렇게 대답했다.

"그것은 간단합니다. 펜실베니아 상해 보험회사에는 현금·국채, 높은 값을 부르고 있는 유가증권만으로 구성되는 자산이 있습니다. 펜실베니아 상해 보험회사에 내가 가지고 있는 주와 차용금 갚을 것을 좀 더 확실히 하는 의미에서 나의 다른 자산도 붙여서 담보로 넣으며, 내 거래 은행으로부터 50만 달러를 빌릴 수 있습니다."

우리는 오후 다섯 시에 상업 신용회사 사무실을 나왔다. 이 거래는 매우 만족한 결과로 끝이 났다.

이와 같이 스토운의 경험을 자세히 소개한 것은 OPM을 이용해서 목표를 달성하기 위해 다듬는 각 단계를 알아듣도록 하기 위해서이다.
〈부(富)로의 지름길〉이라고 앞에서 이름한 제1장과의 관련을 생각하면 거기에 서술되어 있던 원리가 여기서 어떻게 응용되어 왔는가를 알 수 있을 것이다.

이 이야기는 OPM의 이용이 도움이 된다는 것을 실증해 주고 있다. 그러나 어떤 경우에는 신용이 화근이 되는 일도 있다.

여기까지는 신용을 이용하는 이점에 대해 서술해 왔다. 돈을 만드는 것을 목적으로 돈을 빌리는 실제에 대한 내용이었다. 돈을 만들기 위해서 돈을 빌리는 것이야말로 자본주의요, 사업의 성공을 위해 좋은 일이다.

그러나 신용이 좋은 것인가 나쁜 것인지는 한마디로 단언할 수가 없다. 어떤 때는 OPM에 의해 남에게 화를 입히는 일도 생기게 된다. 신용도 예외는 아니다. 신용이 성실한 인간을 불성실한 인간으로 만들어 버리는 일도 있을 수 있다. 신용의 오용(誤用)은 번뇌·욕구불만·불행·불성실을 낳는 큰 근원의 하나가 될 수도 있는 것이니까.

여기서 서술하는 신용은 공여자(供與者)가 자발적으로 주는 신용이다. 신용 공여자가 남에게 신용을 주는 경우 상대가 신용을 주기에 적합한 인물이라 생각하고, 또는 그 성실성을 신뢰하고 신용을 준다.

이와 같은 신뢰를 배신하는 자가 불성실한 것이다. 이러한 생각을 가지고 있는 인간은 한번 승낙한 지불을 불이행하거나, 차용금을 전부 갚을 마음도 없이 돈을 빌리거나 상품을 사들인다.

그러나 성실한 인간이라도 사정이 있어 지불기일에 지불하지 못하고 차용금의 반제나 사입(仕入) 상품의 지불을 게을리하면 불성실한 인간이 되고 만다.

 적극적인 마음가짐의 인간이라면 사실을 직시하는 용기를 가지고 있기 때문에 이러한 일은 일어나지 않는다.

 만일 사정이 있어 약속한 기일에 지불하지 못하게 되면 될 수 있는 한 빠른 시일 내에 그 일을 채권자에게 통고해야 한다. 그리고 나서 채권자의 동의를 얻어 만족할 만한 계약을 다시 체결해야 한다. 그밖에 어떤 일이든 부채가 완전히 없어질 때까지는 채권자에게 성심 성의를 다하는 것이 중요하다.

 상식 있는 성실한 인간은 신용 공여의 은혜를 남용하지 않는다.

 반면에 상식에 어긋난 불성실한 인간은 괜히 빚을 얻거나 한다. 채권자에게 차용금을 갚을 이렇다 할 방법을 생각하고 있지 않으니까 NMA의 효과가 그를 불성실한 인간으로 만들어 버리는 그런 무서운 결과를 낳는다.

 그는 곤란하지만 어떻게 할 도리가 없다고 안일한 생각을 하고 있을지도 모른다.

 그는 비록 차용금이 있다고 해도 형무소에 들어가는 그런 일은 없다는 것을 충분히 알고 있다. 그러니 그가 아무리 벌 받는 일은 없다고 생각하고 있어도 실제로는 그의 부채 때문인 번뇌, 불안, 욕구불만이 어김없이 그를 벌하고 있는 것이다.

 그는 그의 마스코트에 강한 PMA의 효과——그에게 부채를 깨끗이 갚게 해 줄 만한 효과——가 나타나기까지는 불성실한 인간일 것임에는 변함이 없다.

 신용 공여 은혜의 남용은 글자 그대로 육체적·정신적·도덕적인 병을 가져온다. 그러나 OPM의 이용은 가난한 정직자가 부자가 되는 수단이다. 돈은 사업을 성공으로 이끄는 중요한 열쇠이다.

♣ 직업에 불만을 가지고 있을 때 그것을 이겨내는 법칙

자기의 재능을 살려 남에게 즐거움을 주는 것에 만족하라.

제 4 장
불만을 만족으로 이끌도록 노력하라

　도대체 만족하는 직업이란 어떤 것일까? 당신의 직업이 경영자이든 종업원이든 공장장이든 공장 노동자이든 의사이든 간호사이든 교사이든 학생이든 상관없이 자기 직업에서 만족을 발견하는 것은 당신이 그 직업에 종사하고 있는 한 바로 당신 자신에게 달려 있다.
　그렇다면 당신도 할 수 있다. 만족은 마음가짐이다. 당신 자신의 마음가짐은 당신이 소유하여 완전히 지배할 수 있다. 당신은 자기 직업에서 만족을 찾을 결심을 하고 그러기 위한 방법을 찾아낼 수가 있다.
　되고자 하고서 된 직업, 즉 원하던 직업은 자연스런 태도를 취할 수 있고 애착도 느낀다. 이런 경우에는 만족을 찾기 쉽다. 그러나 원하지도 않았는데 어쩔 수 없이 택한 직업의 경우는 정신적 감정적 갈등이나 욕구불만 등이 따르게 된다.
　그러나 **PMA**를 살려 자기의 직업에 만족하고 숙달하기 위해서 경험을 쌓는 기분을 불러일으키면 그러한 갈등이나 욕구불만은 충분히 극복할 수가 있다.

1. 즐거운 마음으로 일에 임하라

젤리 아사므는 PMA를 가지고 있으며 자기 일을 사랑하고 있다. 곧 자기 직업에서 만족을 찾아내고 있는 것이다. 젤리는 하와이 왕가(王家)의 자손이다. 그가 마음으로부터 사랑하고 있는 직업은 국제적인 큰 회사의 하와이 사무소의 세일즈맨이었다.

젤리가 자기 일을 사랑하고 있는 것은 자기 일을 잘 알고 있으며 이에 숙달되어 있기 때문이다. 따라서 그가 하고 있는 일에는 무리가 없다. 그러나 이러한 젤리에게도 무엇인가 바람직하지 않은 날이 있다. 세일즈에서는 이와 같은 날을, 곤란을 극복하고 PMA를 잃지 않도록 하면 막을 수가 있다.

그래서 젤리는 일하고 싶은 기분을 되찾아 주고 기운을 불러일으키는 책을 읽었다. 젤리는 책에 씌어 있는 교훈을 믿고 실행했다. 스스로 그것을 실험해 보았던 것이다.

그는 회사의 판매 매뉴얼을 연구하고 실제 판매 활동에서 배운 것을 실행으로 옮겼다. 그는 목표——높은 목표——를 설정하고 그것을 달성했다. 그리고 아침마다 자기 자신에게 이렇게 타일렀다.

"나는 건강하다. 행복하다. 쾌적하다."

실제로 그날의 그는 건강하고 행복하고 상쾌했다. 따라서 그의 판매 성적도 쾌조 그 자체였다.

세일즈에 자신을 갖게 되자 젤리는 세일즈맨들을 모아 그가 공부한 대로 교육하게 되었다. 훈련은 회사의 훈련 매뉴얼에 제시되어 공부한 대로 교육하게 되었다. 훈련은 회사의 훈련 매뉴얼에 제시되어 있는 가장 새롭고 가장 뛰어난 판매 방법을 써서 행했다.

그는 그들을 하나씩 데리고 나와서 올바른 방법을 쓰고 계획을 세워 PMA로 매일 어프로치(approach : 접근)하면서 세일즈가 쉽게 달성되는 것을 실제로 보여 주었다. 그리고 높은 판매 목표를 내걸고 PMA로 그것을 달성하도록 가르쳤다.

젤리의 그룹은 아침마다 모여 전원이 입을 모아,
"나는 건강하다. 나는 행복하다. 나는 쾌적하다."
라고 암송한다. 그리고 나서 다같이 웃고 어깨를 두들겨 주며 서로 격려하고 저마다 그날의 판매 할당을 달성하기 위해 나간다. 그들이 내거는 목표는 아메리카 본토의 노련한 세일즈맨이나 세일즈 매니저가 깜짝 놀랄 만큼 높이 평가받는 것들이었다.

이런 나날이 지나 각 주말에 세일즈맨은 전원 젤리의 회사 사장이나 세일즈 매니저를 기쁘게 하는 판매 성적을 거두었다. 과연 젤리와 그 부하는 자기들의 직업에 행복을 맛보고 있는 것일까? 정말 그들은 만족하고 있다. 다음에 그 이유를 몇 가지 들어 보겠다.

첫째, 그들은 자기들의 일을 충분히 연구하고 있으며 법칙이나 기술, 이들의 응용 방법을 잘 알고 이해하고 있으므로 자기들이 하고 있는 일에 자연스런 느낌을 가지고 있다.

둘째, 목표를 확고하게 정하고 그것을 달성할 수 있다고 믿고 있다.

셋째, 자기의 마음을 움직여 적극적인 마음가짐으로 움직이고 있다.

넷째, 성과가 좋으니까 일에 만족을 느낀다.

2. 일에 대한 마음자세

젤리 아사므와 그의 부하인 세일즈맨들에게 그들의 직업에 대한 만족을 찾아내게 한 것도 모두가 마음가짐 그것뿐이었다.

　문득 당신의 주위를 돌아보라. 자기 일에 만족하고 있는 사람과 만족하고 있지 않은 사람을 비교해 보라. 그들이 서로 다른점은 무엇일까?

　행복하고 만족해 하는 사람들은 자기 마음을 조절한다. 그들은 처해 있는 상황에 대해 적극적인 태도를 취한다. 그리고 좋은 것을 찾고 좋지 않은 것이 있으면 우선 자기 스스로가 어떠한 경우인지를 확인한다. 그들은 자기 일에 열심히 연구하므로 그만큼 일에 숙달되고 자기 자신은 물론이요, 경영자에게도 보다 만족감을 느끼게 할 수 있게 된다.

　그러나 불행한 사람들은 NMA가 그들의 마음을 지배하고 있다. 마치 자기 스스로 불행해지고 싶다고 바라고 있는 느낌이다. 무엇이든 불가능하다고 믿고 있으며 가능하지 않은 것을 찾고 있다.

　근무시간이 너무 길다든가 점심 시간이 너무 짧다든가 상사의 마음이 나쁘다든가 회사가 충분한 휴가나 보너스를 주지 않는다든가, 어느 것이든 불평 불만의 원인이 된다.

　또는 수지는 매일 똑같은 드레스를 입고 왔다든가 부기계(簿記係)의 존은 읽기 힘든 글씨로 쓴다든가 자기와는 아무 관계가 없는 것까지 투덜거린다. 이렇게 무슨 일이든 불만투성이뿐이다. 따라서 그들은 불행한 인간이 되어 버린다.

　어느 땐가는 그들도 멋진 성공을 거두는 일이 있다. 그러나——직업 그밖의 점에 있어서도——불행한 인간임에는 변함이 없다. 완전히 NMA에 휘말려 있다.

　이것은 직업의 종류에 관계없이 마찬가지이다. 당신이 행복감과 만족감을 찾고 싶다면 그렇게 될 수가 있다. 마음가짐을 조절해서 마스코트를 NMA에서 PMA로 바꾸어 행복을 낳게 하는 방법을 스스로 찾아야 한다.

행복과 열의를 가지고 일을 할 수 있다면 다른 사람들이 할 수 없는 일을 해낼 수 있다. 그러면 일이 즐거운 것이 되고 직업에 대한 만족감은 그의 미소에도 능률적으로 나타나게 된다.

3. 명확한 목표를 세워라

최근에 있었던 일이다. 우리가 성공의 과학에 대한 강의 시간에 자기 일에 열의를 갖게 하는 법칙에 대해 서로 이야기하고 있을 때, 교실 뒷자리에 있던 젊은 여성이 손을 들었다. 그녀는 일어서서 이렇게 말했다.

"나는 남편을 따라 여기에 왔습니다. 여러분이 말씀하는 것이 직장에서 일하고 있는 사람에게는 맞을지 모르겠습니다만 가정 주부에게는 맞지가 않습니다. 여러분은 매일 새로운 흥미를 끄는 도전에 부딪치고 있습니다. 그러나 가사에는 그러한 일이 없습니다. 가사에 있어서의 문제는 언제나 같은 생활이라서 매일 너무나 바보같이 어리석게 느껴집니다."

이것이야말로 우리에게는 진짜 도전처럼 생각되었다. 매일 너무나 바보같이 어리석게 느껴지는 것은 직장에 나가 있는 사람에게 더욱 많이 있기 때문이다.

이 젊은 여성을 구제하는 방법이 발견되면 자신이 하고 있는 일이 늘 똑같다고 생각하고 있는 사람들도 구제할 수 있을지도 모른다.

무엇이 가사를 매일 같은 일로 만들어 버리는가를 물어 보았다. 이

물음에 대한 답은 침실이 흩어졌다면 침실을 바로하고 접시를 닦고 마루를 훔치고 그러한 일의 되풀이뿐이라는 대답이었다. 그녀는 진지한 얼굴로 이렇게 말했다.

"여러분에게 이런 일을 시켜도 할 턱이 없습니다."

"잘 안 될 겁니다."

라고 강사도 그녀의 의견에 동의했다.

"그래도 가사를 즐겁게 돌보고 있는 여성이 있을까요?"

"물론 있다고 생각합니다."

라고 그녀는 말했다.

"무엇 때문에 가사를 재미있다 생각하고 가사에 큰 관심과 열의를 잃지 않는 것일까요?"

그 젊은 여성은 잠깐 생각한 뒤에 이렇게 대답했다.

"아마도 그것은 일에 임하는 태도 때문이라고 생각합니다. 그러한 여성은 자기 일을 좁게 국한시켜 생각하지 않고 일상적인 것을 초월한 무엇인가를 보고 있는 것 같습니다."

이것이 그 강의의 중심점이 되었다. 직장에 만족을 느끼는 비결의 하나는 일상적인 것을 초월해 보는 것이다. 그것은 자기 일이 자기를 어디론가로 인도해 준다는 것을 아는 일이다. 이것은 당신이 가정 주부이든 경리를 맡고 있든 가솔린 펌프의 조작계이든 큰 기업의 사장이든 어떤 경우라도 마찬가지이다.

일상의 잡스러운 일을 댓돌이라고 본다면 거기에서 만족을 발견할 수 있으리라. 잡스러운 일의 하나하나가 각각 한 개의 댓돌이요, 그것이 선택한 방향으로 인도해 주는 것이다.

4 일상 생활에서 만족을 찾아라

그 젊은 여성에 대해서는 정말로 달성하고 싶다고 생각하고 있는 목표가 무엇인가 찾아내고, 매일 행하고 있는 정해진 가사를 그 목표를 달성하는 것을 돕는 방향으로 인도하는 방법을 찾아내는 일이라는 답이 나왔다. 그녀는 언제나 가족을 데리고 세계 일주 여행을 하고 싶다고 고백했다.

"좋습니다."

라고 강사는 말했다.

"그러면 그걸 목표로 하지요. 스스로 기한을 결정해 주십시오. 언제쯤 떠날 생각이십니까?"

"아이가 열두 살이 되었을 때입니다."

라고 그녀는 말했다.

"즉 지금부터 9년 후입니다."

"그렇기는 하지만 큰일이군요. 우선 돈이 듭니다. 또 바깥어른은 1년간 휴가를 받지 않으면 안 됩니다. 여행 계획도 세우지 않으면 안 됩니다. 방문하는 나라들에 대해서도 조사해야겠지요. 그런데 침실을 정리하는 것, 접시를 씻는 것, 걸레질을 하는 것 등을 목표를 달성하는 댓돌로 여기는 방법을 발견해 낼 수가 있다고 생각하지 않으십니까?"

그리고 나서 몇 개월 후에 이 여성이 우리 교실에 나타났다. 그녀가 교실에 들어온 순간, 성공했다는 것을 자랑스럽게 생각하고 있음을 알았다.

"댓돌 이론의 효과가 멋지게 나타나 대단히 놀랐습니다."

라고 그녀가 말했다.

"댓돌이 되지 않는 잡스러운 일은 하나도 없게 되고 말았습니다. 나는 청소를 생각하거나 계획을 세우며 시간을 사용하고 있습니다. 쇼핑은 시야를 넓히기에 알맞습니다. 여행 중에 먹게 될 여러 식품을 수입품으로 사고 있기 때문입니다. 식사 시간은 교육 시간으로 하고 있습니다. 계란이나 중국 우동을 먹으려 할 때는 중국이나 중국인에 대한 책을 읽어서 식사때 그것을 가족에게 얘기합니다."

그리고 나서 다시 계속했다.

"이젠 재미없는 일은 없습니다. 다시 그 전으로 돌아가는 일은 없었지요."

만일 당신의 직업이 아무리 단조롭고 따분하더라도 최후로 지향하는 어떤 목표가 있으면 그 직업은 당신에게 만족을 줄 수가 있다.

어떤 젊은이가 의사가 되고 싶다고 생각하면 그렇게 되기 위한 학교 교육을 받지 않으면 안 된다. 그가 선택한 직업은 시간·개업·장소·보수의 정도 등 많은 요인에 의해 좌우된다. 우선 소질 같은 것은 문제가 되지 않는다.

이렇듯 소요되는 많은 요인 때문에 아무리 머리가 좋고 야심적인 젊은이라도 일생 동안 커피 스탠드 속에 서거나 차를 닦거나 도랑을 파며 끝날지도 모른다. 직업은 맞서거나 자극을 주지는 않는다. 다만 목적을 달성하기 위한 수단에 지나지 않는다. 그것도 자기 희망대로 나가고 있으므로 직업으로 인한 어떤 고생이 따르더라도 최종 결과는 그 사람이 만족할 만한 것이다.

때로는 주어진 직업에 지불하지 않으면 안 되는 희생이 지향하는 목표에 비해 너무 비쌀 수가 있다. 공교롭게도 그러한 직업을 갖게 되었을 때는 그 직업을 바꿔라. 비참한 생각으로 일하고 있으면 그 불만의 독소(毒素)가 생활의 모든 면에 퍼져 버리므로 수습할 수 없는 지경에 이르게 된다.

그러나 그 나름대로의 희생을 치러도 여전히 자기 직업이 싫어서 견딜 수 없을 때에는 번득임을 주는 불만을 길러라. 불만은 조건 여하에 따라서 플러스가 되기도 하고 마이너스가 되기도 한다. 좋아질 수도 있고 나빠질 수도 있다. 언제나 적극적인 마음가짐은 주어진 상황에 맞는 마음가짐이라는 것을 생각하라.

5. 불만의 의미를 깨달아라

프랭클린 생명 보험회사의 찰스 베이커 사장은 이렇게 말했다.

"나는 늘 불만을 가지라고 권유하고 있다. 불평 불만이라는 의미에서의 불만이 아니라, 세계의 모든 역사를 통해 모든 참된 진보와 변혁을 낳게 하는 성스러운 의미의 불만이다. 그러므로 만족하는 것은 금물이다. 끊임없이 자기 자신만이 아니라 자기를 둘러싼 세계를 개혁하여 완전한 것으로 만들고 싶다는 충동에 휘감기도록 하는 편이 좋다고 생각한다."

이런 종류의 불만은 죄 많은 인간을 성자로, 실패를 성공으로, 번민을 부유로, 패배를 승리로, 불행을 행복으로 바꾸는 동기를 사람에게 줄 수가 있다.

나폴레옹 힐은 이렇게 말하고 있다.

"어떠한 불운에도 그와 대등한 이익을 낳는 씨앗이 있다."

과거에는 심한 고생이나 불행한 경험으로 생각되었던 것이 뜻하지 않게 성공이나 행복을 지향하여 용기를 준다는 것은 믿을 만한 사실이 아닐까?

알베르트 아인슈타인은 뉴턴의 법칙이 모든 문제에 대답해 주지 않는 것에 불만을 가지고 있었다. 그래서 그는 자연이나 고도의 수학에의 탐구를 계속해 드디어 상대성 원리를 발견해 낼 수 있었다. 그리고 이 이론을 기초로 해서 세계는 원자를 파괴하는 방법을 개발하여 에너지를 물질로, 물질을 에너지로 바꾸는 비밀을 알아내 우주에 도전하여 정복하는 데 성공한 것이다.

만약에 아인슈타인이 번득임을 주는 불만을 기르지 않았더라면 상대성 원리는 태어나지 않았을지도 모른다. 그러나 번득임을 주는 불만만이 세계를 바꾼다고는 할 수 없다. 또 자기 세계를 바꾸어 자기가 가고 싶은 방향으로 나가게 할 수는 있다.

클라렌스 란체어가 자기 직업에 불만을 가졌을 때 그에게 어떤 일이 일어났는가를 얘기해 보자.

클라렌스 란체어는 오랫동안 오하이오 주 캔튼에서 시내 전차 차장 노릇을 하고 있었다. 어느 날 아침, 그는 눈을 뜨자 자기 직업이 마음에 들지 않았다. 그의 직업상의 일은 똑같은 일의 되풀이였으므로 싫증이 난 상태였다.

그렇다고 생각하면 생각할수록 불만은 점점 더해질 뿐이었다. 생각하는 것을 그만두려고 해도 머리 속에서 사라지지 않았다. 불만이 쌓여 강박관념에 사로잡힐 것 같았다. 이때 클라렌스가 가슴에 품고 있던 불만은 대단히 강력했다.

어떤 경우이든 자기처럼 긴 세월을 시내 전차 회사에서 근무하고 있다면 누구나 불행하다고 생각할 것이라고까지 느껴지자 자기가 불행하다는 생각이 좀처럼 그의 머리에서 떠나질 않았다.

그런데 클라렌스는 PMA──성공의 과학 강좌를 받았고, 가능하다면 어떤 직업에도 만족할 수 있다는 것을 배우고 있었다. 지금 그가 해야 될 일은 올바른 태도를 취하는 것이다.

 클라렌스는 일의 상황을 뚜렷이 파악하고 거기서 무엇을 할 수 있는지 생각하기로 했다.

 "어떻게 하면 일이 즐거워질 것인가?"

라고 그는 자기 자신에게 물어 보았다. 그리고 아주 좋은 대답을 생각해 냈다. 그 대답은 타인을 행복하게 해 주면 자기도 행복해진다는 것이었다.

 그의 주위에는 행복하게 해 줄 수 있는 사람이 많이 있었다. 왜냐하면 매일 전차 속에서 그는 많은 사람을 만나고 있기 때문이다. 그는 언제나 누구와도 쉽게 친구가 될 수 있는 성격이었다.

 '이런 나의 특기를 살려서 전차를 타는 사람들의 나날을 조금이라도 명랑한 것으로 만들어 주면 어떨까.'

 클라렌스의 생각은 매우 훌륭한 것이었다. 그의 꾸밈새 없는 명랑한 인사는 승객들을 대단히 즐겁게 해 주었다. 따라서 그들이 즐거워하면 당연히 클라렌스도 즐거웠다.

 그런데 그의 감독자는 그와 반대의 태도를 취했다. 감독자는 클라렌스를 불러서 필요 이상으로 서비스하는 것을 당장 그만두라고 경고했다. 그렇지만 클라렌스는 귀를 기울이지 않았다. 그 후에도 더욱 성의를 다했다. 그렇게 함으로써 그는 승객들과의 인간관계에 있어서 큰 성공을 거두었다.

 그러나 클라렌스는 감독자에게 해고를 당했다.

 클라렌스는 커다란 문제가 생겼다. 그러나 그것은 좋은 일이었다. 적어도 PMA——성공의 과학 강좌에서 배운 바로는 그런 현상은 좋은 일이다. 이렇게 된 이상 클라렌스는 나폴레옹 힐을 찾아가 이 문제를 어떻게 하면 좋은가, 그 이유를 분명히 밝혀 두는 편이 좋다고 생각했다. 그래서 그는 캔튼에 살고 있는 힐에게 전화를 걸어서 이튿날 오후에 만날 약속을 했다.

"힐 씨, 나는 《생각하라, 그러면 부자가 될 수 있다》라는 책을 읽고 PMA──성공의 과학을 공부했습니다만 어디에선가 길을 잘못 든 것 같습니다."

그는 자초지종을 나폴레옹 힐에게 얘기했다. 그리고 마지막을 이렇게 마무리졌다.

"나는 지금 무엇을 하고 있는 것일까요?"

그의 물음에 나폴레옹 힐은 미소 지으며 말했다.

"당신의 문제를 잘 생각해 보십시오. 당신은 하던 일에 불만을 가지고 있었습니다. 그것은 확실히 옳은 일입니다. 그래서 당신은 친밀하고 훌륭한 성격인 당신의 재능을 살려 일에서 만족을 얻음과 동시에 남에게도 만족을 주려고 한 셈이지요. 그러나 문제는 당신의 상사가 당신이 하던 일을 바르게 보는 눈을 가지고 있지 않았다는 데서 생겼습니다. 그렇지만 그것은 훌륭한 일입니다. 왜냐하면 지금의 당신은 전보다 더 큰 목표를 위해 그 훌륭한 개성을 실릴 수가 있기 때문입니다."

그리고 나서 나폴레옹 힐은 전차 차장보다도 세일즈맨이 되는 편이 그의 훌륭한 능력이나 개성을 살릴 수 있다고 충고했다. 그리하여 그는 뉴욕 생명 보험회사의 세일즈맨 직업을 얻었다.

직업을 바꾼 클라렌스가 최초로 방문한 곳은 그가 근무하던 시내 전차 회사의 사장이었다. 클라렌스는 그 신사에게 자기의 개성을 있는 그대로 드러내 보였다. 이윽고 그가 사무실에서 나왔을 때는 10만 달러의 생명 보험에 든 신규 가입서를 손에 쥐고 있었다.

마지막으로 힐이 클라렌스를 만났을 때에는 그는 이미 뉴욕에서도 일류 보험 세일즈맨이 되어 있었다.

6. 환경에 맞추라

어떤 환경 속에서 당신을 행복하게 하거나 성공시키는 개성이나 재능이나 능력은 서로 반대 작용을 일으킨다.

나중까지 남은 일을 마지못해 하거나 어딘지 모르게 마음에 들지 않는 일을 하면 당신은 동그란 구멍에 네모난 나무못이란 말을 듣게 된다. 이러한 불행한 입장에 놓여 있을 때는 직업을 바꿈으로써 당신을 즐거운 환경으로 옮길 수가 있다.

그러나 직장을 바꿀 수가 없는 경우도 있다. 그때는 당신의 개성·재능·능력에 맞도록 직장을 조정할 수가 있으니까 역시 즐겁게 일하게 될 것이다. 즉, 앞서 말한 동그란 구멍을 네모지게 하는 것이다. 이 해결법은 소극적인 태도를 적극적인 태도로 바꾸는데 도움이 된다.

그렇게 하고 싶은 소망을 끌어내어 계속 품고 있으면 당신의 성격이나 습관을 없애거나 바꾸게 하여 새로운 성격이나 습관을 몸에 지닐 수 있게 된다.

진심으로 그럴 생각이라면 정신적·도덕적 갈등에 견딜 수 있도록 각오를 단단히 하라. 그만큼의 대가를 치를 의지가 있으면 갈등은 극복될 수 있다. 비록 그것을 나누어 치른다 하더라도 당신에게는 각회(各回)에 필요 액만—특히 최초의 몇 해인가는 좀체로 지불할 수가 없을지도 모른다. 그러나 전부 지불하면 새로이 몸에 지닌 특성이 눈에 띄게 될 것이다. 그렇게 되면 당신은 행복해질 수가 있다. 개운치 않은 감정이 나중까지 남게 되는 일 없이 원하고 있는 일을 하게 되기 때문이다.

  적극적인 마음가짐으로 계획하고 있는 일에 성공하려면 내면에서의 싸움이 계속되는 동안 육체적·정신적·도덕적 건강을 유지하도록 노력할 필요가 있다.

  ♣ 직업에 불만을 가지고 있을 때 그것을 이겨내는 법칙

자기의 재능을 살려 남에게 즐거움을 주는 것에 만족하라.

제 4 부
건강을 유지하는 방법

제 1 장
기분을 조절하는 방법을 배워라

 오늘 당신의 기분은 어떠했는가? 아침에 일어나서 출근하리라 마음먹은 뒤에 즐겁게 아침식사를 했는가? 그리고 출근하여 의욕을 가지고 일에 임하였는가?
 어쩌면 당신은 앞서 말한 기분이 아니었는지도 모른다. 그렇다면 아마 당신은 당분간 당신이 원하고 있던 어떠한 활력도 가질 수 없을지도 모른다. 당신은 일을 시작하기 전부터 피로해 있었으며 우울한 기분에 사로잡혀 의욕도 없이 일에 임하고 있지는 않았는가?
 이러한 경우에는 어떤 것이라도 좋으니 당신의 주위에서 선택하여 그 일을 시작해 보면 좋다. 그렇다면 이 예를 적용한 실례를 들어 보기로 하자.
 버넌 울프는 애리조나 주 피닉스의 노스 피닉스 고등학교에서 트랙경기 코치를 하고 있었는데 실제로 그는 그 방면의 전문가이며 미국에서도 이름난 코치였다. 그가 코치한 학생으로서는 전 미국대학 예비교 기록을 깨뜨린 사람이 몇 명 있다.

그는 이 선수들에게 어떠한 트레이닝을 시킨 것일까? 그는 복합 효과를 발휘하는 처방약을 알고 있었다. 즉, 정신과 육체의 양면을 거의 동시에 조절함으로써 그 효과를 노리는 것이다.

버넌 울프는 이렇게 말하고 있다.

"자기가 할 수 있다고 믿으면 거의 모든 일을 해낼 수 있습니다. 바로 그것이 과제와 맞붙는 마음가짐인 것입니다."

에너지에는 두 가지 종류가 있다. 하나는 육체적인 것이고 또 하나는 정신적인 것이다. 이 두 가지를 비교한다면 정신적인 면이 훨씬 중요하다. 그 이유는 잠재의식으로부터 소요시간에 대비한 힘과 강인성을 끄집어낼 수 있기 때문이다.

예를 들어 극도로 기분이 긴장되어 있을 때 인간이 나타낼 수 있는 괴력이나 인내력에 대해서 생각해 보자.

만일 자동차 충돌사고가 일어나서 동행하던 남편이 뒤집힌 차 밑에 깔린 경우, 몸이 작고 힘없는 아내가 취할 행동은 어떤 것인가. 그 순간은 어찌 할 바를 모르지만 곧 마음을 가다듬고 남편이 그 밑에서 나오도록 어떤 힘을 빌려서든지 차를 끌어올린다. 이것이 날카롭게 번득이는 잠재의식의 표현이라면 평상시에는 생각조차 못했던 그런 힘으로 부수거나 던져버리기도 한다.

《스포츠 일러스트레이티드》에 기고한 글에서 로자 바니스터 박사는 육상 경기의 오랜 꿈을 달성하기 위해서 정신과 육체 양면의 트레이닝을 행하여 1954년 5월 6일 1마일 달리기에서 처음으로 4분의 벽을 깨뜨렸을 때의 감격을 기술하고 있다.

그때 그는 몇 개월간에 걸쳐 그때까지 그가 도달하지 못했던 기록을 달성할 수 있다는 신념을 잠재의식적으로 갖도록 기분조절을 했었다. 일반적인 견해로서 1마일에 4분이란 기록은 하나의 벽이라고 생각하고 있었으나 바스터는 그것을 어떤 곳의 입구라고 생각하고 있었다. 한번 그 기록을 깨뜨린다면 또 다른 기록도 무난히 깰 수 있다고 생각했다.

물론 그가 생각하던 대로 된 것은 말할 것도 없다. 로자 바니스터가 그 길을 열었던 것이다.

처음으로 그가 1마일 달리기에서 4분 벽을 깨뜨리고 난 후, 4년 동안에 여러 곳에서 46회나 달성되었다. 1958년 8월 6일, 아일랜드 더블린에서 있었던 어느 경기 대회에서는 다섯 사람의 선수가 1마일 달리기에서 4분의 벽을 깨뜨렸다.

이 로자 바니스터에게 이 비결을 전수한 사람은 일리노이 대학 체력 적성 연구소장인 토머스 카크 큐어틀 박사이다. 토머스 큐어틀 박사는 신체의 에너지에 대해서는 전혀 다른 견해를 갖고 있었다.

그 사고방식은 운동선수에게만 적용되는 것이 아니라 일반적인 모든 사람에게도 적용된다고 말하고 있다. 이것을 살릴 수 있다면 달리기 선수는 보다 빨리 달릴 수 있고 오래 살기를 원하는 사람은 장수할 수 있다.

큐어틀 박사는 이렇게 말한다.

"가령 신체의 단련을 알고 있어도 50세의 나이로 30세의 건강을 유지할 수 없다는 것은 말할 것도 없습니다."

큐어틀 박사의 이 방법은 첫째, 정신적으로 단련하고, 둘째 내구력(耐久力)의 한계까지 단련하여 연습할 때마다 그 한계를 넓혀 나간다는 두 가지를 기본 원리로 하고 있다.

"기록을 깨뜨리는 기술은……."

그의 말을 계속 들어 보자.

"자기의 몸에 지니고 있는 이상의 것을 끄집어내는 능력입니다. 이길 수 있을 때까지 연습을 하고 나서 쉬는 것입니다."

큐어틀 박사가 로자 바니스터를 알게 된 것은 유럽의 유명한 육상 선수인 러닝의 체력 테스트를 행하였을 때의 일이었다. 그는 바니스터의 신체가 부분적으로 굉장히 발달되어 있음을 발견할 수 있었다.

그래서 큐어틀 박사는 바니스터에게 정신력의 발달에 유의하도록 충고하였다. 그 말을 들은 그는 등산을 함으로써 정신력을 단련하였다. 등산은 그에게 장해를 뛰어넘는 것을 가르쳐 주었다. 또한 중요한 것은 그가 세운 큰 목표를 작은 목표로 나누는 법을 배운 것이다.

그의 설명에 의하면, 1마일을 4분의 1로 나누는 것보다는 처음부터 4분의 1마일만 달린다는 생각으로 달리는 편이 더 빨리 달릴 수 있다고 생각했다. 그래서 그는 1마일을 4분의 1로 나누어 그것만을 실행하려고 노력했다.

먼저 4분의 1을 힘껏 달리고 다음에 약간 억제한 스피드로 트랙을 한 바퀴 돌고 숨을 돌리고 나서 다시 4분의 1마일을 힘껏 달린다. 그래서 그는 4분의 1마일을 항상 58초의 4배인 232초, 즉 3분 52초로 달리는 셈이 되었다. 이것은 있는 힘껏 달린 속도였다.

그가 실제로 힘껏 달리다가 스피드를 떨어뜨리고 숨을 돌리니 어떤 때는 3분 59초나 걸리는 일이 있었다.

큐어틀 박사가 바니스터에게,

"체력은 단련하면 할수록 붙는 법이다."

라고 가르쳐 주었을 때, 그는 지나친 연습에 의한 과로에 대한 이야기는 신화와 같은 이야기라고 생각했다.

 그러나 그는 휴식도 연습이나 운동과 마찬가지로 중요하다는 것을 강조하였다. 신체는 연습으로 소모한 것을 전보다 많은 양으로써 고쳐 다시 좋게 할 필요가 있다고 생각했다. 그 결과로 내구력이나 에너지가 증감되는 것이다.

 육체나 정신이나 모두가 휴식하며 숨을 들이키는 동안에 다시 충전된다. 만일 그렇게 하지 않는다면 육체적으로 심한 타격을 받게 되어 어느 경우에는 죽어 버리는 일조차 있다.

 아무리 큰 부자라 하더라도 무덤 속에서는 출세할 수 없다. 아무리 위대한 과학자·의사·경영자·세일즈맨·회사원이 되어도 급히 서둘러서 그 일에서 떠나고 싶지 않은 법이다.

 당신의 사랑하는 모친이나 아내, 부친이나 아들이나 딸은 행복해질 수 있다. 그런데 왜 어째서 슬픔을 만나게 되는 것인가? 왜 정신병원에 들어가거나 푸른 솔잎의 모포 밑에서 자는가? 그 이유는 소모된 에너지를 충전하던 축전기가 망가졌기 때문일 것이다.

 조그만 아이들은 피로해도 피로하다는 것을 느끼지 못한다. 그러나 그들의 태도에서 피로함이 나타난다. 그런데도 젊은이들은 과로에 빠져 있다는 것을 느끼면서도 그것을 인정하려고 하지 않는다.

 이런 마음으로 성적인 문제나 가정문제 또는 학교 교육문제와 사회문제는 해결되지 않는다. 이러한 문제들은 젊은이를 일시적이든 영속적이든 파멸적인 행동, 즉 자신이나 타인을 해치는 행동으로 줄달음치게 할 가능성을 다분히 가지고 있다.

 만일 당신에게 에너지가 적을 때는 건강이나 바람직한 성격도 그와 비례하여 좋지 않게 된다. 그리고 축전지와 마찬가지로 에너지가 없을 경우 죽어 버리고 만다. 그러면 어떻게 하면 좋겠는가? 축전지에 다시 충전하는 것은 불가능한 것인가 그러기 위해서는 어떻게 하면 좋겠는가? 그때는 당신이 가장 즐기는 휴식 방식을 취할 일이다.

다음에 소개하고자 하는 것은 현재의 에너지 양(量)의 결정에 필요한 체크리스트이다. 만일 에너지 양이 내려간다고 생각되면 언제든지 이것을 이용할 수가 있다. 또한 당신이 올바른 정신을 갖고 있는 인간이라면 다음에 열거하는 것처럼 행동을 했을 때나 느낌을 가졌을 때에는 당신의 축전지에 다시 충전을 할 필요가 있다.

① 졸음이 오며 피곤하다.
② 재치나 애교가 없으며 의심이 많다.
③ 흥분하기 쉽고 마음씨가 나쁘다.
④ 신경질이 많아서 히스테릭한 행동을 한다.
⑤ 공포에 떨고 있으며 질투가 많다.
⑥ 성질이 급하고 이기적이다.
⑦ 우울함과 좌절감을 느끼고 있다.

피로할 때에는 당신이 모든 것에 대해 가졌던 바람직한 감정·정서·사상·행동이 일변하여 소극적인 마음가짐이 되기 쉽다. 그러나 그것은 쉬고 건강을 회복하면 전과 같이 적극적인 마음가짐으로 변하게 된다.

피로는 신체에 대단히 나쁜 영향을 끼친다. 당신의 축전지에 충전하고 에너지 양과 적극성의 양이 표준까지 상승하면 당신은 더할 수 없이 바람직하다. 이때는 PMA로 생각하고 적극적으로 행동할 때이다.

당신이 자기 감정과 행동에서 자기의 뛰어난 자질이 바람직하지 않은 소극적인 자질에 눌려 있다고 판단되면 그때가 자기의 축전지에 충전할 때임을 알아야 한다.

물론 육체와 정신의 에너지를 보유하려면 신체와 정신을 단련할 필요가 있다. 그러나 여기에 문제점이 생긴다. 그러니까 신체에도 정신에도 적당한 양의 영양분을 주지 않으면 안 된다. 신체라는 것은 건강에 좋은 영양분 있는 음식물을 상당한 양을 먹음으로써 유지할 수가 있다. 정신적 활력은 그것을 격려해 주는 책이나 종교서적에서 정신적 비타민을 흡수함으로써 유지할 수가 있다.

인디애나 주 라파이에트에 있는 농업 연구 협회 이사 조지 스카세스는 아프리카의 해안부에 있는 마을을 가리켜 이런 말을 하고 있다.

"그 마을은 내륙부에 있는 같은 종족의 공동 생활체보다 진보하고 있다. 그 이유를 든다면 거기의 주민이 내륙부의 주민보다 육체적으로 강하고 정신적으로 민감하다. 즉, 육체적인 에너지가 많은 까닭이다."

그런데 해안부의 종족과 내륙부에서 생활하고 있는 종족 사이의 생활의 차이는 음식물의 차이에서 오고 있다. 내륙부에 살고 있는 사람들은 단백질을 잘 섭취하지 못한 반면에 해안부에 사는 종족은 생선을 먹음으로써 단백질을 섭취하고 있기 때문이다.

《풍토가 인간을 만든다》란 저서를 쓴 클라렌스 밀즈는, 미국 정부의 조사에 의해서 파나마 지협(地峽)의 주민 가운데는 정신적·육체적 활동이 이상하게 둔한 사람이 있다는 것을 적고 있다.

그래서 과학적으로 조사한 바에 의하면 그들의 주식에는 비타민 B가 전혀 없다는 것이 밝혀졌다. 따라서 그들의 음식에 비타민 B를 첨가하였더니 그들은 기운을 회복하여서 혈기왕성해지고 활동적이 되었다.

자기가 섭취하고 있는 음식물에 비타민이나 다른 종류의 영양분이 부족하기 때문에 에너지의 양이 낮다고 생각되면 처방을 해야 한다. 그러기 위해서는 좋은 요리책이 필요하고 음식물을 싸게 사기 위한 팜플렛도 필요하게 될 것이다. 그래도 잘 되지 않으면 건강 진단을 받는 것이 좋다.

잠재의식이 신체와 같은 점은 정신적인 비타민을 섭취하고 흡수하는 것이고, 신체와 틀리는 점은 얼마든지 그것을 소화하고 유지한다는 것이다. 따라서 잠재의식은 위(胃)처럼 소화불량인 경우는 없다. 먹은 만큼의 것, 때로는 그 이상을 섭취하고 흡수할 수가 있다.

그러면 그와 같은 정신적 비타민은 어디에 있는가? 바로 이 책 속에 있다.

요컨대 잠재의식이란 축전지와 같아서 이 축전지에서 가끔 육체적인 활력을 변화시키는 많은 양의 정신적 에너지를 얻을 수가 있다. 그러나 이 에너지의 충전도 불필요한 소극적 감정에 의해서 충격을 받으면 헛일이 된다. 만약에 건설적으로 쓰이는 에너지라면 그 에너지는 발전소의 발전기가 막대한 양의 유효한 전력을 내듯이 혼자서 몇 배로 증가된다.

윌리엄 C. 렝게르는 《석세스 인 리미티드》라는 잡지에 기고한 논문 속에서 그것에 대해 교묘히 설명하고 있다.

그는 퍼센트 출판사의 클레스트 북스와 플레미어 북스의 편집 책임자인데, 불필요한 번뇌・공포・미움・의혹・노여움・복수심 때문에 에너지를 잃는 과정에 대하여 쓰고 있다. 거기서 그는 이렇게 말했다.

"이들 헛된 요소는 모두 쉽게 힘을 내는 요소로 바꿀 수 있을 것입니다."

토미 볼트는 골프 선수였는데 에너지를 헛되이 쓰고 있었다. 공이 옆으로 빗나가거나 그 링으로부터 빗나가기만 하면 화가 나서 어쩔 줄 몰라 했다. 그 화를 풀기 위해 클럽에 있는 나무를 이용하곤 했다.

그러던 그가 1958년 《아씨시의 성(聖) 프란체스코》를 읽음으로써 그것이 그를 일변시켜 유익한 방면으로 그 에너지를 돌리게 했다. 그 기도는 토미의 마음에 새로운 안식을 주어, 그 다음부터는 그것을 발췌하여 적은 카드를 주머니에 넣고 다니게 되었다. 그 카드에 기록되어 있는 것은 다음과 같다.

"신이여, 바꿀 수 없는 것을 받아들이는 평온과 바꿀 수 있는 용기와의 차이점을 분간할 수 있는 지혜를 주시옵소서!"

인간은 의식의 활동에 의해서 외부의 힘에 의해 감정을 억제하지 않을 수 없다기보다는 내부의 힘을 이용하여 자발적으로 그렇게 할 수 있는 동물이다. 따라서 인간은 혼자서 감정적 반응의 습벽(習癖)을 얼마든지 바꿀 수가 있다.

교양을 몸에 지니고 있어 예의를 지킬 줄 알며, 세련되면 될수록 정서나 감정을 자기 자신이 원하기만 하면 억제하기 쉽게 된다. 예를 들면 공포는 상황에 따라서 좋은 작용을 한다. 만약 물에 대한 공포가 없다면 물에 빠져 죽는 어린애가 많이 나올 것이다.

그러나 여러 가지로 그릇된 감정을 폭발시켜 정신적 에너지를 낭비하는 경우가 많다. 만일 그렇다면 정신적 에너지를 유익한 방향으로 돌릴 수가 있다. 그러려면 어떻게 하는 것이 가장 좋은가.

그런 경우라면 탐나는 것은 마음에 두고 탐나지 않는 것은 잃어버리도록 할 것이다.

감정은 곧 행동에 끌려가 버린다. 그러니까 우선 행동으로 옮겨라.

즉, 소극적인 감정을 적극적인 감정으로 바꿔 버리는 것이다. 무서우니까 용기를 가지고 싶다고 생각하면 용기 있는 행동을 취할 것이다.

또 정력적이고 싶다고 생각하면 정력적으로 행동하라. 그러나 그럴 때에는 말할 것도 없이 당신의 에너지가 유익한 목적에 쓰이고 있는가를 확인하라.

오스트리아의 돈 플레이저가 좋은 본보기이다. 그녀는 시드니 교외에 있는 해안 거리 바르메인에서 태어났다. 그러나 선천적으로 빈혈이 있었다.

그런데도 그녀의 희망은 유명한 수영 선수가 되는 것이었다. 더욱 놀랄 만한 것은 세계에서 제일 빨리 헤엄칠 수 있는 여성이 되는 것이었다.

그녀는 재능이 있었으나, 만족하지 못할 때도 있었다. 그녀는 카디프 전(全) 영국 수영 경기대회에 참가하고 돌아오는 비행기 속에서 한 권의 책을 읽었다. 그 책은 《생각하라, 그러면 부자가 될 수 있다》라는 것이었다.

"나는 나폴레옹 힐의 성공법을 알고 대단히 큰 용기를 얻었습니다." 라고 그녀는 말하고 있다.

"나는 자유형에서 60.6초로 헤엄치면서 메드레 릴레이에서 영국팀에게 졌던 일을 생각해 냈습니다. 나의 기록은 내가 수립한 세계기록의 10분의 9초 이상을 단축했지만 12야드의 차이를 단축해서 앞설 수는 없었습니다. 그리고 최종 탭(수로의 한 왕복)에서 나는 전력을 다할 수가 없었던 것이 아닐까요?"

그때부터 돈 플레이저는 여러 해 동안 가슴에 품어 왔던 꿈, 100미터를 30초 이하로 헤엄치는 최초의 여성이 되는 것을 생각하기 시작했다. 이때 그녀는 그 30초를 매직 미니트라고 부르고 있었다.

　순간 그녀는 최종 랩을 매직 미니트로 헤엄친다면 승리할지도 모른다는 생각에까지 이르렀다.

　"그 순간부터 1분을 깨는 오랫동안의 희망이 강한 소망으로 변했습니다. 그것을 큰 열의로 바꿔, 매직 미니트를 목표로 해서 적극적인 행동 계획을 세웠습니다. 힘의 충고에 따라서 정신적으로나 육체적으로 새로운 길을 걸을 결심을 했습니다."

　그녀는 지금 육체 단련에 마음의 컨디션 조절도 아울러서 하고 있다. 이 원고를 쓰고 있는 시점에 있어서의 그녀는 아직 매직 미니트를 달성하진 못했지만, 자신이 세운 기록을 잇달아 깨뜨리고 있다.

　오스트레일리아의 신문 기자 토머스 H. 와인가드에 의하면, 오스트레일리아 육상 경기의 모든 코치가 적극적인 마음가짐의 교훈을 갖고 있다고 말했다.

　당신은 자기의 축전지에 다시 충전할 수는 없는가? 혹 이 책에 소개되어 있는 원리의 응용을 시작하고 있지는 않은지 알아볼 일이다.

♣ 자기의 일에 만족을 느끼지 못하고 피로해 있을 때 그것을 이겨 내는 법칙

자신의 축전지에 충전하라.

제 2 장
건강을 지키는 방법을 배워라

 적극적인 마음가짐은 건강이나 생활이나 일에 필요한 매일의 에너지와 열의를 낳는 데 중요한 역할을 하고 있다.
 PMA는 정신과 육체의 건강을 유지하고 장수하는 데 도움이 된다. 그러나 NMA는 정신과 육체의 건강을 좀먹고 생명을 단축시킨다. 이것은 마음이 어느 쪽으로 기우느냐에 따라 모두 결정된다.

l. PMA는 당신에게 어떻게 도움이 되는가
 적절히 쓰여진 PMA가 많은 사람의 생명을 구제하고 있다. 그들이 PMA를 취했기 때문이다.
 다음 사건이 그 일을 증명하고 있다.
 태어난 지 이틀밖에 안 되는 어린애가 의사로부터,
 "이 애는 살 수가 없습니다."
라고 말을 들었다. 그러자

"이 애는 살 수 있습니다."
라고 부친이 응수했다. 그 아이의 부친은 PMA를 가지고 있었고, 기도의 기적을 믿고 있었다.

그는 기도했다. 그리고 그는 행동으로 옮겨 갔다. 어린애는 그의 아버지와 마찬가지로 PMA를 가진 소아과 의사의 치료를 받게 했다. 이 의사는 경험으로서 어떤 육체적 결함에도 자연은 대상 작용을 일으킨다는 것을 알고 있었다. 그 결과 그 어린애는 살아날 수 있었다.

'나는 이제 살 수가 없다! 죽음도 두 사람을 하루라도 떼어 놓지는 못했다.'

이것은 《시카고 데일리 뉴스》에 나온 표제이다. 이 기사는 62세 된 어떤 건축기사 아내의 죽음을 전하고 있었다.

그는 가슴의 고통과 호흡의 곤란을 느끼면서 잠이 들었다. 그보다 열 살 젊은 아내는 깜짝 놀라 혈액 순환을 좋게 하려고 남편의 팔을 주무르기 시작했다. 그러나 그는 곧 죽어 버렸다.

"나는 이제 살아갈 수가 없습니다."
라고 그녀는 곁에 있는 모친에게 말했다. 그리고 나서 얼마 안 되어 그녀도 죽었다. 똑같은 날에 죽은 것이다.

이 결과로 알 수 있듯이 살아난 어린애와 죽은 미망인은 적극적 마음가짐과 소극적 마음가짐의 차이를 보이고 있다.

PMA가 강해지면 좋은 일을 끌어당기고, NMA가 강해지면 나쁜 일을 가져오게 된다는 것을 당신 자신이 알고 있다면, 적극적인 생각이나 태도를 행동으로 나타나게 하려는 것이 당연하지 않을까?

2. 믿음을 가져라

이제 라파엘 코레아는 겨우 20세가 되었을 뿐이었다. 그의 집은 부자는 아니었지만 모든 사람들로부터 대단히 존경을 받고 있었다. 그래서 그가 큰 병을 얻게 되었을 때 여섯 명이나 되는 의사와 한 젊은 인턴이 라파엘의 생명을 구하려고 푸에르토리코의 생 주앙에 있는 작은 수술실에서 밤을 세워 악전고투하고 있었다.

계속해서 12시간이나 쉬지도 못하고 간호를 계속하고 있었으므로 그들은 피로로 인해서 졸음을 이기기가 힘들었다. 그러나 그들이 노력한 보람도 없이 라파엘의 심장은 급기야 멈추고 말았다. 맥박도 느끼지 못하게 되었다.

주임 외과의는 메스를 들어 라파엘의 손목 혈관을 잘랐다. 그러자 누런 액체가 나왔다. 그 외과의는 마취를 쓰지 않았다. 라파엘의 몸이 고통을 느끼지 못할 정도로 쇠약해져 있었기 때문이었다.

의사들은 자기들의 말이 젊은이에게 들리지 않을 것이라 생각하고 마치 그가 죽어 버리기나 한 것 같은 어조로 얘기를 했다.

"기적이라도 일어나지 않는 한, 이젠 살아나지 못한다."

주임 외과의는 수술복을 벗고 수술실을 나갈 준비를 했다. 한 젊은 인턴이 이렇게 말했다.

"제가 여기 있을까요?"

"그렇게 해 주게."

라고 그는 말했다. 이윽고 의사들은 수술실을 나갔다.

어떤 책에 이렇게 씌어 있었다.

"우리에게 실망은 없다. 보이는 것은 보지 않고 보이지 않는 것을 보기 때문이다. 보이는 것은 일시적인 것이요, 보이지 않는 것은 영원한 것이다."

그들은 육체를 볼 수는 있었지만 라파엘은 육체를 가진 정신인 것이다. 그때의 라파엘 코레아의 마음에는 무엇이 일어나고 있었을까?

삶과 죽음의 경지를 헤매고 있는 동안 의식적으로 몸을 움직일 수는 없다. 그런데 책을 읽어 잠재의식 속에 심어 놓아 두었던 PMA에 의해 그의 마음은 신과 서로 통하게 되었다. 신과 함께 있는 것 같은 느낌이 들었던 것이다.

그는 대등하게 서로 얘기하는 친구와 같이 신에게 얘기를 걸었다.

"당신은 저를 알고 계십니다. 당신은 저의 마음속에 계십니다. 당신은 저의 피며 생명입니다. 그것이 전부입니다. 이 우주에는 하나의 마음——하나의 원리——하나의 실체밖에 없습니다. 그리고 저는 다른 모든 것과 똑같은 존재입니다."

그는 계속했다.

"저는 죽어도 아무것도 잃지 않습니다. 형체가 변할 뿐입니다. 그러나 저는 아직 20세입니다. 신이여, 저는 죽음을 두려워하지 않습니다. 그러나 살고 싶습니다. 어느 날이든 저에게 생명을 부여해 주신다면 당신의 자비에 의해 보다 올바른 생활을 하며 남을 위하여 전력을 다 할 생각입니다."

인턴이 라파엘의 얼굴을 들여다보니, 라파엘의 눈꺼풀이 깜박이고 왼쪽 눈 언저리에서 눈물이 흐르고 있었다.

"선생님, 선생님, 빨리 와 주십시오! 살아 있는 것 같습니다!"

라고 그는 흥분해 소리쳤다.

원래의 체력을 회복하기까지 1년 이상이나 걸렸지만 마침내 라파엘 코레아는 살아날 수가 있었다. 우리가 생 주앙으로 갔을 때에 라파엘은 그를 밤새도록 간호해 준──지금은 외과의가 된 인턴을 소개해 주었다. 마침 그를 그처럼 만든 책에 대해 화제가 바뀌자 라파엘은 이렇게 말했다.

"나는 여러 가지 책을 읽었습니다만, 그날 밤 내 마음을 지배하고 있던 생각은 메어리 베이커 에디가 지은 《성서를 중심으로 한 과학과 건강》이었다고 생각합니다."

라파엘의 예에 의해서도 알 수 있듯이 감명 깊은 서적은 생애를 바꾸는 데 대단히 공헌하고 있다. 그리고 감명 깊은 서적이나 마음을 움직이는 책으로 성서보다 좋은 것은 없다. 성서만큼 사람의 일생을 바꾼 책은 없다.

성서는 육체나 정신의 건강, 도덕적 건강을 낫게 하는 데 있어 측량할 수 없을 정도로 도움이 되고 있다. 성서를 읽는 것은 거기에 기록되어 있는 진리를 보다 깊이 이해시켜 교회에 근접하는 계기를 만든다. 그것은 성서가 이것을 읽는 사람들에게 적극적인 행동을 재촉하기 때문이다.

3. 건강을 유지하라

존 D. 록펠러는 사업에서 손을 떼면서 건강한 몸을 만들어 건강한 정신을 유지하고 오래 살며 동료의 존경을 얻는 것을 큰 목표로 삼았다. 이것을 돈으로 살 수 있었을까? 록펠러가 어떻게 해서 자신의 소망을 달성했는지, 여기서 소개해 보겠다.

첫째, 매주 일요일에는 뱁티스트 교회에 출석하여 매일 응용할 수 있는 원리를 메모해 왔다.

둘째, 매일 밤 8시간씩 자고 짧은 낮잠을 잤다.
셋째, 매일 목욕을 하거나 샤워를 하도록 노력했다.
넷째, 건강과 장수에 좋은 기후인 플로리다 주로 이사했다.
다섯째, 균형 있는 생활을 하도록 했다.
여섯째, 안정된 마음으로 식사를 하고, 어떤 것이든 잘 씹어서 소화시키며 먹었다.
일곱째, 정신적 비타민을 흡수했다.
여덟째, 해밀턴 폴리스크 빗간 박사를 전속 의사로 삼았다. 박사는 록펠러의 건강과 행복을 유지하기 위해 고용되었다.
아홉째, 가족들에게까지 영향이 미치게끔 동료의 원한을 사는 일은 하지 않았다.

록펠러의 동기는 처음에는 이기적인 것이었다. 그러나 그가 설립한 재단은 금후 몇 세대에 걸쳐 인류에 공헌할 것이다.
당신은 **PMA**가 완전한 건강에 도움이 되는 것을 자각할 때까지는 재산을 만들어서는 안 된다. 그러나 이밖에 **PMA**와 함께 쓰지 않으면 안 되는 요소가 얼마든지 있으며, 건강 교육도 그 중의 하나이다.

l. 위생학의 정의

당신은 위생학에 대해서 무엇을 알고 있는가?
위생학을 정의하면, '건강 증진을 목적으로 만들어진 원리와 법칙의 체계'라고 말할 수 있다. 사회 위생학의 경우는 특히 육체적 접촉에 의한 전염병이 대상이 된다. 아무튼 육체와 정신의 위생학이나 사회 위생학을 알지 못하면, 과오를 범하거나 질병에 걸리거나 죽거나 할 수밖에 없다.

그러나 알코올 중독의 치료는 위생학을 가르치는 것처럼 순조롭지는 않다. 미국에서는 알코올 중독이 보건 문제 중에서 네 번째로 큰 문제이다. 알코올 중독은 정신적인 병 다음으로 많으며 정신적인 병을 낳는 큰 원인 중의 하나이다.

산업계에서는 알코올 중독에 의해 연간 10억 달러 이상을 잃고 있다. 그러나 금전적인 손실은 알코올 중독에 의해 육체적 건강이나 정신적 건강을 해치거나 생명을 잃는 데 비하면 아무것도 아니다.

알코올 중독자에게는 최초로 술에 손을 대기까지 잠자고 있는 정신적인 병이 있는 법이다. 그것이 습관이 되지 않으면 술에 매혹되는 일은 없다. 술을 마시고 기분이 좋아지면 그 다음부터는 더욱 많은 술을 마시게 된다. 술을 많이 마시게 되면 술의 매력에 저항하지 못하게 되는 수도 있다.

그리고 환자는 술의 매력에 저항하다가 실패하면 자기의 알코올 중독은 이제 도저히 고칠 수 없다고 체념하게 된다.

뇌파 기록 장치 등의 기계를 써서 조사해 본 결과, 알코올이 뇌파를 바꾼다는 사실이 알려졌다. 알코올은 신경세포의 신진 대사에 강하게 작용하여 리듬이 늦어지거나 때로는 강함도 억제되어 의식까지 바꾸게 한다.

잠재의식이 활동하는 동안에 인간의 신체는 살아 있다. 그러나 의식이 활동하지 않아도 장시간 계속 살 수가 있다. 의식에는 여러 가지 단계가 있다.

정기(正氣)는 의식과 잠재의식의 활동이 적당한 균형을 유지하고 있어서 마음이 건강한 상태에 놓여 있는 것을 말한다.

그 경우, 의식과 잠재의식이 같이 활동해도 각각 별개로 의무와 금지 요인을 가지고 있다. 때로는 하고 싶어도 금하고 있는 것이 건강한 것이며 유익한 일도 된다. 그러나 판단과 행동은 균형이 맞는 의식과 잠재의식의 활동의 결과라야 한다.

의식이 활동하기 시작하면 지성 등의 의식의 힘이 잠재의식을 조정하는 조정기의 역할을 다한다. 이 조정기는 의식의 활동이 둔해지면 제대로 움직이지 않고 인간은 이상한 행동을 취하게 된다. 이 행동에는 단순히 바보스러운 행동에서부터 정신병이라는 이름으로 잘 알려진 정신 상태까지 있다.

알코올이 뇌세포에 작용하게 되면 출입 금지의 벽이 낮아져 의식의 억제력이 저하된다. 정서·정열 등의 잠재의식은, 지성의 평형륜(平衡輪)으로 적당한 조정을 하지 않고 밧줄을 지나치게 헐겁게 하면 인간의 의식은 불건전한 것이 되어, 알코올의 영향으로 바보스러운 짓을 하거나 좋지 않은 일을 하게 된다.

사실 알코올 중독은 매우 무서운 병이다. 생활이 알코올의 지배를 받게 되면 육체적·정신적·도덕적으로 과오를 범하게 되어 공포 속에 휩쓸리게 된다. 어찌 되었든 일단 알코올에 지배되면 그 지배력에서 피해 나오기란 쉬운 일이 아니다.

그러나 알코올 중독의 치료법은 있다.

우선 술 마시는 것을 중지해야 한다. 이것은 말하기는 쉬워도 행하기는 어렵다. 여기서 중요한 것은 하면 된다는 신념이다. 노력하면 반드시 된다.

걸음마를 배우고 있는 어린이가 세 걸음 걷고 넘어졌다고 해서 그 일을 반성하지는 않는다. 젖먹이는 무의식적인 노력에 따라 진보한다.

알코올 중독자를 구제해 주는 곳은 많다. 그러나 무엇보다도 중요한 것은 자기 자신을 이겨 내지 않으면 안 된다. 일반적으로 자기 힘을 스스로 억제할 수 있을 때까지는 여러 가지로 조언하여 붙들어 주는 사람의 영향 아래 둘 필요가 있다. 또는 PMA가 NMA로 역행하지 않도록 강해질 때까지 그렇게 할 필요가 있다.

PMA는 이것을 자기 자신에게 살릴 마음이 들게 되면 알코올 중독자에 대해서까지도 기적을 행할 수가 있다. 당신에 대해서도 마찬가지로 건강이나 장수를 가져오는 점에서 적극적인 마음가짐은 기적적인 활동을 할 것이다.

건강에 대한 불안은 자신도 모르는 사이에 PMA를 깨뜨릴 가능성이 있다. 그것은 조금이라도 아프거나 피로우면 걱정하기 때문이다.

이런 불안한 상태가 오래 가면 오래 갈수록 병에 대한 태도는 점점 적극적인 태도에서 소극적인 태도로 변해 간다. 그리고 걱정하고 있던 증세가 실제로 주의를 요하는 상태를 보이는 경우에는, 언제까지나 불안을 느끼면서 아무것도 하지 않고 있으면 그 상태가 더욱더 진행할 뿐이다. 자기 건강을 불안해 하고만 있어서는 안 된다. 바로 행동으로 옮겨라.

이것에 대한 예를 들어 보자.

5. 마음으로부터 이길 수 있는 힘을 길러라

그는 젊고 활동적이며 우수한 자동차 세일즈 매니저였다. 그의 앞날은 매우 촉망되는 것이었지만, 그 자신은 대단히 약골이었다. 따라서 진지하게 마음을 각오하고 있을 정도였다.

그는 묘지 자리를 사고, 장래식의 수속을 모두 끝내 놓고 있었다. 사실 그에게는 다음과 같은 증세가 있었다. 그는 가끔 숨이 끊어질 것 같았다. 심장의 고동도 빨라지고 목이 막히었다. 그럴 즈음에 그는 내과와 외과로 대단히 번창하고 있던 단골 의사에게로 갔다. 의사는 휴가를 얻든가 좀더 편안한 생활을 보내기 위하여 그가 사랑하고 있는 자동차 판매라는 스릴에 찬 장사에서 발을 떼라고 권유했다.

그래서 이 세일즈 매니저는 잠시 집에서 쉬며 휴양하고 있었지만, 여전히 불안은 가시지 않고 언제나 마음이 편안치 않았다.

여전히 숨찬 증세가 일어났다. 그때마다 심장의 고동이 몹시 빠르고 격해지는 증세가 일어나고 목이 막혔다.

여름이 되자, 의사는 콜로라도에서 요양하는 게 좋다고 권유했다. 의사의 권유에 따라 그는 특등 침대차를 타고 콜로라도로 떠났다. 그러나 건강에 좋은 기후와 기분을 들뜨게 하는 그런 산들이 있는 콜로라도도 불안감을 씻어 주지는 못했다. 그 때문에 그는 가끔 숨이 차고, 목이 막히는 느낌을 경험했다. 결국 1주일도 채 못 되어 그는 집으로 돌아오고 말았다.

이제 그는 죽을 때가 가까워졌다고 굳게 믿었다.

언젠가 그가 읽은 책에 병은 기분에 의해서 좌우된다는 말이 나와 있었다.

"미네소타 주 로체스터에 있는 메이요 브라자스와 같은 병원에 가면 절대로 헛걸음은 되지 않습니다. 곧 가 보시오."

그는 이 말에 따라 친척의 차를 빌려 타고 로체스터로 갔다. 사실 그는 도중에 죽는 것이 아닌가 생각했다.

로체스터의 병원에서 일단 진찰이 끝나자 의사는 말했다.

"당신이 나빠진 것은 산소를 지나치게 마시는 일 때문입니다."

그는 웃었다.
"그럴 리가!"
의사가 말했다.
"줄넘기라도 하는 것처럼 50회 뛰어 보시오."
그는 금방 숨이 차고 심장의 고동이 빨라졌으며 목이 막혀 왔다.
"그러한 상태가 될 것 같으면 숨을 종이봉투에 넣든가, 잠깐 동안 숨을 쉬지 않으면 됩니다."
의사는 이렇게 대답하고 종이봉투를 환자에게 내주었다. 환자는 의사가 하라는 대로 했다. 그렇게 하자 마침내 호흡도 정상적으로 돌아왔다. 그 병원을 나올 때에는 그의 기분은 아주 명랑한 상태였다.
그 후에 그는 병 증세가 나타나면 잠시 호흡을 멈추어 보았다. 그러나 신체의 기능에 이상은 없었다. 몇 개월 뒤에 그는 전혀 불안을 느끼지 않게 되고, 병적인 징조도 나타나지 않았다.
이것은 15년 전부터 있었던 일이지만 그 다음부터는 의사를 찾아간 일이 없었다.
물론 어떤 병이든 이렇게 잘 풀리지는 않는다. 때로는 구제의 손을 발견할 때까지 온 재산을 쓰지 않으면 안 되는 일도 있다. 그러나 강인하게 PMA를 가지고 계속 찾아야 한다. 그러한 결의와 밝은 전망을 잃지 않으면 반드시 보답받는다. 똑같은 체험을 겪은 세일즈 매니저가 또 한 사람 있다.

6. 치료법을 찾아라

이 까다로운 세일즈 매니저는 어떤 조그만 호텔에 묵게 되어 있는데 자신의 방에 들어가려다가 넘어져서 발을 삐었다.

그것을 발견한 호텔 지배인이 곧 인근 병원으로 그를 데리고 갔다.

며칠 후에는 움직일 수 있다고 했으므로 안심하고 그는 집으로 돌아왔다.

집에 돌아온 뒤 몇 주일 동안은 의사의 치료를 받아 병이 나아가고 있었다. 그런데 그것은 겉모습일 뿐, 골절은 전혀 나아지지 않았다. 꽤 여러 날이 지나고 나서 담당 의사는 그에게 병세가 나빠져 절름발이가 될지도 모른다고 했다. 그는 오랜 시간 걸어야만 하는 세일즈맨이었으므로 이것은 그에게 큰 타격이었다.

"그런 것을 믿어서는 안 됩니다. 치료법은 있으며 그것을 반드시 찾아내야만 합니다. 걱정하지 마시오. 어서 행동으로 옮기시오."
라고 씌어 있는 책의 저자와 함께 이 문제를 토의했다.

여기서 그는 메이요 브라자스 병원으로 가 보라는 권유를 받았다.

"당신의 몸에는 칼슘이 부족합니다. 칼슘을 많이 집어넣을 수는 있습니다만 곧 조금씩 없어져 버립니다. 그러므로 하루 1리터 정도의 우유를 마시세요."

그는 의사의 말대로 실행했다. 이윽고 그의 부러진 발은 예전과 같이 튼튼해졌다.

따라서 건강에 응용되는 PMA는 사고의 가능성도 고려에 넣는다. 안전 제일이란 것은 바로 PMA의 상징이다. 당신은 이 PMA의 상징에서처럼 생명·재산을 구제하기 위해서 조심하거나 살고 싶다는 욕망을 강하게 시사받게 된다.

1. 조심하여 행동하라

어느 신문 기사의 표제에 이렇게 나와 있었다.

'장례식에 급히 가던 여섯 명, 시속 106마일 폭주로 사망.'
그 뒤에는 이렇게 설명되어 있었다.

일요일에 자동차 사고로 죽은 여섯 사람의 장례식이 행해졌다. 이 여섯 사람은 어떤 사람의 장례식에 가다가 차를 지나치게 빨리 몰아 의외의 사고를 만났던 것이다.

육체적으로나 정신적으로 건강하게 오래 살고 싶다면 차 운전을 신중히 하라. 보행자처럼 사고를 조심하고 교통 법규를 지켜라. 만일 남에게 운전을 맡겼을 때에는 그 사람의 육체적·정신적 결함이나 차의 상태에 당신의 생명이 좌우된다는 것을 잊어서는 안 된다. 운전사가 술에 취해 있거나 브레이크가 말을 듣지 않는 경우는——설령 차가 자기의 것일지라도——같이 타는 것을 거절할 용기를 가져야 한다. 이것은 자기 생명을 자기가 구제하는 일이 될지도 모른다.

8. 종교와 정신병학의 차이

육체와 정신의 건강이나 장수에 대한 법칙이나 규정은, 병리학·심리학·정신병학이라는 말이 보편적으로 쓰이게 되기까지 종교 속에 많이 포함되어 있었다.

특히 잠재의식에 대하여 영향을 미치는 기술의 응용에 대해서는 무엇보다도 그러한 경향이 보다 강했다. 그러니까 현재의 정신병원이나 카운셀링이 교파(教派)에 관계없이 교회 조직에 필수적인 것으로 되어 가고 있는 것도 당연하다.

정신과 육체의 건강은 PMA의 두 가지 큰 보수이다.

확실히 PMA는 이 두 가지의 건강을 얻어 이를 유지해 나가기 위해서 노력하고 고생하고 또 실행하고 있다. 그러므로 뚜렷한 목적·똑똑하고 바른 해석·창조적인 비전·용감한 행위·강인성·사실의 인식 등, 열의나 신념을 수반하는 것은 모두 PMA를 습득하여 유지해 나가는 데 크게 도움이 된다.

또 뚜렷한 목표로 근접해 감에 따라 앞에 나타나는 것은 무엇일까?

그것은 행복이다. 당신이 현재 행복하다면, 이 훌륭한 행복을 유지하며 그것을 보다 풍부히 하고 싶다고 생각할 것이다. 만약 당신이 현재 행복하지 않다면, 어떻게 하면 행복해질 수 있는지 배우고 싶다고 생각할 것이다.

'당신은 행복을 끌어당길 수 있는가'라는 것과 PMA에 의한 새로운 성공의 원리를 찾아내어 행복 추구의 속도를 빠르게 하자.

♣ 병에 걸렸을 때 그것을 극복하는 법칙

마음으로부터 살고 싶다는 욕망을 가져라.

제 3 장
행복해지는 방법

당신은 행복해지는 방법을 알고 있는가?
일찍이 링컨은 이렇게 말했다.
"내가 생각하기에 행복의 정도는 대개 마음가짐 하나로 결정되는 것 같다."
개인의 차이는 미미하지만, 그 작은 차이가 결국은 큰 차이를 낳는다. 이 차이는 태도에 있다. 즉, 적극적이냐 소극적이냐의 문제이다.

1. 행복은 자기의 마음속에서 찾아라

"나는 행복해지고 싶어요. 하지만 당신을 행복하게 해드리기까지는 나도 행복해질 수는 없어요……."
라고 시작되는 유행가는 진실을 말하고 있다.
자기의 행복을 찾아내기 위한 가장 확실한 방법은 다른 누구인가를 행복하게 해 주기 위해 에너지를 소비하는 일이다. 행복은 덧없는 것이다. 붙잡으려 해도 막연하다. 그러나 다른 누구인가를 행복하게 해 주려 노력한다면 행복은 당신에게 찾아올 것이다.

오클라호마 시 대학 종교학부의 교수 부인이요, 작가인 클레어존스는 막 결혼했을 무렵의 행복에 대해 이렇게 말하고 있다.

"우리는 결혼하고 나서 2년 동안 어느 조그만 거리에 살았습니다. 이웃 사람은 대단히 나이 많은 부부로, 부인은 맹인에 가까워 바퀴 달린 의자에 의지하고 있었습니다. 남편도 그리 튼튼하지는 않았습니다만, 부인의 시중을 들고 있었습니다.

크리스마스 며칠 전, 남편과 나는 크리스마스 트리를 장식하다가 문득 이웃의 늙은 부부에게도 크리스마스 트리를 장식해 드리자고 했습니다. 우리는 조그만 크리스마스 트리를 사 가지고 와서 금으로 된 방울과 붉은 전구 등을 조그만 종이포장으로 장식해서 크리스마스 이브에 늙은 부부에게 보냈습니다."

여기까지 얘기하고 나서 그녀는 회상하듯 이렇게 계속했다.

"부인은 반짝반짝 빛나는 전구를 잘 보이지 않는 눈으로 빤히 바라보면서 울었습니다. 그 남편은 '크리스마스 트리를 장식한 것이 몇 해만인지 모릅니다'라고 되풀이해 말했습니다. 새해에도 우리가 찾아가니 또 두 사람은 우리가 드린 크리스마스 트리 이야기를 했습니다. 다음해 크리스마스에는 두 사람이 다 집에 없었습니다. 우리가 두 사람을 위해 해드린 것은 극히 작은 일이었습니다만, 작은 일이나마 해 드린 것이 행복했습니다."

그들이 친절을 베푼 결과로써 경험한 행복은 추억에 남을 만큼 깊고 따뜻한 감정이었다. 그것은 친절한 일을 하는 사람들에게 찾아오는 지극히 특수한 종류의 행복이다.

그러나 앞의 극히 혼한 이런 종류의 행복은 만족의 상태, 즉 행복도 불행도 아닌 불투명한 상태에 가깝다.

행복하다는 것은 적극적인 의식이 불행하지 않다는 평정한 의식과 결부되어 있는 일이 많은 경우에, 당신은 행복할 수 있다.

당신은 행복해지기도 하고, 만족도 얻을 수 있고, 불행해질 수도 있다. 그 선택은 당신 자신에게 달려 있다. 그 결정적 요인은 당신이 PMA나 NMA 중 어느 영향 밑에 있는가 하는 것이다. 이것은 당신의 노력에 의해 결정된다.

2. 핸디캡을 극복하라

태어났을 때부터 불행을 한탄하게 될 것이라 생각했던 사람이 있었다. 헬렌 켈러는 바로 그와 같은 사람이었다. 그녀는 태어날 때부터 벙어리였고 귀머거리였고 의사 소통에 의해서 지식을 얻을 수도 없었다. 오직 촉각 하나만을 의지하여 타인과 마음을 서로 통하고 사랑하고 사랑받는 행복을 맛보았다.

헬렌 켈러의 노력도 눈물겹지만 그녀에게 사랑의 손을 내밀어 준 헌신적인 훌륭한 선생의 도움은 말 못하고 듣지 못하고 보지 못하는 소녀를 재치가 넘치는 밝고 행복한 여성으로 변모시켰다. 헬렌 켈러는 일찍이 이렇게 쓰고 있다.

"선의에서 조언을 하거나 미소로 무언의 격려를 하여 곤란한 길을 무난히 헤쳐나온 사람의 기쁨은 자기의 분신과 같이 가까운 것이요, 그것으로써 살고 있다는 것을 알고 있습니다.

한때는 움직이지 못하는 것이라 생각되었던 장해를 뛰어넘어, 달성의 한계를 더욱 멀리로 밀어내는 기쁨——이와 비슷한 기쁨이 어느 곳에 있을까요? 행복을 찾는 사람이 잠깐 발을 멈추고 서서 생각하면, 이제까지 경험했던 기쁨이 발 밑의 풀이나 아침에 꽃에 맺힌 반짝반짝 빛나는 이슬과 같이 수없이 많다는 것을 아실 겁니다."

헬렌 켈러는 자신에게 주어진 신의 은혜를 생각하고 마음으로부터 감사했다. 그리고 신의 은혜의 기적을 남에게 나누어 주어 기쁨을 맛보게 했다.

그녀는 좋은 것, 바람직한 것을 나누어 주기 때문에 보다 많은 좋은 것, 바람직한 것이 그녀 자신에게로 끌어당겨져 왔다고 생각했다. 다시 말해서 주는 것이 많으면 많을수록 얻는 것도 많아지기 때문에 행복감을 느낀 것이다.

당신도 타인에게 행복을 나누어 주면 비참함이나 불행을 당신에게서 멀리 밀어내는 것이 된다. 또 언제나 번뇌──문제가 아니라 구실──를 호소하는 사람이 주위에 많다. 이러한 사람들의 번뇌는 진정한 번뇌가 아니다. 무슨 일이든 그들에게는 좋지 않게 느껴질 것이다. 그것은 항상 타인에게 번뇌를 나누어 주고 있기 때문이다.

애정이나 우정을 강하게 찾으면서도 얻지 못하는 고독한 사람이 이 세상에는 많이 있다. 그러한 사람들 중에는 **NMA**로 찾는 것을 거부하는 사람도 있다.

그러한 사람들의 대부분은 뭔가 좋은 일이 찾아오기를 원하고 있으면서도 자기가 가지고 있는 좋은 것을 타인에게 나누어 주려고는 하지 않는다. 자기가 가지고 있는 좋은 것이나 바람직한 것을 타인에게 주지 않으면 자기가 가지고 있는 것을 조금씩 잃는다는 사실을 미처 깨닫지 못하고 있다.

그러나 자기의 기분을 전환하기 위해서 무엇인가 할 용기를 가지고 있는 사람이라면 좋은 것이나 아름다운 것을 타인에게 나누어 주는 것 속에서 그 답을 찾아낸다.

글자 그대로 대단히 고독하고 불행한 소년이 있었다. 그는 태어날 때부터 등이 보기 흉하게 굽었고 왼쪽 다리가 활 모양으로 휘어 있었다. 그러나 이 소년을 진찰한 의사는 소년의 부친에게 이렇게 말했다.

"걱정할 필요 없습니다. 그는 자신의 일을 혼자서 무난히 해나갈 것입니다."

그의 집은 가난하였으며 모친은 그가 한 살도 채 되기 전에 죽어 버렸다. 성장해 감에 따라 다른 애들은 그의 몸이 흉하다든가, 함께 여러 가지 일을 할 수가 없다는 이유에서 그를 피하게 되었다.

찰스 스타인메츠가 바로 이 소년의 이름이었다. 그는 고독하고 불행한 소년이었다.

그러나 신은 이 소년을 버리지 않았다.

불우한 환경의 찰스에게는 흉한 신체를 보충하기 위해 뛰어난 기억력이 갖추어져 있었다. 그는 주어진 그 최대의 재산을 활용함으로써 아무 일도 못하리라 생각하고 있던 육체적 결함을 잊고 공부하여 굉장한 능력을 발휘했다.

그는 5세에 라틴어의 동사 변화를 기억했다. 7세 때에 그리스어를 배우고, 헤브라이어도 조금 배웠다. 8세 때에는 이미 대수와 기하를 충분히 이해할 수 있게 되었다.

그는 이윽고 대학에 들어가 모든 학과에서 최고의 성적을 얻었다. 그는 우수한 성적으로 졸업했다. 그는 열심히 푼돈을 모았으므로 졸업식에 입고 갈 예복을 빌릴 수가 있었다. 그런데 대학 당국은 냉혹한 태도로 찰스를 졸업식에 참가하지 못하도록 만들었다.

이런 상황에서 찰스는 번민 끝에 그의 지적 능력으로 사람들 주의를 끌어 존경하도록 하는 대신에, 우정을 구하겠다고 생각했다. 남의 주목을 끌어 자기 만족을 느끼는 것이 아니라, 인간의 선의를 펴 나가는 능력을 살리리라 생각했다. 그는 생애의 새로운 길을 걷기 위해서 미국으로 건너갔다.

미국에 도착한 찰스 스타인메츠는 바로 직장을 찾기 시작했다. 그의 모습이 흉하다는 것을 이유로 몇 번인가 거절당했으나, 주급 12달러의 제너럴 일렉트릭 회사의 도안공으로 취직할 수 있었다.

그는 근무 시간 외에 많은 시간을 쪼개어 전기 공부를 하였고 자기가 가지고 있는 좋은 것이나 바람직한 것을 동료에게 나누어 줌으로써 동료의 우정을 얻으려고 노력했다.

이윽고 제너럴 일렉트릭 회사의 사장이 그의 보기드문 재능을 알아보고 이렇게 말했다.

"여기에 있는 것은 전부 우리 회사의 것이다. 이것을 이용해서 자네가 하고 싶은 일을 해도 좋다. 연구를 하고 싶으면 하루 종일 연구를 해도 관계없다. 그 연구 비용은 따로 지불해 주겠다."

찰스는 오랫동안 열심히 진지하게 일했다. 그리하여 일생 동안에 전기에 관련된 발명으로 200가지 이상의 특허를 받았고, 전기이론이나 전기 기술 문제에 관한 책이며 논문을 많이 발표하였다. 그는 일이 잘 되었을 때의 기쁨을 알고 있으며 이 세상을 좀더 살기 좋은 곳으로 만드는 데 공헌하는 기쁨을 알고 있다.

그는 재산을 모으는 것과 동시에 멋진 집을 사서 잘 아는 신혼 부부에게 주기도 했다. 그러므로 찰스의 생애는 행복했으며, 남을 위한 생애였다.

3. 행복은 주위에서 발견하라

모든 사람들은 자기 생활의 대부분을 가족과 함께 지내고 있다. 그런데 사랑이나 행복이나 안전의 항구이어야 할 그 가정이 불행히도 행복이나 조화 이룬 인간 관계를 맛보지 못하는 투쟁의 자리로 변하는 일이 실로 많다.

가정 문제는 여러 가지 이유에서 생겨난다. PMA——성공의 과학 강좌에서 대단히 머리가 좋고 공격적인 24세쯤 되는 청년이,

"무엇인가 문제가 있습니까?"

라는 질문을 받았다.

"있습니다."

라고 그는 주저 없이 대답했다.

"문제는 저의 어머니입니다. 이번 토요일에 저는 집을 나가기로 했습니다."

그가 그 문제에 대해서 얘기하도록 요청받아, 얘기를 하는 동안 그와 모친 사이의 인간 관계가 조화를 이루지 못하고 있다는 것이 분명해졌다. 강사는 모친의 성격도 그와 비슷해 공격적이며 멋대로인 것을 알았다.

그래서 그는 인간의 성격을 자석의 힘에 비유할 수 있다는 것을 가르쳐 주었다. 둘의 똑같아 보이는 힘을 나란히 놓고 같은 방향으로 밀거나 잡아당기거나 하면 서로 끌어당기는 힘으로 잡아 당긴다. 둘의 힘이 서로 대립할 때는 서로 저항하고 서로 거절한다.

두 사람이 같은 외력(外力)에 반발했다고 해도 두 사람은 두 자석과 마찬가지로 별개의 존재이다. 그러나 외력을 끌어당기거나 거절하는 두 사람의 강한 정도는 설사 한 사람이 대립 관계에 있더라도 그 정도는

더해 간다.

　강사는 말을 계속했다.

　"당신의 태도와 모친의 태도는 비슷한 점이 있으니까 모친에 대한 당신의 태도에 따라 당신에 대한 모친의 태도도 정해지게 됩니다. 모친의 기분은 당신 자신의 기분을 분석해 보면 알 것입니다. 그렇다면 당신의 문제는 쉽게 해결할 수 있습니다. 당신이 조화된 생활을 원한다면 적어도 당신과 모친 중 한 사람은 PMA의 힘을 이용하지 않으면 안 됩니다."

　여기까지 얘기하고 나서 강사는 다시 그를 바라보며 이렇게 말했다.

　"그러면 이번 주의 숙제를 내드리지요. 모친으로부터 무슨 일을 부탁 받거든 기꺼이 하도록 하시오. 모친이 뭐라고 의견을 말하거든 기분 좋게 모친의 의견에 동의하시오. 공연한 군소리를 해서는 안 됩니다. 모친의 결점이 눈에 띄더라도 좋은 면을 찾아내도록 하시오. 그렇게 하면 대단히 기분 좋게 지낼 뿐만 아니라 당신의 모친도 당신이 말하는 것을 듣게 되겠지요."

　"그렇게는 안 됩니다."

라고 그 수강자는 대답했다.

　"어머니는 도저히 내 말을 들을 분이 아닙니다."

　"그러나 당신이 PMA로 잘 되도록 마음먹으면 불가능하지는 않을 것입니다."

　1주일 후에 그 젊은이는 그 동안의 경과를 질문받았다. 그의 대답은 다음과 같았다.

　"염래해 주신 덕택에 1주일 동안은 두 사람 사이에 불쾌한 말이 오고 가지 않았습니다. 나도 집에 있기로 했으니까 안심하십시오."

4 행복해지려면 타인을 이해하라

만일 당신이 행복해지고 싶거든 남을 이해하도록 노력하라. 그러나 남의 에너지 양(量)이나 능력은 당신의 그것과 똑같지는 않다는 것을 인식하라.

남의 생각이 당신과 똑같을 수는 없다. 남이 좋아하는 것과 당신이 좋아하는 것은 다르다는 것을 이해하도록 하라.

이것을 인식하게 되면 당신 자신 속에 **PMA**를 길러, 타인의 마음속에 바람직한 반응을 생겨나게 하는 것이 퍽 수월하게 된다.

자석은 반대되는 극끼리 서로 끌어당기는데, 인간의 경우도 마찬가지로 반대 성격의 사람끼리 서로 끌어당긴다. 그리고 이해가 공통되는 경우에는 두 사람의 성격이 많은 점에서 정반대일지라도 서로 잘 해나갈 수가 있다.

어떤 경우에 한 사람은 야심적이요, 고집이 세고 대담하며 낙천적이며 무섭도록 정력적인 에너지와 끈기가 있다. 또 한 사람은 불만을 품는 일이 없고 겁이 많고 마음씨도 좋으며, 언제나 빈틈이 없고, 같이 있어도 서로 보충해 주고 기운을 북돋워 주며 격려해 준다.

그러면 서로의 성격이 혼합되어 결과적으로 극단적인 성격이 중화된다. 그러니까 한쪽 인간의 성격만이 세게 밀려나가고, 또 한쪽 인간이 욕구불만에 빠지는 그런 일을 피할 수가 있다.

당신과 성격이 비슷한 사람과 결혼했다면 당신은 행복해진다고 말할 수 있는가? 정직하게 대답해 보자. 아마도 대답은 '아니오'일 것이다.

어린애들에게 부모가 해 주는 것은 모두 이해하고 고맙게 여기도록 가르칠 수도 있다. 가정 불화 원인의 대다수는 어린애들이 부모를 고맙게 생각하고 이해하지 않는 데 있다. 그러나 그것은 누구의 책임일까?

어린애들의 책임일까? 부모의 책임일까? 그렇지 않으면 양쪽 모두의 책임일까?

얼마 전의 일이다. 우리는 훌륭한 업적을 쌓고 있는 어떤 단체의 회장과 만나기로 하였다. 그가 공적인 기관에서 행했던 뛰어난 일에 대해 전국의 신문은 모두 그를 호의적으로 소개하고 있었다. 그런데 우리가 만난 날 그는 몹시 불행해 보였다.

"나에게 호의를 가지고 있는 사람은 한 사람도 없을 겁니다. 애들마저도 싫어하니까요. 무슨 까닭일까요?"
라고 그는 물었다.

사실 이 사람은 선한 사람이다. 돈으로 살 수 있는 것은 무엇이든지 애들에게 사 주었다. 그는 어려서 자기 구실을 할 수 있는 사람의 장점을 몸에 지니도록 강요당했을 때와 같은 일을 어린애들에게 강요하는 것은 되도록 피했다. 그는 자신의 생활 때문에 어린애들이 다치지 않도록 세심히 신경을 썼다.

그가 경험하지 않으면 안 되었던 그런 고생을 자기의 자식들이 겪지 않도록 했다. 아들과 딸이 어려서는 그들이 감사해 주길 요구하거나 기대한 일은 한번도 없었고 실제로 감사 받은 일도 없었다.

그러나 그는 이해하려 노력하지 않더라도 어린애들은 그를 이해하고 있다고 생각했던 것이다.

싸움을 해도 괜찮으니까 어린애들로 하여금 부모에게 감사하는 마음을 갖게 할 것과 강해질 것을 가르쳤더라면 사정은 달라졌을 것이다. 그는 어린애들을 행복하게 하는 것으로 행복을 맛보고, 남을 행복하게 해 줌으로써 자기도 행복해진다는 것을 어린애들에게 가르쳐 주지 않았다. 그 때문에 어린애들의 행동은 그를 불행하게 했다.

어린애들이 어렸을 때 좀더 그들과 마음을 털어놓고 서로 얘기하고, 그들을 위해 여러 가지 고생한 일을 얘기하여 주었더라면, 그들은 아마 그에 대해 좀더 이해하는 태도를 취하게 되었을지도 모른다.

그러나 이 사람의 경우가 아니라 똑같은 입장에 있는 사람이라 해도 언제까지나 불행하다고 느낄 필요는 없다. 그때는 PMA쪽으로 뒤집어 자기에 대한 것을 사랑하는 사람들에게 알리도록 하고, 이해하여 주도록 진지하게 노력할 수도 있다.

그리고 물질적인 것을 어린애들에게 주는 대신에 자기 자신을 나누어 줌으로써 애정을 나타내는 기회를 얻을 수가 있다. 돈을 주었을 때처럼 선뜻 자기 자신을 나누어 주면 그들의 애정도 이해라는 형태의 풍부한 보수를 받게 된다.

물론 여기에 소개한 사람도 그런 것을 잘 알고 있었다. 자기 애들이나 타인에 대해 마음쓰는 방법도 옳았다. 그러나 그들의 반응에 대해서는 둔감했다. 그는 자신의 행동에 대해서 단순히 그들이 이해해 주리라 생각했던 것이다. 그러면서도 이해해 주도록 작용시킬 기회를 갖지 않는다.

그는 뭔가 자신의 마음가짐을 바꿀 수가 있는 책으로 구원을 받을 수가 있지 않겠느냐고 물어 보았다. 나는《친구를 만들고 사람을 움직이는 법》등 몇 권의 책을 소개했다. 그리고 어린애들도 생각하는 능력을 가진 사람이라는 것을 가르쳐 주었다.

5. 언어의 전달에 유의하라

당신은 멋진 사람이다.

그러나 그렇게 생각하지 않는 사람이 있을지도 모른다. 그러한 사람이 당신이 말하고 행동한 일에 대해 부당하게 적대적인 태도를 취하고 있는 것 같더라도 그것을 가능한 일이라고 생각하라. 그런 것을 보더라도 그는 당신과 똑같은 인간이다.

당신은 사람을 끌어들이거나 밀어내는 힘을 가지고 있다. 이 힘을 잘 이용하면 건전한 친구를 이끌고, 당신에게 좋지 않은 영향이나 나쁜 영향을 미치는 사람을 밀어낼 수가 있다.

NMA는 기계적인 행동으로 좋은 것을 밀어내고 나쁜 친구를 비롯해서 좋지 않은 것을 끌어들이기 쉽다.

남에게 좋지 않은 느낌을 갖게 하는 원인은 당신의 언동에 있다. 또한 당신의 진짜 내적 감정과 태도도 그 원인이 될 수 있다. 남에게 듣기 좋은 목소리는 그 사람의 기분, 태도, 숨은 생각을 나타내는 수가 가끔 있다.

비록 자기의 결점을 자각하는 것은 어려운 일일지 모르겠지만, 자기의 결점을 알아차렸다 하더라도 자발적으로 자기 자신을 바르게 하는 것은 매우 어려운 일이다. 그러나 당신이 그것을 하지 못할 리가 없다고 생각하라.

당신은 그러한 마음가짐을 우수한 세일즈맨으로부터 배울 수가 있다. 그 세일즈맨은 예상한 손님의 반응에 민감해지는——그리고 이에 대처하는 훈련을 받게 되기 때문이다.

손님은 항상 올바르다고 믿고 있는 우수한 세일즈맨의 태도는 일부 사람들에게는 좀체로 받아들이기 어렵다. 그러나 그것이 그들이 가지고 있는 마음가짐이다.

세일즈맨이 팔려고 예상한 손님에게 상품을 팔 때에 쓰는 PMA로 자기 가족을 행복하게 만들려고 노력하면——인격 투쟁의 문제를 가정으로 들고 들어간다면——당신의 가정 생활과 사회 생활은 좀더 행복하고 알찬 것이 될 수 있다.

당신의 감정이 남의 언동에 의해 가끔 상처를 입는다면, 당신 자신은 아마도 당신의 언동으로 남에게 불쾌감을 주어야겠다고 마음에 두고 있을 것이다.

그러나 감정을 상하게 되었을 때에는 어째서 그렇게 되었는가, 그 진짜 이유를 알아내어 남에게 똑같은 반응을 일으키게 하는 일은 하지 않도록 하라.

당신이 소문에 의해 불쾌감을 갖는다면, 자기는 소문을 내서는 안 된다고 생각하거나 자기도 타인에게 불쾌감을 주고 있지 않나 생각해 볼 일이다. 또 남과 얘기를 하고 있으면서 상대방이 당신에게 이야기를 하는 태도를 불쾌히 생각했다면, 같은 언동으로 타인에게 불쾌감을 주지 않도록 하라.

누구인가가 화난 목소리로 당신을 야단칠 때에 기분 나쁘게 느꼈다면 당신이 그 상대——설사 다섯 살짜리 아들이나 극히 가까운 집안 사람이라도——를 야단치면 상대에게도 싫은 느낌을 준다는 것을 생각하라.

타인에게 당신의 기분을 오해받고 불쾌감을 가졌다면 당신의 기분을 피력하라. 그리고 그 오해를 선의로 해석하라. 당신이 논쟁, 아이러니, 가시 돋친 유머, 생각, 그리고 친구나 친척에 대한 비판을 기뻐할 수 없다면 타인의 경우도 똑같다고 생각하는 것이 당연하다.

모든 이들에게 인사를 받고 싶다면 또는 남이 기억해 주길 바란다면 혹 누구인가가 당신에 대한 것을 생각하고 있음을 알고 기쁘게 생각한다면, 당신에게서 인사를 받거나 기억되고 있다거나 당신이 생각하고 있는 것을 말하거나 하면 남도 기쁘게 생각하리라는 것은 쉽게 상상할 수가 있을 것이다.

6. 만족을 느끼는 법

전국의 여러 잡지에 기고하고 있는 컬럼니스트인 나폴레옹 힐은 〈만족〉이란 제목으로 기사를 쓴 일이 있다. 그 기사가 당신에게 도움이 될지도 모르겠다.

세계에서 제일 돈 많은 부자가 행복의 골짜기에 살고 있다. 그는 오래 가는 물건, 잃을 턱이 없는 물건, 즉 그에게 만족과 건강과 정신의 안식과 마음의 조화를 부여해 주는 것을 많이 가지고 있다. 그가 모은 재산은 다음과 같은 방법으로 손에 넣었다.

① 그는 남의 행복을 찾아 줌으로써 스스로의 행복을 찾아냈다.

② 그는 절도 있는 생활을 하고, 신체를 유지하기 위해 필요한 만큼만 먹었다.

③ 그는 남을 미워하거나 원망하지 않고 모든 사람을 사랑하고 존경한다.

④ 그는 절반을 즐기면서 여유를 가지고 사랑의 노동에 종사하고 있다. 그러니까 피로라는 것을 알지 못한다.

⑤ 그가 매일 기도하는 것은 재산이 좀더 늘어나기를 바라는 것이 아니라 좀더 사려 깊어져, 지금 가지고 있는 많은 재산을 알고 받아들여 맛볼 수 있게 해 달라는 것이다.

⑥ 그는 항상 남의 이름에 경의를 표하고 있으며, 어떤 이유로든 남을 해치지 않는다.

⑦ 도움을 바라는 사람들 전부에게 그것을 주는 특권 이외에 그는 아무에게도 아무것도 바라지 않는다.

⑧ 그는 양심에 충실하여 무엇을 해도 잘못을 범하는 일은 없다.

⑨ 그는 필요 이상으로 물질적인 재산을 가지고 있다. 물욕이나 선망과는 인연이 없기 때문이다. 살아 있는 동안에 건설적으로 쓸 만큼 있으면 좋은 것이다. 그의 재산은 그가 행복을 주어 도와준 사람들로부터 생긴다.

⑩ 그가 소유하고 있는 행복이라는 골짜기의 부동산에는 세금이 붙지 않는다. 그것은 주로 그의 마음속 닿을 수 없는 곳에 재산이 있고 그가 사고 방식에 공명해 주는 사람들을 제외하고 과세하거나 평가할 수는 없기 때문이다. 그는 자연의 법칙에 따르고, 이에 순응하는 습관을 몸에 붙이고 계속 노력하여 많은 재산을 모을 수 있었던 것이다.

행복의 골짜기에 사는 주민의 이 성공의 신조에 주인은 없다. 누구나 이것을 자기 것으로 만들면 양식·평안·만족을 얻을 수 있다.

유대 교회의 목사 루이스 빈스토크는 그가 지은 《신앙의 힘》 속에서 행복에 대해 이렇게 서술하고 있다.

인간은 태어났을 때는 하나로 통합되어 있었다. 인간이 형성하고 있는 세계가 인간을 뿔뿔이 흩어지게 만들었다. 이것은 어리석은 세계, 허위의 세계, 공포의 세계이다. 신앙의 힘, 자기 자신에 대한 신앙, 운명에 대한 신앙, 동포에 대한 신앙, 신에 대한 신앙을 빌면 다시 인간은 하나로 통합된다. 그리고 그때 비로소 세계는 정말로 하나가 되리라. 그리고 그때 비로소 행복과 평화를 찾으리라.

인간이 올바르면 인간의 세계도 올바르게 됨을 잊어서는 안 된다. 행복도 재산이나 불행이나 빈곤과 마찬가지로 끌어 당길 수가 있다.

♣ 당신이 행복해지기 위한 법칙

자기 주위에서 행복을 찾아라.

제 4 장
정신력의 연구

당신을 정신이라고 정의한다면 신비적인 힘 ——기지(既知)의 힘과 미지(未知)의 힘을 가지고 있다. 당신의 마음속에 잠재하는 이 신비한 힘을 적극적으로 탐구하라. 이제부터 그 이유를 이야기하겠다.

그 힘을 발견하면 당신은 심신의 건강·행복·재산, 일의 성공, 당신이 이미 깨닫고 있는 힘과 아직 깨닫지 못한 힘에 작용시켜, 그것을 이용하고 지배하며 완전히 자기 것으로 만드는 방법을 체득할 수가 있다.

철저히 적극적인 마음가짐으로 이미지의 정신력을 탐구해 보라. 이 힘을 이용하는 방법을 배우면 당신은 그것을 응용할 수 있다. 또 그것은 그리 어려운 일이 아니다.

일찍이 창조된 것 중 가장 정교한 인간이라는 기계에서, 당신이 바라는 것을 끄집어내기 위해서 올바른 채널을 돌리는 방법과 단추를 누르는 방법을 배워야 한다. 이 특수한 기계는 신이 만든 걸작이다. 당신은 이 기계를 가지고 있다.

이 기계의 구조는 어떻게 되어 있는가? 특별히 이 기계는 80조(兆) 이상의 세포로 되어 있기 때문에 당연히 많은 부품이 있다. 그리고 어느 부품도 그것 자체가 하나의 기계이다.

그 중의 하나는 전기적(電氣的)으로 굉장한 성능을 가진 부품이지만, 그 무게는 겨우 50온스(약 1.4킬로그램)에 지나지 않는다. 그 기구는 100억 이상의 세포로 만들어져 있어 발전·수신·기록·에너지 전달 등의 일을 하고 있다.

당신이 가지고 있는 이 놀랄 만한 기계란 무엇일까? 그것은 당신의 몸이다. 설사 당신이 팔을 하나 잃어도, 또는 한쪽 눈을 잃어도 그밖의 곳에 결함이 생기는 일이 있어도 역시 당신임에는 변함이 없다. 장차도 당신 이외의 사람이 되는 일은 없다.

부품의 하나인 멋진 성능을 가진 전기 기계란 무엇인가? 그것은 당신의 두뇌이다. 그것이 당신의 신체를 통제하고 이 기계가 있으므로 당신의 마음은 활동하는 것이다. 더구나 당신의 마음에도 부품이 있다. 그 하나는 의식이요, 다른 하나는 잠재의식이다. 이들은 동시에 활동하여 공동 작업을 영위한다.

과학자는 마음속에 의식되어 있는 면에 대해서는 대단히 많은 것을 알고 있다. 그러나 과학자가 잠재의식이라는 광대한 미지의 영역 탐구에 착수한 것은 채 100년도 안 된다. 그러나 원시인들은 인류의 역사가 시작될 무렵부터 잠재의식의 신비한 힘을 교묘히 이용해 왔다. 현대에도 오스트레일리아의 원주민이나 다른 미개 민족 사이에서 크게 행하여지고 있다.

자, 그럼 드디어 본제(本題)의 탐구를 시작하자.

시드니의 빌 마코오르의 체험담——실패와 패배에서 성공과 승리에 이르기까지의 여행에 대한 이야기를 듣기로 하자.

빌이 독립하여 피혁업(皮革業)을 시작한 것은 19세 때였지만, 이 사업은 실패로 끝났다. 21세 때 국회의원 선거에 입후보하여 또 실패했다. 그리고 이밖에도 몇 번씩 실패했지만, 이 젊은 오스트레일리아 인은 굴하는 일 없이 도리어 분발했다.

빌 마코오르는 어떻게 해서든지 부자가 되고 싶었다. 그래서 사람을 분발시키는 책을 읽으면 재산을 모으는데 필요한 법칙을 찾아낼 수 있으리라 생각하고 도서관에 갔다.

그리하여 《생각하라, 그러면 부자가 될 수 있다》라는 책을 보았을 때 그 책 제목에 끌렸던 것이다. 그는 그 책을 한 번 읽고 두 번 읽고 세 번 읽어도 세계의 대부호들이 성공한 원리를 그 자신의 경우에 어떻게 작용하면 좋을지 알 수가 없었다.

그는 최근에 만난 사람들에게 이렇게 얘기해 주었다.

"내가 이 책을 네 번째 읽고 있을 때의 일이었습니다. 시드니의 상점가를 어슬렁어슬렁 거닐고 있노라니까 문득 어떤 생각이 뇌리에 번뜩였습니다."

그는 미소 지으며 이야기를 계속했다.

"나는 자신도 모르게 큰 소리로 이거다! 나도 알았다!라고 소리쳤습니다. 너무 심한 흥분에 나 자신도 놀랄 정도였습니다. 나는 이 새 발견을 가슴 속에서 되풀이하며 집으로 돌아왔습니다. 나는 소년 시절에 아버지가 《의식적 자기암시에 의한 자기 지배》라는 에미르 쿠에의 조그만 책자를 큰 목소리로 들려준 일을 지금도 기억하고 있습니다."

여기서 그는 다시 생각하듯 말을 이었다.

"만일 에미르 쿠에가 의식적 자기암시에 의해 사람들에게 건강을 주고 병을 고치는 데 성공했다면 재산이나 그밖의 무슨 일이든 남의 소망을 성취시키기 위해서도 자기 암시를 활용할 수 있을 것이라고 《생각하라, 그러면 부자가 될 수 있다》라는 저서 속에서 지적받았지요? 자기 암시를 활용해 부자가 되라? 이것은 나의 발견이요, 새로운 사고였습니다."

빌은 그 다음에 그 원리를 말했다. 마치 그 책에 있던 내용을 암기하고 있는 것 같았다.

"의식적 자기암시는 마음에 강한 영향을 주는 효력이 있습니다. 이것을 사용하면 창조성 있는 사고방식을 적극적으로 잠재의식에 심어 줄 수가 있습니다. 그러나 방심하면 의식적 자기암시 때문에 풍부한 꽃밭과 비슷한 마음속에 파괴성 있는 사고방식의 침입을 허락하는 것이 되기도 합니다.

매일 2회 주의력을 집중하여 돈이 갖고 싶다는 당신의 소망을 큰 소리로 읽으면 이미 그 돈을 소유하고 있는 자기 모습을 보거나 그것을 만져 본 것 같은 느낌이 들게 되는 겁니다. 이것은 잠재의식에 당신이 소망하는 것을 단도직입적으로 통신하고 있는 것입니다. 이것을 되풀이하면 당신의 소망을 현실의 돈으로 바꾸는 노력을 보다 효과적으로 하는 방법을 생각해 내는 습관을 적극적으로 몸에 지닐 수가 있습니다."

이렇게 말한 다음 그는 사람들을 둘러보며 다시 말을 이었다.

"자기암시의 원리를 활용하는 능력은, 당신의 희망이 활활 타오르는 불과 같은 열망으로 높아지기까지 당신이 그 일에 정신을 집중할 수 있느냐 없느냐에 크게 좌우됩니다. 나는 숨을 헐떡거리며 집으로 돌아오자 곧 식당의 테이블 앞에 앉아, 1960년까지 어떻게든지 백만장자가 되기 위해 노력할 것을 결의한다고 썼습니다."

빌은 아직도 사람들에게 고개를 돌린 채 이야기를 계속했다.

"돈을 벌고 싶은 사람은 명확한 금액와 목적 달성의 기간을 결정해 놓지 않으면 안 됩니다. 그러므로 나는 그대로 실행했습니다."

지금 우리 앞에 있는 사나이는 19세에 실패했던 청년 빌 마코르가 아니다. 오늘날 그는 오스트리아에서 가장 어린 나이에 국회 의원이 된 윌리엄 V. 마르코 씨요, 시드니의 코카콜라 계열회사의 회장 외에 22개의 방계(傍系) 회사의 이사를 겸하고 있는 명사이다.

또 그의 재산은 그가 읽었던 책에 나와 있던 부호들 못지 않을 정도로 막대하다. 그는 그 책에서 자기 암시를 써서 잠재의식의 힘을 해방시키는 것을 배웠다. 그리하여 그는 예정보다 4년이나 빨리 소기의 목적을 달성했다.

잠재의식은 독서나 사고의 내용에 영향을 받는다. 그러나 또 의식의 영역과 식역(識閾) 아래의 것이기는 하지만, 독서같이 강한 영향력을 가진 눈에 보이지 않는 힘도 있다. 이 눈에 보이지 않는 힘에는 이미 아는 물리적 원인에 의한 것도 있지만, 또 미지의 원인에 유래되는 힘도 있다.

이 미지의 원인에 대하여서 논의하기 전에 번스 파카도의 저서 《숨은 설득자》가 발간된 이래 지금은 이미 상식처럼 되어 있는 하나의 예를 적어 보겠다.

이 이야기는 최초로 미국 신문에서 전국적인 일류 잡지에 소개된 잠재의식의 광고라는 표제에 의하면, 뉴저지 주의 어느 영화관에서 관객이 의식할 사이도 없을 정도로 짧은 시간 —눈 깜짝할 사이에 광고문을 스크린에 투영하는 실험을 했다.

그 실험은, 어느 영화관에서 6주에 걸쳐 실시되었다. 즉, 4만 명 이상의 관객에게 아무것도 알리지 않고 실험을 하여, 육안으로는 보이지 않는 특수한 방법으로 영화관 휴게실에서 팔고 있는 2가지 상품의 광고문을 스크린에 일순간 영사했다.

그 6주가 지났을 때, 이 광고문의 2가지 상품 중 하나는 50퍼센트 이상이나 매상이 상승했고, 다른 하나는 약 20퍼센트 늘었다.

스크린의 광고문은 눈에 보이지 않았으나, 그럼에도 불구하고 관객들 중 다수의 사람들에게 효과가 있었다. 그 이유는 기억이 남지 않을 정도로 희미한 인상이라도 잠재의식에 그것을 흡수할 능력이 있기 때문이라고 고안자는 설명하고 있다.

그러나 그들에게는 오히려 PMA를 취하는 사람이 없었다는 것이 의외였다. 잠재의식의 암시는 골라 쓸 수도 있기 때문이다. 힘은 나쁜 일에도, 좋은 일에도 쓸 수 있다는 것은 누구나 알고 있으므로 이용 방법의 차이는 매우 크다.

♣ 타인의 마음을 사로잡는 법칙

정신력을 이용하라.

제 5 부
고민 극복의 방법

나를 괴롭힌 6가지 번민

오클라호마 주 오클라호마 시
블랙우드 대학 교수 C. I. 블랙우드

 1943년 여름, 온 세계 번민의 반이 나의 어깨에 얹힌 것 같은 기분이 들었다.
 40년 이상을 나는 다른 보통 사람들처럼 남편으로서, 아버지로서, 사업가로서 일밖에 모른 채 단란한 생활을 보내고 있었다. 그런데 갑자기 6가지의 커다란 문제가 몰려 왔다. 나는 잠자리에 들어서도 궁리를 하며 날이 밝는 것조차 두려워했다. 그것은 여섯 가지 번민 때문이었다.

 ① 내가 경영하는 실업학교는, 학생들이 차츰 전쟁터에 나아갔기 때문에 경제적 위기에 직면하였다. 더구나 대부분의 여학생들은 훈련을 받지 않고도 군수 공장에서 일을 할 수 있었으며 나의 학교 졸업생까지도 여가에 벌이를 했다.
 ② 내 장남은 입대 중이었다. 그래서 나는 자식을 전쟁터에 보낸 부모들의 공통적인 걱정을 가지게 되었다.

③ 오클라호마 시는 방대한 토지를 비행장 기지로 만들 것을 결정했는데, 나의 집은 그 중심에 위치하고 있었다.

나는 이 토지가 시가의 10분의 1밖에 받지 못한다는 것을 알고 있었다. 때문에 주택 부족의 현실, 우리 여섯 식구가 살 집이 찾아질지 의문이었다. 천막을 치고 살지 않으면 안 될는지도 모르는데, 그 천막조차 구할 수 있을지 걱정이었다.

④ 우물이 말라 버렸다. 인근의 방수로가 매몰되었기 때문이다. 새로운 우물을 파려면 5백 달러는 있어야 한다. 그러나 비행장 토지 문제가 결정되지 않아서 두 달 동안을 매일 가축에게 먹일 물을 운반하지 않으면 안 되었으며 전쟁이 끝날 때까지 이런 생활이 계속되지 않을까 또 다른 걱정도 했다.

⑤ 나는 나의 학교에서 10마일 정도 떨어진 곳에 살고 있었다. 나의 자동차는 그리 좋지 않았는데도 불구하고 새 타이어를 사지 않았다. 그러므로 낡은 타이어를 못 쓰게 된다면 어떻게 학교에 갈지 걱정이었다.

⑥ 내 장녀는 예정보다 1년 빨리 고등학교를 졸업했다. 그 아이는 대학교에 가고 싶어했으나, 나로서는 학비를 댈 수가 없었다. 그러자니 딸을 실망시키게 될 것 같아 참으로 가슴 아팠다.

어느 날 오후, 사무실 의자에 앉아 괴로워하고 있다가 이러한 문제를 전부 종이에 기록해 보기로 했다. 이 세상에 나 이상으로 걱정을 많이 가지고 있는 사람은 한 사람도 없을 것 같은 기분이 들었다.

나는 모두 해결되리라는 생각은 가지고 있었으나, 현재의 번민에서 벗어날 것 같지가 않았다. 그러다가 나는 이 번민의 일람표를 치워버리고는 세월이 지남에 따라 그것을 잊어버리고 말았다.

1년 반 후에, 나는 우연히 그 종이를 발견했다. 나는 한때 건강마저 해치게 될 것 같던 고민거리들에 비상한 흥미를 가지고 천천히 읽어 봤다. 그러나 그 번민은 하나도 현실화되지 않았다.

모든 일은 자연스레 풀려 나갔다.

① 학교를 폐쇄해야 된다는 염려는 불필요하게 되었다. 정부가 퇴역 군인의 재교육에 보조금을 출자하게 되어 나의 학교도 그들로 가득 찼기 때문이다.

② 입대한 아들에 대한 염려도 필요치 않았다. 그는 상처 하나 없이 건강하게 지냈다.

③ 비행장으로 계획했던 토지에 대해서도, 내 공장에서 1마일 되는 곳에서 석유가 발견되어 땅값이 폭등했기 때문에, 예산 관계상 매수가 불가능해졌다.

④ 가축에 먹일 물도 염려할 필요가 없었다. 토지의 수용이 중지되어서 새로운 우물을 깊이 팠더니 좋은 물이 콸콸 솟아났다.

⑤ 타이어에 대한 염려도 없어졌다. 타이어를 잘 보수하여 조심스럽게 운전함으로써 더 오래 쓸 수 있게 되었기 때문이다.

⑥ 딸의 교육에 대해서도 번민은 사라졌다. 대학의 신학기가 시작되기 두 달 전에, 기적같이 학교의 시간 외에 할 수 있는 회계감사 일을 할 수 있게 되었기 때문이다. 그래서 딸을 대학에 입학시킬 수 있게 되었다.

우리들이 염려하고 번민하던 일 중 99퍼센트는 결코 일어나지 않을 것이라고 말한 사람이 많았으나, 1년 전에 이 걱정거리를 작성할 때까지 나는 그 이야기를 흘려 버렸다.

나는 이 6가지의 번민을 잊게 된 것을 감사하고 있다. 이 경험은 나에게 잊을 수 없는 교훈을 주었다. 그것은 나에게 생기지도 않을 일, 일어나지 않을지도 모르는 ——그럼으로써 인력으로는 어떻게 할 수 없는 일에 대하여 걱정만 한다는 것은 어리석은 일임을 가르쳐 주었다.

 기억하라. 오늘은 어제 당신이 고민하던 그 내일이다. 스스로 물어보라. 지금 내가 고민하고 있는 일이 정말 일어날지 어떨는지는 아무도 모르는 일이 아닌가?

나는 한 시간 이내에 자신을 훌륭한 낙천주의자로 변화시킬 수 있다

매사추세츠 주 웰스리 힐즈 봅슨 파크
(저명한 경제학자) 로저 W. 봅슨

나는 실제로 우수에 젖어 있을 때라도 한 시간 이내에 그 고민을 쫓아 버리고, 훌륭한 낙천가로 변화시킬 수가 있다.

여기에 그 방법을 소개한다.

나는 서재로 가서 눈을 감고, 역사와 관계 있는 책들이 들어 있는 책꽂이 쪽으로 걸어간다. 그리고 눈을 감은 채 책 한 권을 뽑는다. 그것이 프레스코트의 《메시코 정복》인지, 스에토니우스의 《12시저전》인지 알 수 없다. 그리고 계속 눈을 감은 채 무작정 책을 펼친다. 그 다음에 눈을 뜨고 그 책을 한동안 읽어나간다.

역사의 각 페이지는, 전쟁·기아·빈곤·질병·동포애에 대한 비인간성 등의 비참한 이야기로 가득 차 있었다. 한 시간 동안 역사를 풀어나간 후, 나는 현재의 상태가 결코 좋지는 않으나 과거와 비교해 보면 조금은 나아졌다는 것을 확실히 인식하였다. 그리고 전체적으로 세계가 조금씩 나아져 가고 있다는 것을 깨닫는 동시에, 나의 현재의 고민에 대해서도 대담하게 검토할 수 있게 되었다.

　이 방법은 대단한 가치가 있다. 역사를 읽어라. 일만 년 전의 관점에서 사물을 판단하라. 그렇게 하여 그대의 번민을 영원한 곳에서 보면 전부 이루어질 수 있다는 것을 알게 될 것이다.

나는 어떻게 열등감에서 벗어났는가

오클라호마 주 선출 상원의원
엘머 토머스

나는 열다섯 살 때 절망과 고민과 공포, 과잉된 자아의식으로 괴로워했다.

나는 나이에 비해서 너무 키가 컸다. 신장은 183센티미터였으나, 체중은 불과 53킬로그램에 불과했다. 나는 키다리에다가 허약체질이어서 야구나 달리기에서 항상 다른 소년들에게 뒤졌다. 모두들 나를 바보 취급하고 '토끼 대가리'라는 별명을 붙이기도 했다.

나는 오뇌와 자아의식 과잉 때문에 사람을 만나는 것이 싫었다. 그래서 어떤 회의에도 참석하지 않았다. 더욱이 우리들의 농장은 마을에서 멀리 떨어져 원시림에 둘러싸여 있었다. 나의 집은 도로에서 반 마일 들어간 곳에 있었고, 부모님과 집안 식구 이외에는 한 주일씩이나 다른 사람들의 얼굴을 보지 못하는 경우도 있었다.

만일 내가 끝까지 이러한 고민과 공포에 사로잡혀 있었다면 나는 인생의 낙오자가 되었을 것이다. 나는 밤낮 가리지 않고 키다리이면서 몸이 약한 것을 고민하고 있었다. 그런데 불현듯 나의 고통과 공포를 일일이 기록해 둬야겠다는 마음이 생겨났다. 나의 어머니는 교사였기 때문에 나의 기분을 잘 관찰하고 있었다. 그리고 나에게,

"너는 공부를 열심히 하지 않으면 안 된다. 네 몸은 평생 부담거리로 남을 테니 머리로 생활하지 않으면 안 될 것이다."
라고 말씀하셨다.

나의 양친께서는 나를 대학에 진학시킬 재력이 없었기에, 내가 나의 길을 개척하지 않으면 안 된다는 것을 알고 있었다. 그래서 나는 겨울 동안에 다람쥐·족제비·사향노루 등을 덫으로 잡아서 봄이 오면 그 모피를 4달러에 팔아서 그 돈으로 새끼돼지 두 마리를 샀다.

나는 그 돼지를 길러서 이듬해 가을, 40달러에 팔았다. 그리고 그 돈으로 인디애나 주 단빌의 중앙 사범학교에 입학했다.

나는 매주 1달러 40센트를 식비로, 50센트는 집세로 지불했다. 그리고 어머니가 만들어 준 갈색 셔츠를 입었다. 어머니는 될 수 있는 대로 때가 잘 보이지 않는 천을 선택하셨다. 나는 또 아버지의 헌 옷을 입었다. 그것은 몸에 잘 맞지 않았다. 고무 반장화 역시 잘 맞지 않았다.

그 장화는 옆쪽에서 묶게 되어 있었는데 고무가 오래 된 탓으로 걸을 때마다 벗겨질 것만 같았다.

나는 다른 학생들과 어울리는 것이 싫어서 방문을 굳게 닫고 공부만 했다. 그 당시 내 최대의 희망은 내 몸에 맞고 사람들이 보아도 부끄럽지 않은 의복을 사입는 것이었다.

그러나 나는 그 후에 열등감을 극복하는 4가지 일을 찾아냈다. 그 중의 하나는 나에게 용기와 희망과 자신을 일깨우고, 나의 일생을 완전히 변화시켜 주었다. 다음은 그것을 간단히 서술한 것이다.

첫째, 이 사범학교에 입학한 지 8주일 후, 나는 시골의 소학교에서 아이들을 가르칠 수 있는 제3학년 수료증을 받았다.

이 증명서는 단 6개월이란 기한을 두고 있었지만, 이제까지 어머니 이외에 아무도 신용해 주지 않았던 나라는 인간을 누군가가 신용해 주었다는 증거이다.

둘째, 해피 힐로우라는 곳의 교육 위원회가 일급 2달러, 월급 40달러로 나를 채용해 주었다. 이것도 누군가가 나를 신용하고 있다는 증거였다.

셋째, 나는 최초의 봉급을 받자마자 옷을 샀다. 지금 누군가 나에게 100만 달러를 준다 해도 이 기성복을 샀을 때의 즐거움과는 비교가 안 될 것이다.

넷째, 나의 일생에 있어서 획기적인 분기점, 곤란과 열등감과의 투쟁에 있어서 최초의 커다란 승리는 인디애나 주 베인브리 지에서 매년 개최되는 공진회에서였다.

어머니는 그곳에서 개최되는 연설 콘테스트에 나가 보라고 권하셨다. 나는 그런 것을 어떻게 할 수 있을까 생각했다. 대중 앞에서 연설하는 모습을 상상하는 것만으로도 기가 꺾였다. 하지만 어머니의 나에 대한 신뢰는 가슴을 아프게 파고들었다.

그녀는 나의 미래에 대해서 커다란 꿈을 갖고 있었다. 어머니는 자신의 모든 것을 자식인 나에게 걸고 있었다. 나는 어머니의 신뢰에 원기를 얻어 콘테스트에 출연했다. 나는 〈미국의 학계에 대해서〉란 연제를 선택했다. 솔직히 말해 이 연설을 준비할 때까지만 해도, 학계에 대해서는 아무것도 모르고 있었으나 그것은 문제가 되지 않았다.

나는 연설의 초고를 작성하여 나무나 소나 말 앞에서 수십 회 연습했다. 나는 오직 어머니를 기쁘게 하려는 일념으로 일생 일대의 혁신을 다짐했다.

그러나 어찌 된 일인지 1등상을 탔다. 이것은 매우 뜻밖이었다. 청중들 속에서 박수 소리가 울려 퍼졌다. 지난날 나를 바보라 하여 '뽀동이'라는 별명을 붙여 주었던 이들도 나의 어깨를 두드리면서,

"엘머, 훌륭하다. 너라면 할 수 있으리라 생각했다."
라고 말했다.

어머니는 나를 포옹하고 기쁜 눈물을 흘렸다. 돌이켜 생각해 보면, 그 연설 콘테스트에서 입상하였을 때가 내 일생의 분기점이 되었다. 지방 신문은 나에 관한 기사를 1면에 게재하고, 나의 미래에 커다란 기대를 건다고 썼다.

그 상 덕분에 나는 일약 유명한 사람이 되었다. 그러나 무엇보다 중요한 것은 내 자신의 능력을 일깨워 준 것이었다. 만일 그때 콘테스트에 입선하지 못했다면 나는 미합중국 상원의원이 되지 못했으리라.

왜냐하면 그때의 입상으로 나는 시야가 넓어졌을 뿐만 아니라 꿈에도 생각지 못한 잠재 능력이 있음을 깨달았기 때문이다. 그러나 그 당시 무엇보다 고마운 것은 연설대회의 1등상으로 중앙 사범학교의 1년치 장학금을 타게 된 것이다.

나는 그때부터 한층 높은 교육을 갈망하게 되었다. 그곳에서의 9년 (1891~1900) 동안은 가르치는 시간과 배우는 시간으로 나눌 수 있다. 드 파우 대학교의 학비를 벌기 위해서 급사 노릇을 하고, 주방을 닦고, 잡초를 베는 등 여름에는 밭일도 하고 도로 공사의 인부 노릇도 하며 고생을 했다.

그리고 브라이언의 응원 연설이 계기가 되어, 정계에 들어가기로 결

심했다. 그래서 드 파우 대학에 들어갔을 때에 나는 법률과 변론술을 공부하기 시작했다.

1899년 버틀러 대학과의 토론회에 학교 대표로 출전하여 〈미국 상원은 국민투표에 의할 것〉이란 의제로 토론에 참가했다. 나는 또 다른 콘테스트에서도 입상하고, 1900년의 대학 연보 〈더 미레이지〉라 불리는 대학 신문 〈더 팔라디움〉의 주필에 임명되었다.

그리고 드 파우 대학에서 문학사의 학위를 얻은 후, 호레스 그릴리의 충언에 따라 서남부로 갔다. 신천지 오클라호마로 간 것이다. 키오와, 코만치, 아파치 등 인디언 보호 구역이 정해졌을 때, 나는 자작 농지법에 의한 권리를 주장하여 오클라호마 주 로턴에 법률 사무소를 열었다.

나는 오클라호마 주 상원의원을 13년간, 미합중국 하원의원을 4년간 한 후 50세에 숙원이었던 미합중국 상원위원에 선출되어, 1927년 이래 계속 재직하고 있다.

이상은 나의 성공을 자랑삼아 이야기한 것이 아니다. 그것은 어느 사람에게나 흥미 있는 것이 아니다.

나는 옛날의 나——부친의 헌 양복을 몸에 걸치고, 헌 구두를 신고 있었던 내가, 번민했던 것과 똑같은 번민이나 열등감으로 고민하는 소년들의 마음에 용기와 자신감을 불러일으키고 싶은 염원에서 이야기한 것뿐이다.

나는 알라의 낙원에서 살았다

옥스퍼드 보드리언 도서관 창설자
알 V. C. 보드레이

    1918년, 나는 이 세상을 등지고 북서 아프리카의 알라신이 있는 사하라 사막에서 아라비아인과 함께 생활했다. 나는 7년 동안 그 생활을 계속했다. 나는 유목민의 언어를 배우고, 그들과 같은 옷을 입고, 같은 식사를 하며, 그들의 생활 양식을 받아들였다.
    그 생활 양식은, 2천 년 동안 전혀 변함이 없었다. 나는 양치는 목동이 되고, 아라비아인의 천막에서 잠을 잤다. 나는 또한 그들의 종교를 상세히 연구하고, 먼 훗날에 《신의 사자》라고 하는 마호메트전을 집필했다.
    그렇게 유랑의 양치기 목동과 함께 지낸 7년 동안은 내 일생 중에서 가장 평화롭고 만족감을 안고 산 세월이었다.
    나는 그간에 많은 변화를 겪었고 풍부한 경험을 얻었다. 나는 파리에서 출생했고 양친은 영국인으로서 9년간 프랑스에서 살았다. 그 후, 이튼교에서 교육을 받고 산더스트의 육군사관 학교에 입교했다. 그리고 영국 장교로서 인도에 6년간 머물렀다.
 거기서 나는 여가 시간에 마상 경기, 사냥, 히말라야 등을 탐험했다.
 그리고 제1차 대전에 종군하고, 종전 직후에는 강화 사절단 부관으로 파리에 파견되었다. 나는 여기서 전후의 사태에 대해 쇼크를 받았다. 서부 전선에서의 4년간 피맺힌 전쟁은 문명을 구하기 위한 어쩔 수 없는 행동이라 믿고 있었다.
 그러나 파리 강화회의에서 나는 이기적인 정치가들이 제2차 대전 같은 것을 일으키려 하는 것을 목격했다. 각국은 자기 나라를 위하여, 될 수 있는 한 많은 것을 탈취하려 했고 국가적 적의를 조성하고, 비밀 외교의 음모를 부활하려고 했다.
 나는 전쟁·군대·사회에 내 모든 것을 다 바쳐 왔다. 하지만 나는 난생 처음으로 앞으로의 삶의 반향 때문에 번민하고 괴로워하여 밤잠을 못 이루는 날이 많아졌다.
 로이드 조지는 나에게 정계에 진출할 것을 권했다. 내가 그의 충고를 받고 망설이고 있을 때 뜻하지 않은 사건이 일어났다. 이 사건으로 말미암아 앞으로 7년간의 내 운명이 결정되어졌다.
 그것은 제1차 세계대전이 낳은 가장 다채롭고 로맨틱한 인물로 알려진 '아라비아의 로렌스' 태트 로렌스와의 이야기에서 발생했다. 그는 아라비아인과 함께 사막에서 생활하고 있었는데, 나에게도 그 생활을 권한 것이다. 실로 기상 천외한 일이었다.
 그때 나는 이미 군대를 떠나기로 마음먹고 있었으므로 무언가 하지 않으면 안 되었다. 민간 사업가들은 나 같은 군인 출신을 멀리했다. 노동 시장에서 실업자가 득실거리고 있었기에 더욱 그러했다. 그래서 나는 로렌스의 권고에 따라 아라비아인과 함께 생활하기 위해서 그곳으로 갔다.

그 아라비아인들은 번민을 극복하는 방법을 나에게 가르쳐 주었다. 모든 회교도가 그렇듯이 그들은 숙명론자였다. 그들은 마호메트가 코란에 기록한 말씀을 알라신의 신성(神聖)한 계시라고 믿고 있었다.

그러므로 코란에,

"신은 그대와 그대의 행동의 모든 것을 창조하였느니라."
라고 씌어 있다면 그들은 그것을 문자 그대로 받아들였다.

그들의 생활이 언제나 평화롭고, 바쁘게 서둘지 않고, 일들이 잘 되지 않을 때도 불필요하게 노하거나 흥분하지 않는 이유는 모두 코란에 있었다. 타고난 운명은 운명에 있을 뿐, 신 이외의 누구도 그것을 변화시킬 수 없다는 것을 알고 있었다.

그러나 어떤 불행이 닥쳐왔을 때 손을 멈춘 채 아무것도 하지 않는 것은 아니다. 그것을 설명하기 위하여 내가 사하라 사막에 살고 있을 때 경험했던, 맹렬히 불어닥친 열풍의 이야기를 했야겠다.

이 열풍은 사흘 동안 무섭게 몰아쳤다. 그것은 엄청난 강풍이었으므로 사하라 사막의 모래를 휘몰아 가서 멀리 지중해를 건너 수백 마일 떨어진 프랑스 론 강 유역을 하얗게 할 정도였다. 그러나 바람의 열기는 이보다 더 극심했다.

나는 머리털이 타는 것 같은 기분이 들었다. 목구멍이 타들어 가고, 눈은 열기에 차고, 입은 모래로 가득 찼다. 마치 유리 공장의 용광로 앞에 서 있는 것 같은 느낌이었다. 나는 이러한 상황이 조금 더 계속된다면 정말 미쳐 버릴 것만 같았다. 그러나 아라비아인은 조금도 불평하지 않았다. 그들은 어깨를 으쓱하며 말했다.

"맥도우브!"

맥도우브란 '그것은 이미 전조가 있었다'는 뜻이다.

그러나 그들은 열풍이 멎자 즉시 활동을 개시했다. 그들은 먼저 모든 어린 양들을 도살했다. 어느 때인가 죽을 것을 알고 있었기 때문이다. 그들은 어린 양을 도살함으로서 어미 양을 구할 수 있다는 걸 생각한 것이다.

어린 양을 없애고 나서는 어미 양들을 남쪽 물이 있는 곳으로 쫓아 보냈다. 아라비아인들은 자기들이 받은 피해를 한탄하지도 않고 아무런 불평도 번민도 하지 않고 조용히 이것을 실행한다. 아라비아인의 족장은 말했다.

"어린 양을 도살하는 것은 큰 잘못이 아닙니다. 만약 그렇게 하지 않는다면 모든 것을 잃을지도 모르니까요. 그러나 신의 덕분으로 4할의 양이 남았으니 다시 출발하면 됩니다."

또 이런 일도 있었다.

우리가 자동차로 사하라 사막을 횡단하던 중 타이어 하나가 고장 났다. 운전사는 타이어 수리하는 것을 잊고 있었다. 그러므로 자동차는 세 개의 타이어만으로 굴러갔다. 나는 짜증이 나서 아라비아인에게 어떻게 할 것이냐고 물었다.

그랬더니 그들은 아무 일도 없다는 듯이, 흥분하면 더욱 뜨거워질 것이고 고장난 타이어는 알라신의 은총이 있을 뿐 별도리가 없다고 했다. 그래서 우리는 타이어를 겨우 때워가지고 앞으로 나가기 시작했다. 그러나 또 얼마 가지 않아서 차가 움직이지 않게 되었다. 이번에는 휘발유가 떨어진 것이다. 족장은,

"맥도우브!"

라고 말할 뿐이었다. 다른 사람들도 휘발유를 충분히 넣지 않은 것을 비난하지 않고 조용히 있었다. 그리고 우리는 즐겁게 노래를 부르면서 목적지까지 걸어 갔다.

아라비아인과 함께 사는 동안 나는, 구라파와 미국의 신경증 환자· 광인·주정꾼들은 우리가 문명이라고 부르는 세계의 성급하고 긴박한 생활의 산물이라고 확신하게 되었다.

사하라 사막에 사는 동안 나에게는 어떤 번민도 없었다. 그곳 알라의 낙원에서는 평정한 만족과 육체적 행복이 보이는 것 같았다.

많은 사람들은 숙명론을 경멸한다. 그들이 옳은지는 모르지만 앞날은 누구도 알지 못한다. 그러나 우리는 언제나 우리의 일생이 결정되어 간다는 사실을 알고 있다.

다시 말하면 내가 1919년 8월 어느 날 오후에 아라비아의 로렌스와 이야기를 나누지 않았다면 그 후의 내 생활은 전혀 변하지 않았을 것은 당연하다. 나의 생애를 돌이켜 보면 내 힘으로는 어떻게 할 수 없는 것 같은 일들이 있어서 많은 것이 형성되었다고 본다.

아라비아인은 그것을 '맥도우브' 또는 '기스메트'라 불렀다. 알라의 은총을 의미한다. 명칭에 상관없이 그것은 인간에게 있어서 불가사의한 일이다.

나는 사하라를 떠나 17년이 지난 지금, 비로소 그것을 깨달았다. 그리고 아라비아인으로부터 배운 것에 대하여 행복한 인내와 복종을 가지게 되었다. 이 철학은 백 가지 천 가지의 수면제보다도 나의 신경을 진정시키는 데 커다란 역할을 하였다.

우리는 회교도는 아니다. 숙명론자가 되려는 것도 아니다. 그러나 강렬한 열풍이 우리의 생활에 휘몰아친다면 우리는 그것을 막을 수 없기 때문에 불가피한 것을 받아들이는 것이다. 그리고 열풍이 지나고 나면 활동을 다시 시작하여 남은 것을 모아 나가는 것이다.

내가 번민을 극복한 5가지 방법

윌리엄 라이언 헬프스 교수

나는 예일 대학의 윌리엄 헬프스 교수가 작고하기 얼마 전, 그와 함께 오후를 보내는 영광을 가졌다. 다음은 그때의 대화를 노트에 기록해 둔 것이다.

—데일 카네기

첫번째, 내가 스물세 살 때 두 눈이 갑자기 나빠졌다. 잠시 동안 책을 읽어도 눈은 바늘로 찔린 것처럼 아팠다. 그리고 책을 읽지 않을 때도 지나치게 과민 상태에 놓여 창가를 바라볼 수 없을 지경이었다.

나는 뉴헤븐이나 뉴욕의 유명한 안과 전문의의 치료를 받았으나 아무런 효과도 없었다. 오후 4시만 지나면 나는 방 안에서 제일 어두운 곳에 앉아서 잠잘 시간을 기다릴 뿐이었다. 나는 겁이 났다.

교직을 그만둔 채 서부로 가서 나뭇단이라도 지지 않으면 안 되는 것인지 무척 걱정이 되었다. 그때 육체적 고통에 정신이 이상한 영향을 주는 기묘한 일이 일어났다. 눈이 최악의 상태에 놓여 있던 그 불행한 겨울, 나는 대학 졸업생들을 상대로 강연을 하게 되었다.

강단은 천장에 달린 가스등으로 휘황찬란하게 빛나고 있었다. 그 빛이 너무 강하게 비치므로 나는 마룻바닥만 보고 있었다. 그러나 나는 30분간의 강연 도중 조금도 눈에 고통을 느끼지 않았고, 눈을 깜박이지도 않은 채 그 빛을 보게 되었다. 그런데 강연이 끝났을 때 다시 통증이 느껴졌다.

그래서 나는 무엇인가에 정신을 강하게 집중시키면 일주일만에 틀림없이 눈은 나을 것이라고 생각했다. 이것은 분명히 육체적인 질환에 대한 정신적 승리이다.

나는 후일 배를 타고 대서양을 횡단할 때에도 같은 경험을 했다. 갑자기 격심한 요통을 일으키는 바람에 걸음을 제대로 걸을 수가 없었다. 똑바로 서려고 해도 잘 되지 않았다. 이때, 선객에게서 이야기를 들려 달라는 의뢰를 받았다.

나는 이 부탁을 거절할 수가 없었으므로 일단 이야기를 시작하였다. 그러자 신기한 일이 일어났다. 나는 모든 고통을 잊고 똑바로 설 수 있었다. 고통이 모두 내 몸에서 없어진 것이다.

나는 똑바로 서서 연단을 이리저리 거닐면서 한 시간 동안 이야기했다. 그리고 강연이 끝났을 때는 쉽게 내 방으로 걸어 올 수가 있었다. 그 순간 나는 완쾌된 것으로 생각했다. 하지만 그것은 일시적인 것이었다. 그 후 요통이 다시 시작되었다.

이러한 경험은 사람의 정신적인 태도가 얼마나 중요한지 나에게 제시해 준 것이었다. 그것은 가능한 동안에 되도록 인생을 즐기는 것이 좋다는 것을 가르쳐 주었다. 그러므로 나는 오늘이 인생의 첫날이며 또 최후의 하루인 것같이 매일매일 최선을 다해 생활했다.

나는 인생의 나날의 사건에 흥미를 가지고 흥분상태에 있는 사람은 분별 없는 번민으로 고생은 하지 않으리라는 것을 깨달았다.

나는 교사이기 때문에 해야 하는 모든 일을 사랑한다. 나는 《가르치는 일의 기쁨》이라는 책을 썼다. 남을 가르친다는 것은 나에게 있어서 언제나 예술이며 직업 이상의 것이었다. 그것은 정열적인 것이다.

화가가 그림을 그리는 것을 사랑하고, 가수가 노래 부르는 것을 사랑하듯 나는 언제나 넘치는 기쁨을 갖고 학생들에 관한 것을 생각한다. 인생에 있어서 성공의 큰 원인은 정열이라고 나는 믿고 있다.

둘째, 나는 흥미 있는 책을 읽음으로써 마음의 번민을 쫓아낼 수 있음을 알았다. 나는 59세 때 만성 신경 쇠약에 걸렸다. 이 병을 앓는 동안 나는 데이빗 알렉 윌슨의 명저 《칼라일전》을 읽었다. 그것은 나를 회복시키는 데 큰 역할을 했다. 나는 독서에 정신을 빼앗기고 병에 대한 번민을 잊은 것이다.

셋째, 그리고 몸이 으스스 춥고 아프면, 그런 때는 하루 종일 몸을 움직여 일하려고 노력했다. 나는 매일 아침 테니스를 하고, 점심 후에도 매일 골프를 쳤다. 금요일 밤에는 밤 한 시까지 춤을 추었다. 많은 땀을 흘리면 번민이나 근심도 사라진다.

넷째, 나는 서둘고 당황한다거나 긴장 상태에서 일을 하는 어리석음을 피하는 것을 배웠다. 나는 언제나 윌버 클로스의 철학을 마음에 두고 있었다. 그가 코네티컷의 지사였을 때 나에게 말했다.

"나는 하지 않으면 안 되는 일들이 동시에 밀어 닥치면 의자에 태평히 앉아서 한 시간 동안 파이프를 입에 물고 아무 일도 하지 않는다."

다섯째, 나는 또 인내하는 시간이 우리의 번민을 해결해 준다는 것을 알았다. 무언가 번민하고 있을 때는 나는 그것을 넓은 시야에서 관찰하고 이렇게 자신에게 이야기한다.

'두 달만 지나면 이 번민도 해결될 것이다. 그렇다면 왜 지금 그것을 고민하는가? 2개월 후의 태도를 지금 갖는다고 나쁠 것은 없지 않은가.'

이상을 요약하면 헬프스 교수가 번민을 극복한 방법은 다음의 5가지이다.

① 환희와 정열을 가지고 생활한다.

"나는 그날그날을 인생의 최초의 하루인 것처럼 생활했다."

② 흥미 있는 책을 읽는다.

"만성 신경 쇠약증에 걸렸을 때 《칼라일전》을 읽음으로써 병고를 잊을 수 있었다."

③ 운동을 한다.

"몸이 으스스 춥고 괴로울 때는 하루 종일 신체적인 일을 하려고 노력했다."

④ 일을 할 때도 여유를 가지라.

"서두르고 당황하고 긴장 상태에서 일하는 것은 매우 어리석음을 깨달았다."

⑤ 넓은 시야에서 번민을 관찰한다.

"두 달만 지나면 이 번민도 해결되겠지. 그렇다면 왜 지금 그것을 고민하는가? 2개월 후의 태도를 지금 갖는다고 나쁠 것은 없지 않은가."

나는 어제 섰듯이 오늘도 설 수 있다

도로시 딕스

나는 가난과 질병의 밑바닥을 경험했다. 누군가가 어떻게 해서 그 번민을 이겨냈는지 질문한다면, 나는 이렇게 대답할 것이다.

"나는 어제 섰듯이 오늘도 설 수 있을 것이다. 내일 무슨 일이 생길지 그런 것은 걱정하지 않을 생각이다."

나는 가난과 고통, 불안과 실망을 맛보았다. 나는 내 힘 이상의 일을 하지 않으면 안 되었다. 나의 인생을 돌이켜 볼 때 그것은 죽은 꿈이요, 깨어진 희망이며, 부서진 환영의 잔해가 산란하는 전쟁터였다. 나는 언제나 불리한 상태에서 싸우고, 상처를 입고, 피를 흘리고, 내 나이 이상으로 빨리 늙었다.

그러나 나는 조금도 애처롭게 생각지 않는다. 과거의 슬픔을 한탄하지도 않으며, 나 같은 고생을 겪지 않은 사람들을 질투하지도 않는다. 그 사람들은 단순하게 살고 있었으나, 나는 충실하게 생활해 왔기 때문이다.

나는 생활이라는 잔을, 그 속에 담긴 찌꺼기까지 다 마셨으나 그 사람들은 그 평면의 거품만을 스쳐갔을 뿐이다. 나는 그들이 알지 못하는 것을 알고 있다. 그 사람들에게는 보이지 않는 것도 보아 왔다. 그 눈을 눈물로 씻어서 맑게 된 사람만이 넓은 시야를 갖고 전 세계의 동포 자매가 될 수 있다.

나는 안이한 생활을 하는 여자는 결코 체득할 수 없는 철학을 배웠다. 나는 하루하루를 있는 그대로 생활하고, 내일을 두려워하며 번민을 등에 지고 다니지 않는 것을 배웠다.

우리를 가슴 아프게 하는 것은 검은 협박의 영상이다. 나는 그 공포를 쫓아냈다. 왜냐하면 경험에 의해서, 내가 그런 두려움에 쌓이는 때가 오면 거기에 대처할 힘과 지혜가 꼭 내게 있어야 한다는 것을 알고 있었기 때문이다. 그리고 약간의 번민은 나에게 영향력을 미치는 힘을 가지고 있지 않았다.

나는 타인에게 많은 기대를 하지 않기 때문에 그다지 신뢰할 수 없는 친구나 평판이 좋지 않은 친지 또는 불량아들과도 함께 어울릴 수 있다. 특히 나는 유머를 잊지 않으려 노력하고 있다. 왜냐하면 세상의 모든 일들은 울어도 별 수 없고, 웃어도 신통치 않다는 것을 알았기 때문이다.

히스테리가 되기보다 자신의 수고에 대하여 농담을 던질 수 있는 여자라면 두 번 다시 번민하지 않을 것이다. 나는 내가 경험한 곤란한 일들을 후회하지는 않는다. 왜냐하면 그것을 통해서 나는 인생의 구석구석까지 맛을 보았기 때문이다. 그것은 내가 치른 만큼의 가치는 충분하게 있었다.

도로시 딕스는 '오늘에 산다'라는 의지로 번민을 극복한 것이다.

나는 다음날 아침까지 살 수 있다고는 생각지 않는다

J. C. 페니

  1902년 4월 14일, 한 청년이 와이오밍 주 켄멜러에서 4백 달러를 자본으로 양복점을 개업하면서 꼭 100만 달러를 벌겠다고 굳게 결심했다. 그곳은 인구 1천 명의 광산 마을이었다. 그는 그의 아내와 가게의 다락방에서 기거를 하며 커다란 빈 상자를 테이블로 삼고 작은 상자로 의자를 대신했다.
  젊은 아내는 어린애를 모포에 싸서 일하는 장소 곁에 눕히고 남편을 도왔다. 이것이 오늘날 전국에 1,600개의 지점을 가진 세계 최대의 양복 체인점 J. C. 페니이다. 나는 최근에 그와 식사를 같이 한 적이 있었는데 그때 그에게서 들은 그의 생애의 극적인 일부분을 여기 소개한다.

                ——데일 카네기

  나는 지난 날 실로 쓰디쓴 경험을 했다. 나는 굉장히 괴로웠고 절망에 빠져 있었다. 나의 번민은 J. C. 페니 회사와는 전혀 관계가 없었다. 회사는 기초가 튼튼하게 계속 번영하고 있었으나, 나 개인은 1919년의 대공황 직전에 눈치 없이 인수 계약을 체결한 것이다.

그래서 나는 다른 많은 사람들과 마찬가지로 내 책임이 아닌 경제 정세의 책임을 지게 된 것이다. 나는 너무 심한 고뇌 때문에 불면증에 걸렸다. 그리고 또 통증을 수반한 피부병을 앓게 되었다.

나는 고등학교 친구인 엘머 이글스런 박사에게 진찰을 받았다. 이글스런 박사는 나에게 중병이라고 경고했다. 그래서 엄중한 조처를 취했으나 아무런 효과도 없었다.

나는 매일매일 쇠약해졌다. 정신적으로나 육체적으로 점점 더 쇠약해져서 마침내는 의기를 잃고 희망도 사라졌다. 나는 사는 목적이 없어졌다. 나에게는 한 사람의 친구도 없고 가족들도 나를 방관하고 있을 뿐이라고 느꼈다. 어느 날 저녁 이글스런 박사는 나에게 수면제를 먹였다.

그러나 나는 곧 눈을 뜨고, 이것이 내 최후의 밤이라 느꼈다. 나는 자리에서 일어나 가족에게 보낼 마지막 작별의 편지로 오늘 밤 이후 다시는 밝은 것을 보지 못할 것이라고 적었다.

다음날 아침 눈을 떴을 때, 나는 아직 살아 있다는 것을 알고서 무척 놀랐다. 계단을 내려갈 때 내가 매일 아침 예배를 드리던 작은 교회에서 울려퍼지는 성가 소리를 들었다. 나는 지금도 그때에 들려온 '신은 그대를 수호하리라'라는 찬가를 분명히 기억한다.

나는 그 교회에 들어가 거룩한 마음으로 찬미가와 성서의 낭독을 들었다. 그런데 갑자기 어떤 변화가 일어났다. 그러나 그것을 말로써 설명할 수가 없다. 그건 확실히 기적이라 할 수밖에 없다. 나는 불의의 암흑의 토굴에서 따뜻하고 밝은 햇빛에 이끌려 가는 것 같은 느낌이 들었다. 마치 지옥에서 천국으로 옮겨진 것 같은 기분이었다. 나는 난생 처음으로 하느님의 힘을 느꼈다.

나는 그때에 비로소 나만이 나의 번민에 책임이 있다는 것을 깨달았다. 나는 하느님의 사랑의 손길이 내게로 오는 것을 알았다. 그 날 이후, 나는 번민으로부터 해방되었다. 나는 지금 71세이다. 그날 아침 그 교회에 있었던 몇 분은 나의 생애에서 가장 빛나는 극적인 20분이었다.

J. C. 페니는 한순간에 번민을 이길 수 있는 방법을 깨달았다. 그것은 그가 유일하게 완전한 치료법을 발견했기 때문이다.

나는 운동을 한다

뉴욕 시의 변호사, 전 올림픽 경중량 권투 선수권 보유자
육군 대령 에디 이건

  나는 무슨 일인가에 조바심을 하고, 머리 속이 이집트에서 물방아를 돌리는 낙타처럼 빙글빙글 도는 것 같고, 전신이 녹신녹신 피로해지는데 오뇌를 쫓아버리려 하고 있다.
  걸음을 걸어도 좋다, 먼 곳으로 등산을 가는 것도 좋다. 또한 체육관에 가서 샌드백에 펀치를 퍼붓는 것도 좋다. 왜냐하면 운동이 나의 정신적 번민을 쫓아버리기 때문이다. 나는 주말이면 운동을 한다. 골프장을 찾아가든가 테니스를 친다. 육체를 피로하게 함으로써 내 마음은 법률 문제에서 휴식을 얻게 된다. 그리고 다시 법률 문제를 다룰 때는 새로운 열과 힘을 얻게 된다.
  뉴욕에서 일을 할 때도 나는 가끔 예일 클럽 체육관에서 한 시간 정도 보낼 때가 있었다. 테니스를 하든가 스키를 탈 때는 누구도 번민을 하지 않는다. 바쁠 때는 그럴 겨를이 없다. 커다란 정신적 번민의 산도, 갑자기 작은 두더지가 되어 새로운 생각과 행동이 쉽게 된다.

번민의 가장 좋은 해독제는 운동이다. 번민이 있을 때는 될 수 있는 대로 두뇌를 사용하지 말고 근육을 사용한다. 그렇게 하면 놀라운 효과를 볼 것이다. 운동을 시작하면 번민은 제일 먼저 달아나 버린다.

나는 번민 많은 사람이었다

C. F. 뮬러 컴퍼니 공장 관리인
짐 버드솔

17년 전, 블랙버그의 육군 사관 학교 재학 중, 나는 버지니아 공업 출신의 번민 많은 자로 알려져 있었다. 그 당시 나는 대단한 번민을 하고 있었으므로 자주 병에 걸리고, 그것이 겹쳐서 학교 부속 요양소에는 내 전용 침실이 마련되어 있었다.

간호사는 내 모습을 보는 즉시 나에게 주사를 놓아 주었다. 나는 모든 것에 대해 번민을 했다. 때때로 내가 무엇을 번민하고 있는지조차 모를 정도였다. 나는 문장을 비롯한 다른 과목의 시험에서 떨어졌으므로 성적 불량으로 퇴학을 당하지 않을까 걱정했다.

나는 심한 통증을 일으키는 소화불량에 번민하고, 불면증에 걸려 번민했다. 또 경제 문제도 번민했다. 나는 때때로 연인에게 선물을 사주지 못했고, 춤을 추러 함께 가 주지도 못했다. 그래서 그녀가 누군가 다른 후보생과 결혼하면 어쩌나 하고 걱정했다. 나는 이처럼 여러 가지 문제로 번민하고 괴로워했다.

나는 결국 절망한 나머지, 나의 번민을 듀그 베야드 교수에게 모두 이야기했다. 교수와의 15분간의 면담은, 나의 대학 4년간을 능가하는 건강과 행복을 부여해 주었다. 교수는 말했다.

"짐! 그대는 침착하게 사실을 올바르게 직시해야 되네. 그대가 쓸데없이 번민하고 있는 시간의 반이라도 문제 해결에 열중한다면 번민은 없어지네. 번민은 그대가 자기 자신에게 주고 있는 일종의 나쁜 습관에서 오는 거네."

그리고 그는 번민의 악습관을 타개하는 3가지 방법을 알려 주었다.

첫째, 자기가 번민하고 있는 문제가 무엇인지 확실하게 찾아낼 것.

둘째, 문제의 원인을 찾아낼 것.

셋째, 문제 해결에 있어서 바르고 건설적인 노력을 할 것.

면담 후, 나는 건설적인 계획을 세웠다. 우선 문장에 낙제점을 받은 것을 고민하기보다는 왜 실패하였는가를 자신에게 물어 보았다. 그것은 내가 우둔해서가 아니었다. 내가 이렇게 장담할 수 있는 것은 버지니아 공업학교 재학 중학교 신문의 주필을 지낸 적도 있기 때문이다.

내가 문장 시험에 실패한 것은, 문장에 흥미를 가지고 있지 않았기 때문이다. 나는 장래 공업 기사로서 출세할 생각이었으므로 문장에 신경을 쓰지 않았다.

나는 그제서야 태도를 바꾸었다. 그리고 나 자신에게 말했다.

"만일 학위를 받으려면 문장 시험에 패스해야 한다고 대학 당국자가 밝힌다면 나는 그 시비를 운운할 자격도 없지 않은가."

그래서 나는 문장 시험을 다시 보기로 했다. 문장은 어려운 것이라는 두려움을 버리고 똑바로 인식하고 열심히 공부한 결과 이번에는 패스할 수 있었다.

나는 또 몇 가지 아르바이트를 함으로써 경제적 번민을 해결했다. 대학 축제가 개최되는 동안 폰스주를 팔았다. 부친으로부터 도움을 얻는데도 성공했다. 그 돈을 졸업한 후에 갚았다.

그리고 또, 더구나 다른 후보생과 결혼하면 어쩌나 걱정하던 여자에게 청혼을 해서 그 연애 문제도 해결되었다. 그 여자가 현재 미시즈 짐 버드솔이다.

지금 그때의 일을 돌이켜 보면 나의 번민은 그 원인을 캐내는 것을 잊고, 사실을 회피함으로써 생긴 심리적 혼란에서 오는 것임을 알 수 있다.

나는 이 한 줄의 글로 산다

1984년에 창립한 미국에서 가장 오래 된 신학교
뉴저지 뉴브런즈윅 신학교 교장 조셉 R. 사이즈 박사

지난 몇 년 회의와 환멸의 시대에서 나의 일생은, 어떤 알 수 없는 힘에 의해 조종되고 있는 것같이 생각되었다.

어느 날 아침 나는 신약 성서를 펼치고 다음과 같은 구절을 읽었다.

"나를 보내신 자 나와 함께 계시고, 나를 혼자 버려 두지 않으시리라."

그때 이후, 나의 인생은 완전히 변해 버렸다. 모든 일이 달라졌다. 나는 하루도 이 구절을 되풀이하지 않은 날이 없었다.

그 몇 년간 많은 사람들이 나의 조언을 듣기 위해 찾아왔다. 나는 언제나 이 구절을 읽어 주고 그들을 격려했다.

나의 눈길이 성서의 한 구절을 찾은 이래, 그 문장에 의지하며 살아왔다. 나는 이 구절과 함께 거닐고, 그 속에서 평화와 힘을 보았다.

나에게 있어서는 이것이야말로 종교의 진수였다. 그것은 인생을 가치 있는 것으로 만드는 모든 것의 기초가 되고 있다. 그것은 나의 인생의 금자탑이다.

나는 깊은 곳에 떨어졌다가 살아 남았다

내셔널 애니멜링 앤 스텐핑 회사
남부 캘리포니아 대표 이사 테드 엘릭션

나는 예전에는 이야기도 할 수 없는 겁쟁이였는데 현재는 그렇지가 않다.

1942년 나는 영원히 잊지 못할 한 가지 일을 경험했다. 그것이 나의 번민을 완전히 쫓아내 주었다. 그 경험에 비추어 보면, 번민은 문제도 되지 않을 것같이 생각되었다.

난 매우 오래 전에 알래스카로 가는 어선에서 한여름을 보내고 싶다고 생각했었는데, 1942년 알래스카의 고디악 항구로 가는 3피트의 포경선과 계약을 했다. 이 작은 배에는 승무원이 3명뿐이었다. 배를 지휘하는 선장, 그를 보조하는 조수, 잡무를 맡은 선원, 선원은 대개 스칸디나비아 사람들이 맡고 있었는데 이 배의 경우도 마찬가지였다. 그 선원처럼 나도 역시 스칸디나비아인이었다.

나는 하루 24시간 계속 일을 할 때도 있었다. 그것이 1주일 이상 계속될 때도 있고, 다른 사람이 하지 않는 일이 모두 나에게 맡겨지기도 했다.

배를 닦는 것에서부터, 어구를 챙기고, 모터의 기름 냄새와 열기로 울렁거리는 선실과 작은 스토브에 나무토막으로 불을 지펴 식사를 만들고, 설거지를 하고, 또 배를 수선하기도 했다.

잡은 연어를 배에서 운반선에 옮겨 싣는 것도 나의 일이었다. 운반선은 그것을 육지의 공장으로 가져갔다. 나는 고무 장화를 신고 있었으나 신발 안에는 언제나 물이 가득했다. 그러나 그것을 쏟아 버릴 겨를도 없었다.

하지만 이 모든 일도, 코르크선(線)이라 불리우는 것을 끌어올리는 일에 비하면 아무것도 아니었다. 이 작업은 배 뒤편에 서서 그물의 코르크를 끌어올리는 일인데, 내가 그물을 끌어올리는 것이 아니고, 내가 보트로 그물 쪽으로 가서 그것을 있는 힘껏 보트에 올려놓는 것이므로 뼈가 부러지는 것 같았다.

나는 이 일을 몇 주 동안 계속했기 때문에 몸이 솜처럼 늘어졌다. 그리고 전신을 가누지 못할 만큼 아팠다. 그것은 수개월이 지난 후에도 낫지를 않았다.

그래서 잠깐 쉴 틈이 생기면 낡은 매트리스에서 눈을 붙였다. 나는 등에서 제일 통증이 심한 부분을 매트리스의 딱딱한 곳에 대고, 독약을 먹는 사람처럼 웅크리고 잤다. 나는 피로라는 독약을 먹은 것이다.

나는 이러한 고통과 중노동에서 인내하는 것을 배웠고 지금도 즐기고 있다. 그것은 나에게서 번민을 쫓아 주었기 때문이다. 지금은 무언가 예기치 않은 문제로 번민이 생기면 나는 자신에게 물어 본다.

'엘릭션, 이것과 코르크 인양 작업과 어느 것이 더 어려운가?'

그러면 엘릭션은 틀림없이,

'아니야, 코르크 작업에는 절대 못 당해!'
라고 대답할 것이다.

　나는 원기를 회복하고 문제를 찾아 모을 것이다. 인간은 때때로 초죽음의 지경에 이르러 본다면 약이 된다고 생각한다. 깊고 깊은 밑바닥에 떨어졌어도 그것을 끌어올리는 힘이 있다. 그렇게 하면 일상 생활에서 일어나는 문제는 아무것도 아니라고 생각하게 된다.

나는 세계 제일의 병자였다

데일 카네기 회사 전무
파시 H. 호팅

    나는 여러 가지 이상한 병으로 죽음에 임박해 있었다. 그러나 나는 우울증 환자는 아니었다. 나의 부친은 약방을 경영하고 있었다. 나는 거기서 자랐다고 해도 과언이 아니다. 나는 매일 의사와 간호사의 이야기를 들었으므로 보통 사람 이상으로 약이나 여러 가지 병에 대한 지식을 갖고 있었다.
    내 병은 특징을 가지고 있었다. 어느 병을 가지고 한두 시간 번민하면 정말 환자와 같은 증상이 나타나는 것이었다.
    내가 살던 매사추세츠에서 악성 디프테리아가 유행한 적이 있었다. 나는 매일 그 병을 앓고 있는 사람들의 가족에게 약을 팔았다. 그러자 내가 염려하던 일이 실제로 일어났다. 디프테리아의 증상이 내 몸 여기저기에 나타났다. 의사가 진찰을 하고 나서,
    "틀림없는 디프테리아요."
라고 말했다. 나는 그 말을 듣고 오히려 안심했다. 나는 어떤 병이 걸

렸다고 해도 별로 무섭지가 않았다. 나는 깊은 잠을 잔 것 같았다. 다음날 아침 나는 완전히 건강한 몸으로 되돌아왔다.

그 후로도 파상풍이나 공수병으로 구사일생의 고비를 치른 때도 여러 번 있었다. 그리고는 좀더 나빠져서 장기간 동안 병석에 누워 있기도 했다. 그것은 암과 결핵 때문이었다.

지금은 물론 웃고 있으나, 그 당시에는 정말 비장한 기분이었다. 나는 정말 몇 년 동안 생사의 고비를 헤매게 될 것처럼 느껴졌다.

계절이 바뀌어 새 옷을 살 때에는 언제나 이렇게 물었다.

"이 계절이 다 갈 때까지 살아 있을지 어떨지도 모르는데, 이 옷을 사는 것도 쓸데없는 짓이 아닐까?"

그러나 오늘까지 10년간 나는 한번도 죽음에 이르른 적이 없었다.

어떻게 해서 죽음을 이겨낸 것일까?

나는 바보 같은 공상을, 웃어 넘길 수 있는 묘안을 생각해 낸 것이다.

그것은 앞서 예를 든 것과 같은 징조가 나타날 기미가 보이면 나 자신에게 이렇게 말했다.

'어이, 호팅! 자네는 20년간 온갖 병으로 죽음에 처해 있지 않았는가! 하지만 자네는 피둥피둥 살이 쪘다네. 그리고 최근에는 새로운 보험에 가입하지 않았는가! 이제는 방관자의 입장에서 고민덩어리의 바보를 웃어 주는 것이 어떤가?'

나는 드디어 한편으로는 번민을 하고, 한편으로는 그것을 웃어 준다는 것은 불가능함을 깨달았다. 그 이후 나는 웃는 쪽을 택했다.

내 경험의 결말은 어떤 일을 끝까지 깊이, 생각을 지나치게 하는 것은 옳지 않다는 것이다. 시시한 번민은 웃어서 털어 버려야 한다. 웃음으로 번민을 쫓아내는 것은 결코 불가능한 일이 아니다.

나는 항상 병참소(兵站所)를 가지고 있다

세계에서 제일 유명하고 인기 있는 카우보이 가수
진 오트리

나는 대개의 번민은 가정과 돈에 관련되어 있다고 생각한다.

나는 나와 같은 환경, 같은 취미를 가진 오클라호마 주의 시골 태생 처녀와 결혼할 수 있었던 것을 운이 좋았다고 생각한다. 우리 부부는 황금률(黃金律)을 지키도록 노력하여 가정 내의 말다툼을 최소한도로 막았다.

그리고 또 경제적인 번민도 최소한도로 낮추었고 두 가지 일을 실행했다. 하나는 모든 것에 완전 100퍼센트 성실로 임한다는 법칙을 지키는 것이다. 정직하지 못한 것처럼 번민을 일으키는 것은 없다.

두 번째는 무언가 새로운 계획을 시작할 경우, 언제나 의혹이 생길 때는 손을 뗄 수 있는 용기를 가지고 있어야 한다.

군사 전문가는, 전쟁에서 무엇보다 절대적인 것은 병참선의 확보라고 말하고 있다. 그 원칙은 군사상의 전쟁에 있어서뿐만 아니라 개인의 싸움에도 적응된다고 생각한다.

젊은 시절 나는 텍사스나 오클라호마에 거주하고 있었는데, 그 지방에 큰 가뭄이 들었을 때 빈궁의 제일 밑바닥을 경험했다.

우리 집은 그날그날의 생계조차도 걱정하지 않을 수 없었다. 이때 아버지는 이웃 마을을 돌면서 말을 교환하는 것으로 생계를 이어갔다.

그러나 나는 무언가 다른 일을 하고 싶다는 생각에서 철도 정거장에서 일을 하게 되었다. 그리고 틈을 내어 전신 기술을 배웠다. 그 후 프리스코 철도의 예비 전신 기사로 채용되었다.

나는 병이나 휴가로 자리가 나거나 일이 많은 사람들을 대신하여 파견 근무를 했다. 월급은 150달러였다.

그 후 나는 좀더 좋은 일을 찾았으나, 그때에도 이 철도의 일이 경제적으로 안정되어 있다고 생각했다. 그러므로 나는 언제 무슨 일이 생겨도 그 일에 열중하고 손을 쉬지 않았다. 그것이 말하자면 나의 병참선을 끊어 버리지 않았다.

1928년 프리스코 철도에서 예비 전신기사로 일하고 있을 때, 어느 날 저녁, 낯선 남자가 전보를 신청하러 왔다. 그는 내가 기타를 들고 카우보이 노래를 부르는 것을 듣고는,

"당신은 정말 좋은 목소리를 가지고 있소. 뉴욕으로 가서 무대나 라디오에 나가는 것이 어떤가?"
라고 말했다.

내가 그 말에 득의만만해진 것은 말할 필요도 없다. 나는 그가 전보에 서명한 이름을 보고 깜짝 놀라 일어섰다. 윌 로저스 씨였다.

그러나 나는 즉시 뉴욕으로 직행하지는 않았다. 9개월 동안 신중하게 생각해 보았다. 그 결과 다음과 같은 결론에 도달했다.

뉴욕으로 간다면 분명 얻는 것이 있을 것이고 잃는 것은 하나도 없

을 것이다. 나는 철도의 무임 승차권을 가지고 있었으므로 어떤 지출도 없이 그냥 여행할 수 있었다. 열차의 좌석에서 잠을 잘 수 있고, 식사는 샌드위치나 과일을 가지고 가면 되었다.

그래서 나는 마침내 떠나기로 했다. 뉴욕에 도착하자 나는 1주일에 5달러로 방을 얻고, 식사는 직접 해 먹으면서, 10주 동안 시내를 이곳 저곳 찾아 헤매었으나 아무것도 얻을 수 없었다.

만일 나에게 철도의 일이 없었다면 틀림없이 번민하고 병에 걸렸으리라고 생각한다. 나는 5년간 철도에 근무했었으므로 복직에 우선권을 가지고 있었다.

그러나 그 권리의 기한은 90일이었다. 나는 70일 동안 뉴욕에 있었으므로 황급히 오클라호마 주로 돌아와 철도에 복직했다. 병참선의 확보에 노력한 것이다. 나는 수개월간 착실히 일을 하고 돈을 모아 가지고 다시 한 번 뉴욕으로 가 보았다.

이번에는 기회가 왔다. 어느 날 레코드 회사의 스튜디오에서 면접을 볼 때, 기타를 받아들고는 '자니요! 나는 꿈에서 보고 있다. 라일락 꽃이 필 때'라는 노래를 불렀다.

내가 노래를 부르고 있을 때, 그 노래의 작사자인 나드 실도크로드가 사무실로 들어왔다. 그가 그 노래를 듣고 즐거워한 것은 말할 것도 없다. 거기서 그는 빅터 레코드 회사에 소개장을 써 주었다. 나는 레코드 취입을 했으나 잘 되지 않았다.

나는 빅터의 녹음계의 충고를 받아들여 털사로 돌아가서, 낮에는 철도에서 근무하고 밤에는 털사 방송국에서 카우보이의 노래를 불렀다. 나는 이런 생활 방식이 마음에 들었다. 나는 병참선을 확보하고 있었으므로 어떤 번민도 없었다.

나는 9개월 동안, 털사의 방송국에서 노래를 했다. 그 동안에 지미 롱그와 공동으로 '나의 은발의 아버지'라는 노래를 만들었다. 이 노래는 잘 알려져 아메리카 레코드 회사 사장 아더 사셜리로부터 취입 의뢰가 왔다.

그로부터 나는 한 곡에 50달러를 받고 노래를 취입했다. 그리고 시카고의 W. L. S. 방송국의 전속으로 카우보이 가수가 되었다. 급료는 주 40달러였다. 4년간 거기서 노래 부른 후 주 90달러로 올라갔다. 나는 또 야간 무대에 출연하여 주 3백 달러를 받았다.

1934년, 나는 마침내 운을 잡았다. 영화의 정화를 목적으로 교풍 연맹이 결정된 것이었다. 헐리우드의 제작자들은 카우보이 영화제작을 기획했다. 그리고 노래를 부를 수 있는 카우보이를 구했다. 아메리카 레코드 회사의 사주는 리퍼블릭 픽처즈의 출자자였다. 그는 관계자들에게 이렇게 말했다.

"만일 노래를 부를 수 있는 카우보이가 필요하다면 그는 분명 우리 레코드에 취입하고 있는 한 남자일 것이다."

마침내 나는 영화계에 진출하였다. 나는 주 100달러를 받으며 카우보이 영화에 출연하기 시작했다. 영화로 성공할 수 있을 것인지는 의문을 갖고 있었으나 별로 번민은 하지 않았다. 언제든지 다른 일을 할 수 있는 의지가 있었기 때문이다.

그보다도 내가 엉뚱한 몽상을 하지 않았다는 것이 성공을 가져온 것이다.

나는 지금, 1년에 100달러를 받는 샐러리맨이면서도 영화의 순이익의 절반을 받고 있다. 그러나 나는 이런 상태가 영구히 계속된다고는 생각지 않는다. 그러나 결코 번민하진 않는다. 어떤 일이 일어나도 가진 돈을 전부 잃어도 나는 오클라호마 주에 돌아가 프리스코의 전신 기사가 될 수 있기 때문이다. 나는 언제나 병참선을 확보하고 있는 것이다.

나는 인도에서 하느님의 목소리를 들었다

현대에 있어 미국의 가장 유명한 선교사이며 웅변가
E. 스탄레 존스

나는 인도에서 나의 일생의 40년을 전도 사업에 바쳤다. 처음에는 지쳐 버릴 것 같은 더위와 내 앞에 널려 있는 일에 대하여 신경의 긴장과 인내의 곤란을 느꼈다.

8년이 지날 무렵 나는 격심한 두뇌의 피로와 신경적인 소모에 번민을 하고 마침내 졸도를 했다. 그래서 1년간 미국으로 휴양을 떠나라는 명령을 받았다. 미국으로 가는 배에서 나는 일요일 아침 예배에서 설교를 하다가 또 졸도를 했다. 그러므로 배의 전담의는 도착할 때까지 나를 절대 안정시켰다.

미국에서 1년간 휴양을 한 후, 나는 다시 인도로 향했으나, 대학생들에게 복음 전도 집회를 가지게 하고서 도중에 마닐라에 상륙했다. 그 집회에서 정신을 너무 사용했기 때문에 나는 또 졸도를 했다. 의사는 나에게 인도로 가는 것이 위험하다고 경고했다.

그러나 나는 그 경고를 무시하고, 암운에 쫓기며 인도로 돌아갔다.

봄베이에 도착했을 때, 나는 몹시 쇠약해 있었으므로 산악지대로 직행하여 수개월 휴양을 하지 않을 수 없었다. 그로부터 다시 평원 지대로 나와 전도를 계속했다. 그러나 또 졸도를 했으므로 또다시 산악지대에서 장기간 휴양을 하지 않으면 안 되었다.

그리고 다시 평원지대로 나와 일을 하면 또 졸도한다는 단정으로 의기소침해서 모든 것이 극에 달하고 있었다.

나는 정신적으로나 신경적으로 피로에 지쳐 있었다. 나는 이제부터의 반생을 폐인으로 보내지 않으면 안 되는 것인지 위협을 느꼈다. 혹시 어디에선가 구원의 손길이 오지 않는 한 나는 전도 사업을 단념하고 미국으로 돌아가, 밭농사나 지으며 건강을 되찾는 방법밖에 없다고 생각하였다. 이때가 내 인생 최고의 암흑 시대였다.

그 무렵, 나는 연속적인 집회를 가지고 있었는데, 어느 날 저녁 기도를 드리고 있을 때 한 가지 일이 일어났다. 그것이 완전하게 나의 일생을 변화시켜 주었다. 내가 기도를 드리고 있을 때,

"너희를 부른 이 일에 너희는 따를 마음이 있는가?"
라는 하느님의 소리가 들려왔다.

나는 대답했다.

"주여, 저는 할 수가 없습니다. 제 힘은 모두 없어지고 말았습니다."
그러자 소리는 또 들려왔다.

"만일 너희의 번민을 나에게 넘겨준다면 나는 너희를 지켜주리라."
나는 지체 없이 대답했다.

"주여! 나는 꼭 약속을 지키겠습니다."

그때 나는 평온한 감정이 전신에 가득 차 있었다. 주는 약속을 한 것이다. 생명! 강한 생명이 나를 점유한 것이다. 나의 마음은 기쁨에

넘쳐흐르고 발이 땅에 닿는 것 같지도 않았다.

그 후 며칠이 지나자 마치 육체가 없는 것처럼 느껴졌다. 나는 밤 늦게까지 일을 했으나 조금도 피로하지 않았다. 잠 잘 시간이 와도 왜 잠을 자야 하는지 의혹마저 생겼다.

나는 생명과 평화와 안식이 ──주 예수 그리스도 곁에 있는 것 같이 생각되었다.

나는 이 일을 사람들에게 이야기해야 하는지 잠시 망설였다. 처음에는 몹시 주저했으나 이야기했다. 다른 사람이 믿거나 말거나 그것은 내가 염려할 것이 아니었다.

그로부터 20년 이상이 지났으나 다시는 어떤 번민도 찾아오지 않았다. 나는 완전한 건강을 유지하고 있다.

그러나 그것은 육체적 감각 이상의 것이었다. 나는 육체와 마음과 정신에 새로운 생명의 샘을 발굴한 것이라고 느꼈다. 그 경험 후 나의 인생은 가장 높은 곳으로 끌어올려진 것이다. 나는 얌전하게 그것에 복종할 뿐이었다.

그때 이후 나는 세계를 여행하면서 하루에 3회 정도 설교를 하였다. 그리고 여가가 나는 대로 《인디언 로드의 그리스도》란 제목으로 12권의 책을 쓰기 시작했다. 나는 한번도 그 약속을 어기지 않았으며, 63세인 오늘까지 원기 왕성하게 인류에 봉사하는 즐거움에 넘쳐 있다.

내가 경험한 육체적 정신적 변화를 심리학적으로 분석하여 설명할 수 있을지도 모른다. 그것은 큰 문제가 아니다. 생명은 과정보다도 위대하다. 그것은 가득 차 넘치면 과정을 작은 것으로 만들어 버린다.

나는 다음의 한 가지 일을 알고 있다. 31년 전 인도의 르구노에서 내가 쇠약해져서 번민하고 있을 때,

"만일 너희의 번민을 나에게 넘겨 주면 결코 번민은 없을 것이며 나는 너희를 지켜주리라."
라는 소리를 듣고 내가,
"주여! 나는 꼭 약속을 지키겠습니다."
라고 대답하던 그 밤에 나의 인생은 완전히 변화한 것이다.

경찰이 현관으로 들어올 때

뉴욕 주 뉴욕 시 파인허스트애비뉴
소설가 호머 그로이

내가 인생에서 제일 당황한 순간은 경찰이 현관문으로 들어올 때 내가 창문으로 빠져나가던 1933년의 어느 날이었다.

나는 롱아일랜드의 프레스트 힐에 있는 나의 집을 잃었다……. 나의 아이들이 태어나고, 나와 가족들이 18년간 살아온 집을, 나는 이런 일이 일어날 줄은 꿈에도 생각하지 못했다.

12년 전에는 이 세상에 나와 같이 조숙한 경우는 없을 것이라 생각하고 있었다. 나의 소설 《급수탑의 서쪽》이 영화화되어 나는 헐리우드에서 최고의 영화화 권리금을 받았다. 그래서 나는 가족과 함께 2년간 외국에서 살았다. 여름은 스위스에서, 겨울은 불란서령인 리비아에서 여유 있는 생활을 했다.

나는 파리에서 6개월 동안 머물면서 《그들은 파리를 보지 않을 수 없었다》라는 소설을 썼는데, 윌 로저스가 그 영화의 주인공을 맡았다. 이것은 그의 최초의 토키 영화였다. 그런가 하면 나는 헐리우드에 머물면서 윌 로저스를 위해서 영화 각본을 4~5편 써주지 않겠느냐는 말을 들었지만 그것을 거절하고 뉴욕으로 돌아왔다. 그때부터 번민은 시작되었다.

나는 내가 지금까지 발휘하지 못한 숨겨진 재능이 있으리란 기분이 들었다. 나는 민완한 사업가로 자처하게 된 것이다. 나는 어떤 사람으로부터 아스터가 뉴욕에서 토지를 사들여서 부자가 되었다는 이야기를 들었다.

아스터는 도대체 어떤 사람인가 언급할 필요도 없이 그는 이민 행상인이 아닌가? 그 사람이 부자가 되었다면, 나도 할 수 있다. 부자가 되자! 나는 부자가 되기도 전에 요트의 잡지를 읽어 갔다.

나에게는 무지에서 오는 용기가 있었다. 나는 에스키모 사람들이 석유 난로에 무식한 것처럼, 부동산 매매에 있어서는 전혀 알지를 못했다. 그리고 실업가로서 필요한 자금을 어떻게 마련했는가 하면, 그것은 실로 간단했다.

나는 집을 저당잡히고, 그 돈으로 프레스트 힐의 건설용 택지를 매입했다. 나는 이 택지를 법정 가격 이상으로 오를 때까지 가지고 있다가 폭등하면 그것을 팔아서 사치스런 생활을 하리라 생각했다. 인형의 손수건만한 부동산도 매매해 보지 않은 주제에.

나는 참새 눈물만큼의 봉급을 받고 사무실에서 일하고 있는 사람들이 어딘가 서글프게 생각되었다. 이로써 신은 모든 인간을 경제적 천재로 만드는 것은 좋지 못하다고 생각했을 것이라고 느꼈다.

그러나 갑자기 불경기가 캔자스에 내습하여 닭장을 쓸고 간 것처럼 동요되었다.

나는 대지의 커다란 입에 매월 2백 20달러씩이나 집어넣지 않으면 안 되었다. 한달 한달이 상당히 빠르게 흘렀다. 그중에도 나는 저당한 집에 대해서 이자를 지불하지 않을 수 없었고 생활비도 필요했다. 나는 잡지에 유머물을 쓰려고 했으나 그것은 엘레미야의 애가(哀歌)가 되고 말았다. 물론 한 편도 팔리지 않았다. 돈을 만들 수 있는 것이라고는 타이프라이터뿐이었다.

우유도 배달해 주지 않았다. 가스회사에서는 가스를 중지시켰다. 석탄도 떨어졌다. 석탄 회사는 지불 청구 소송을 제기했다. 유일하게 열을 제공해 주는 것은 스토브였다. 나는 밤중에 나가서 집짓는 공사장에서 판자나 나무 토막을 주워다가 불을 땠다.

나는 번민을 계속하고 밤잠을 이루지 못했다. 나는 자주 밤중에 깨어나 2, 3시간씩 거닐었다. 나는 택지를 잃어버리는 것도 이젠 대단치 않았다.

은행은 저당권을 행사하여 우리 가족들을 쫓아냈다. 나는 겨우 손에 남은 적은 돈으로 아파트에 세를 들었다. 우리들은 1933년 어느 날 그 곳으로 가 보았다. 나는 포장 상자에 걸터 앉아서 주위를 돌아봤다. 어머니가 자주 입에 올리던,

"떨어뜨린 캐러멜도 줍기를 망설이지 말라."

하시던 옛말을 생각해 냈다.

그러나 이것은 캐러멜이 아니다. 그것은 나의 경우에는 선혈이다.

나는 정신을 가다듬고 나에게 말했다.

"나는 밑바닥에 떨어졌으나 어쨌든 그것을 이겨냈다. 이제부터는 위를 향하여 가는 것이다."

나는 집을 잃고 말았으나 아직 이것저것 여러 가지 남아 있는 것에 정신이 들었다. 건강이 있고, 친구도 있고, 다시 한 번 시작하자! 과거

를 후회하는 것은 잘못이다. 어머니가 자주 말하던 옛말을 매일 생각하기로 하자!

나는 번민으로 소비하던 에너지를 일하는 데로 몰아넣었다. 조금씩 나의 상태는 개선되어 갔다. 지금은 그 비참한 경험에 대해 감사하고 싶은 기분이기도 하다. 그것으로 힘과 인내와 자신감을 얻게 되었기 때문이다.

나는 지금, 밑바닥에 떨어진 의미를 알고 있다. 그것은 사람을 죽이지 않는다. 인간은 존재할 뿐만 아니라 인내하고 있다. 복잡한 번민과 불안과 염려가 나의 마음을 어지럽게 할 때마다 나는 언제나 포장 상자에 허리를 펴고 앉아서,

"나는 밑바닥에 떨어졌으나 그것을 이겨냈다. 이제부터는 위를 향해 가는 것이다."

라고 나에게 말하던 것을 생각해 내고 그것을 쫓아냈다.

여기서의 법칙은 무엇인가? 불가피한 것은 받아들여라! 그 이상 떨어지지 않게 위를 향하여 가도록 노력하라.

제 **6** 부
D. 카네기 명언집

D.카네기의 이 명언집은
자기를 소중하게 생각할 줄 아는
모든 이에게 필요한, 부부생활은
물론 사회생활 전반에 걸친 실생활에서 얻은
작가의 체험을 바탕으로 한 명언 중의 명언만을 모은 것이다.
인생은 기차와도 같이 빠른 것이어서
독자들은 나아갈 길을 게을리해서는 안 될 것이다.
여러분이 이 책을 읽고 그 말대로 실행하기만 한다면
가까운 장래에 안락의자를 돌리는 행운아가 될 것이다.

용기 있는 사람이 되고 싶으면, 아래 5가지를 꼭 지켜야 한다. 어떤 일에 부딪치더라도 흔들리지 않는 사람이 되는 것이다.

① 참으로 용기 있게 행동하라. 그러면 기운이 생겨서 '나라도 그 정도의 일은 할 수가 있다'는 생각이 든다.

② 잘 생각해 보면, 낙담되어 희망을 잃고 벽에 부딪쳤던 사람들 중 많은 사람이 훌륭하게 그것을 뛰어넘었다. 타인이 한 일을 나라고 못할 이유가 없다.

③ 사람의 생명력은 리듬에 따라 활발해지기도 하고 쇠퇴하기도 한다. 의기양양하게 인생에 맞서려는 의욕을 잃으면 구렁텅이에 빠져서 다시는 일어설 수 없게 된다. 그러나 끝까지 용기를 잃지 않으면 이제까지 자신을 억눌러 오던 힘이 일전(一轉)하여 실의에서 벗어나는 힘으로 전환된다.

④ 낮보다 밤은 정력이 줄어든다. 용기는 태양과 더불어 온다.

⑤ 용기는 사람의 위대함을 재는 척도이다. 자기의 이상상(理想像)의 수준에 도달할 때까지 버텨나가는 것이다.

담력을 떠보려고 밤에 혼자서 공동묘지를 거니는 소년은 아무렇지도 않게 휘파람을 분다. 그러면 공포심은 휘파람과 함께 사라져 버리고 무섭지도 않게 된다.

이와 마찬가지로 자기를 가로막았던 마음을 휘파람으로 불어 버리고, 타인까지도 그러한 기분에 휩싸이지 않도록 마음을 쓰는 사람이 더욱 많았으면 좋겠다.

즐거운 듯 행동하면 진정으로 즐거워진다. 일을 하든 회의를 하든 참으로 즐거운 마음으로 임하면 어느 사이엔가 참으로 그 일에 열중하고 있는 자기의 모습을 발견하게 된다.

　인간은 막다른 골목에 서게 되면 불행과 재난을 견디어 내고, 그것을 극복할 수 있게 된다. 인간에게는 놀랄 만한 강력한 지혜와 능력이 숨어 있다. 그러므로 그것을 이용하려는 마음만 있으면 된다. 우리들은 자신의 잠재적 능력을 모르고 있을 뿐이다.

　혹 무엇인가를 두려워하고 있다고 하자. 다른 사람들도 당신과 마찬가지이다. 아마 이 책을 읽고 있는 순간에도, 당신은 두려움에 사로잡혀 있을 것이다.
　'상사에게 꾸지람을 들을지도 모른다.' '다른 사람들의 수군거림이 마음에 걸린다.' 이렇게 나열해 보면 모두가 다 미래의 것뿐이다. 즉, 과거는 겁나지 않는다. 무엇이 일어났었는지 척 알아 볼 수 있기 때문이다. 생각한 것만큼 대단한 것이 아니었기 때문이다. 그러나 미래는 한 치 앞도 모른다!
　미래의 공포와 싸우는 방법은 간단하다. 왜 무서운지 그 이유를 하나하나 생각해 보면, 두려움도 점점 사라진다. 최악의 사태가 어느 정도인지 알게 되면, 두려움도 없어진다. 당신은 이렇게 속삭이기만 하면 된다.
　'뭐야, 이 정도의 일쯤!'

　자기의 결점이 마음에 걸리면, 그런 열등감을 고쳐줄 사람은 이 세상에 한 사람뿐이다. 즉, 자기 자신이다. 고치는 방법은 평범한 말에 지나지 않는다——'자기 자신의 일을 잊어라.' 부끄러워진다든가 창피스러워진다든가, 자기 자신이 마음속에 걸릴 때에는, 빨리 그 자리에서 다른 일을 생각하는 것이다.

　사람들과 말할 때에는, 화제 이외의 것은 일체 염두에 두지 않는다. 상대방의 생각이 어떠하든 당신의 어투를 어찌 생각하고 있든 절대로 마음에 두지 않는다. 자기 일은 잊고 앞일을 생각하는 것이다.

　공포를 극복하겠다는 결심만 서면, 대개의 공포는 극복할 수 있다. 공포는 사람의 마음속에만 존재하는 것이니까.

　무서울 때는 자기가 해야 할 일만 열심히 생각한다. 열심히 일에 임하는 마음가짐이 되면 공포심은 사라지고 만다.

　자연스러운 태도처럼 몸에 익히기 쉬운 일은 없다. 그저 자기 일을 잊기만 하면 된다. '이렇게 봐 주었으면 좋겠다'는 기분을 잊기만 하면 된다.

　기회를 놓치지 마라! 인생은 모두가 기회이다. 제일 먼저 앞서 가는 사람은 능력이 있다. 마음먹고 실행하는 사람이면서 안전 제일을 지키고 있으면 아무리 먼 곳이라도 곧 보트를 타고 노를 저어 갈 수 있다.

　배짱을 갖고 싶으면 두려워서 손을 댈 수 없는 일에 도전해 본다. 이것을 그치지 않고 계속하여 성공의 실적으로 쌓는다. 이것이 공포심을 극복하기 위한 무엇보다도 신속하고 확실한 방법이다.

　손댈 수 없이 곤란한 일이 닥쳤을 때에는 마음먹고 그 속에 뛰어들어 불가능하다고 생각했던 일을 가능하게 하라. 자기의 능력을 완전히 신뢰하고 있다면 틀림없이 해낼 수 있을 것이다.

공포심을 극복하기 위해서는 행동 순서를 미리 계획하여 그 계획대로 실행하면 된다. 한눈 팔지 않고 일에 열중하면 공포심 따위는 잊혀진다.

대부분의 사람들은, 자기도 모르는 놀라운 용기를 가지고 있다.

될 것 같지 않다고 생각되던 일일지라도 마음먹고 부딪치면 공포심은 일순간 사라지고 말 것이다.

공포와 번뇌를 극복하는 길은, 정신을 집중하여 부지런히 일에 열중하는 것이다.

공포심은 개구쟁이인 동시에 겁쟁이이다. 공포심을 극복하는 데는 그 존재를 무시하면 된다. 당신은 그 일을 해낼 수 있을 것이다.

불가능하다고 생각하지 않는 한 인간은 절대로 패배하지 않는다.

비굴이나 소심을 극복하는 최상의 방법은 타인에게 흥미를 갖고, 타인의 일을 생각하는 것이다. 그러면 뒤늦은 생각(낙오감)은 거짓말처럼 사라지고 만다.

그러므로 타인을 위하여 무엇인가 봉사해야 한다. 늘 사람들에게 친절을 베풀고 친구 같은 마음으로 맞아 주면 당신은 그 결과에 놀랄 것이다.

우울함은 주저와 공포를 가져오고 행동은 용기를 낳는다. 공포심을 극복하려면 집안에 들어 앉아 있어서는 안 된다. 밖에 나가서 정력을 쏟아 일해야 한다.

공포를 느끼게 하는 일들을 적어 놓고, 무의미한 것은 없는지 살펴본다. 솔직한 기분으로 살펴보면 그 대부분 미미한 공포라는 것을 알게 된다.

실패는 성공의 어머니이다. 낙담과 실패는 인간을 성공으로 이끄는 두 가지 방법이다. 이 두 가지를 연구하여 무엇인가 유용한 것을 찾아낸다면 이보다 더 효과적인 일은 없다. 과거를 되돌아 보자. 실패가 성공을 이루는데 도움이 되었던 때가 분명 있을 것이다.

타인을 보살펴 주어라. 그러면 쓸데없는 열등감 따위는 아침 이슬처럼 금방 사라져 버린다.

사람들은 모두 뿌리를 튼튼히 박고 흥미나 취미를 가질 것이다. 정신은 풍부해지고 생활은 퍽 즐거워진다. 더욱이 취미의 종류와 성질에 따라 자기 나라에 공헌도 하게 된다.

공포심을 극복하려면 개인적인 일만 생각해서는 안 된다. 타인에게 마음을 쓰면 공포심은 씻은 듯이 사라진다.

열중은 성공을 만드는 원동력이다. 사물에 열중할 수 없다면, 뛰어난 재능이 있어도 언제까지나 그 능력을 찾아낼 수가 없다. 대부분의 사람들은 쓸 줄 모르는 숨은 재능을 많이 갖고 있다.

예를 들어 교양과 정확한 판단력, 창조적인 아이디어가 있다 하여도 마음을 쏟아서 생각하고 행동하는 법을 모르면 숨은 재능의 존재는 누구도 알 수 없는 일이며——자기 자신도 알지 못한다.

현대는 연출의 시대이다. 오직 사실을 말하는 것으로는 사람의 마음을 사로잡을 수 없다. 연출을 생생하고, 재미있고, 극적인 것으로 만든다. 다시 말하면 분장사의 손을 필요로 한다. 영화나 방송도 물론 이 방법을 사용하고 있다. 당신도 이 방법으로 주목을 끌어라.

분별이나 인내력에 억눌린 불꽃처럼 강렬한 정열을 갖는 사람은 뛰어난 성공자가 될 수 있는 자격이 있다.

어떻게 하면 사물에 열중할 수 있을까. 먼저 자기가 행하고 있는 일의 장점을 되새기고 싫은 부분은 버리고 척척 좋은 부분에 옮기는 것이다 그래서 열심히 행동한다——누구에겐가 자기가 좋아하는 부분에 관해서 들려준다. 왜 그렇게 하나의 일에 흥미가 있는지 알려 준다.

열중은 다만 외면적인 것이 아니고 내면부터 일해 나가는 것이다. 열중은 자기가 계획하고 있는 사실의 밑바닥부터 열중할 때에 생긴다.

열중하는 방법은 자기가 행하고 있는 일을 믿으며 그것을 수행할 힘이 있다고 믿고, 적극적으로 수행하고자 하는 마음을 갖는다. 낮이 가고 밤이 오듯이 저절로 열중은 찾아온다.

무엇인가 성취하고자 하는 마음 없이는 어느 곳에서도 두각을 나타낼 수 없다.

머리 아픈 일은 다음 3단계의 해결책에 의하여 극복될 것이다.
① 먼저 최악의 사태를 생각해 본다.
② 도저히 피할 수 없는 일일 때는 깨끗이 각오를 정한다.
③ 따라서 마음을 가라앉히고 사태의 개선에 나선다.

한눈 팔지 않고 일한다는 것은 매우 어려우며 불안을 제거하는 작업에는 일정한 법칙이 있다. 그것은 심리학의 기본적인 법칙이다.
"아무리 머리가 좋을지라도 사람은 한꺼번에 많은 일들을 할 수는 없다."
인생 전반에 걸쳐 발생하는 사건의 약 90퍼센트는 옳고 약 10퍼센트는 그릇된 일이다. 행복을 원하면, 옳은 90퍼센트의 일만 생각하고 그릇된 10퍼센트는 무시한다. 한편 고민 끝에 위궤양에 걸리고 싶다면 그릇된 10퍼센트의 일만을 생각하고 90퍼센트의 바른 일을 무시하면 된다.

피로의 원인은 노동보다도, 걱정과 불필요한 불만과 후회 때문인 경우가 많다.

과거는 돌아오지 않는다. 구겨진 과거는 결코 처음의 올바른 일로 되돌아오지 않는다. 현재가 중요하다.

마음의 밑바닥부터 즐거운 듯 웃음을 띠우라. 어깨를 쭉 펴고 크게 심호흡을 하라. 노래가 잘 안 되거나 휘파람도 안 되면 콧노래라도 좋다. 그렇게 사뭇 즐거워하면 아무리 우울해지려고 해도 잘되지 않으니 매우 불가사의한 일이다.

적을 미워하는 것이 곧 적을 강하게 한다. 잠, 식욕, 혈압, 건강, 행복까지도 걱정한다면 적은 아마도 춤을 출 것이다! 미움으로는 절대로 적을 상처입힐 수가 없다. 도리어 자신의 인생이 지옥에 떨어질 것이다.

자기의 괴로움에 손해정지(損害停止)의 명령을 내리자. 이들의 사건에는 어느 정도의 불안이 있는지 측정한다. 그래서 그 이상의 불안은 거절한다.

자질구레한 일에 잔소리하지 말라. 아무 소용도 없는 일에 대해 인생의 언어와 행동으로 자기의 행복을 짓누르지 말라.

평균의 법칙을 이용하여 괴로움을 추방하라.
"이 문제가 전혀 발생하지 않는 율(率)은 어느 정도일까?" 하고 자문한다.

법률의 문장에 이런 문구가 있다.

"법은 작은 일에는 관여하지 않는다."
　괴로움을 겪는 사람은 이것을 배울 필요가 있다. 혹시라도 마음의 평화를 갖고 싶으면.

　미리 확실한 사실을 알아본다. 공평하게 갖가지 사실을 모으지 않는다면 문제에 손을 댈 수 없다.

　최악의 사태를 받아들이면, 이미 잃을 것은 아무것도 없다는 말은 모든 것을 얻었다는 것과 같다.

　1년 전에 당신이 괴로워했던 일들을 생각해 보라. 당신은 그것을 어떻게 해결했나? 지금 생각해 보면 공연히 신경을 쓰고, 에너지를 낭비한 것은 아니었던가? 결국 그 모든 괴로움은 쓸모 없는 고생은 아니었던가?

　아무리 고통스럽더라도 현실을 똑똑히 인식해야 한다. 목표를 정확히 정하고 목표의 실현을 위하여 질주한다. 자기의 결심이 올바른지 아닌지를 걱정한 나머지 귀중한 시간을 낭비하지 말고 끝까지 실행해야 한다.

　번민에 관하여 고금의 대철학자가 쓴 말을 통틀어 요약하면 다음의 두 구절에 지나지 않는다. 괴로움은 산책을 하여 잊는 것이 제일이다. 훌쩍 밖에 나가면 괴로움 따위는 날개를 펴고 날아가 버린다.

간혹 불행의 암흑이 머리 속에 밀려 올 때, 지금의 일을 달성할 수가 없다는 생각이 들지만 그 기분을 극복하면 불행도 사라진다.

행복은 마치 반딧불과 같아서 순간적으로 반짝반짝 빛났다가 곧 사라져서 흔적도 없다. 그러나 만약 항상 빛나고 있다면 그것은 결코 사람의 눈에 띄지 않을 것이다.

해결책이 얻어질 때까지 문제를 여러 관점으로 생각하라. 그렇지만 문제가 해결되면 두 번 다시 생각할 필요가 없다.

나는 미주리의 농장에서 소년시절을 지냈다. 어느 날 어머님을 따라 버찌 종자를 딸 때 나는 갑자기 울어 버렸다. 놀란 어머니가 "데일, 대체 왜 우는 거냐?"라고 묻기에 나는 훌쩍이면서 "나는 죽을 것만 같아!"라고 대답하였다.

당시의 나는 온갖 번민에 휩싸여 있었다. 번개가 치면 번개에 맞아 죽는 것이 아닌가 여겼고, 불경기면 당장이라도 먹을 것이 없어지는 것은 아닌지, 죽으면 지옥에 가지 않으면 안 되는 것인지 등 도무지 무서워서 견딜 수가 없었다.

또 나보다 나이가 많은 샘 보와이란 아이에게 나의 큰 귀를 잘릴지도 모른다는 걱정을 하고 있었다. 또한 모자를 벗고 살짝 인사를 하면 여자애에게 웃음거리가 된다고 생각하였다. 나와 결혼해 줄 여자는 한 사람도 없을 것이라고 여겼다.

결혼 직후 그녀에게 어떻게 말을 붙일까 애태웠다. 결혼식은 어느 시골 교회당에서 올리고, 식이 끝나면 온갖 장식 달린 삼륜 마차로 농장으로 돌아오자. 그렇지만 돌아오는 마차 속에서 어떤 얘기를 할 것인가……. 나는 밭을 갈면서 이 중대한 문제에 골머리를 앓고 있었다.

세월이 흐르면서 내가 걱정하던 일의 약 90퍼센트는 절대로 일어나지 않는다는 것을 알았다.

어차피 바라는 모든 것이 손 안에 들어오지 않는다면 걱정과 후회로 세월을 허송하지는 말자던 로마시대의 철학자 아우구스티누스에 의하면 철학이란 다음의 말에 지나지 않는다.
"철학이란 자기의 행복이 외부의 일로 인하여 될 수 있는 한 좌우되지 않도록 조심하면서 살아가는 것이다."
그러므로 철학적으로 살아가라.

예를 들어서 낙담하여 희망을 잃었어도 현 상태에서 타개점을 시도해 볼 만한 두 가지 이유가 있다.
첫째, 성공할지도 모른다.
둘째, 성공은 못 해도 현재의 상태를 전환시키려 노력하는 것만으로도, 언제나 앞을 내다볼 수 있게 되고 또한 뒤를 돌아보지 않게 된다. 소극적인 생각이 적극적으로 변하게 된다. 아이디어가 샘 솟아 대단히 분주해져 이미 잊었던 일로 슬퍼할 만한 시간도 없어지기 때문이다.

인간은 피할 길 없는 운명과 싸우는 한편 새로운 인생을 창조할 수 있는 정열을 남길 수는 없다.
따라서 피할 길 없는 인생에 소나기가 오면 선택해야 할 길은 둘 중 하나다. 머리를 굽히든가, 아니면 반항하여 뚫고 나가야 한다.
나는 미주리의 농장에서 이 교훈을 깨달았다. 나는 그 농장에 많은 묘목을 심었다. 나무는 놀라울 만큼 빨리 자랐다. 어느 날 비 섞인 우박이 내려서 나뭇가지는 모두 얼어버렸다 이 나무들은 그 무게를 감당하여 머리를 굽히려고는 하지 않고, 도리어 저항하여 눈의 무게에 견디지 못하고 부러져 버렸다.

이 나무들이 북극 산림의 지혜를 배웠더라면 좋았을 것이다. 나는 캐나다의 산림 지역을 수백 마일이나 여행했지만 풍설빙으로 꺾어진 소나무나 잣나무는 하나도 보지 못했다. 이들 산림들은 머리를 굽히는 것을, 가지를 치솟는 것을, 피할 수 없는 운명과 협력하는 것을 알고 있었던 것이다.

미워한다는 것은 다른 어떤 것보다도 에너지를 소모하게 한다. 그 소모의 정도는 중노동보다도, 질병보다도, 이유가 있어서 걱정하는 때보다도 훨씬 심하다. 그러므로 미움의 불꽃이 자기 몸에 스며들면 곧 지워버려라. 대신 아름다운 생각을 심어라. 우리들의 정력은 신에게 물려받은 귀중한 것이므로 가치 있는 일에만 쓰여져야 한다.

행복이란 사람의 지위나 재산과는 관계가 없다. 모름지기 자기의 생각 하나로 사람은 행복하게도 불행하게도 된다. 그러므로 아침마다 자기에게 고마운 일만 생각하고 하루를 시작하라. 사람의 미래는 자기가 오늘 생각하고 있는 일에 매우 크게 좌우된다. 그러므로 희망과 자신, 사랑과 성공의 일만 생각하라.

행운은 매일 찾아온다. 그러나 이것을 맞을 준비가 되어 있지 않으면 안 된다. 그런데 우리들은 그 행운을 헛되이 버린다. 이번에야말로 행운을 놓치지 말자.

기회가 눈앞에 나타날 때에 이것을 붙잡는 사람은 성공할 확률이 높다. 뜻밖의 사고를 뛰어넘고 자기의 힘으로 기회를 만들 수 있는 사람은 100퍼센트 성공한다.
　사람의 행불행은 그 사람의 재산이나 명성이나 직업이 결정하는 것은 아니다. 행불행을 받아들이는 방법이 문제이다.
　예를 들어 같은 장소에서 같은 일을 하고 있는 두 사람이 있다고 하자. 그들은 거의 같은 재산이 있고 명성도 거의 같은 정도라고 한다. 그렇지만 한 사람은 행복하고 또 한 사람은 불행하다. 왜냐하면 마음가짐이 다르기 때문이다.

　누구든지 괴로움, 공포, 질병 등을 추방할 수 있다. 그래서 자기의 마음가짐에 따라서 인생을 변화시킬 수 있다. 나는 알고 있다!
　왜냐하면 설마하고 생각되는 일들이 실제로 일어나는 것을 눈으로 몇 번이고 봤기 때문에——너무나 여러 번 보아서 이제는 그리 놀라지 않는다.

　이 세상에서 당신의 궁극적인 목표는 행복이다. 행복은 건강이나 명성에는 좌우되지 않는다. 더욱이 건강은 행복과 크게 관계가 있다. 그러나 행복을 크게 좌우하는 것은 오직 하나이다. 그것은 사물을 생각하는 방법이다.
　자기가 바라는 것이 손에 들어오지 않는다면, 자기가 지금 누리고 있는 것들에 감사하는 마음가짐이 있어야 한다. 적은 물건이 손에 들어오지 않는다고 불만스럽게 생각 말고 자기에게는 고마워할 큰 물건이 있음을 늘 생각하라.

우리들이 갖추어야 할 최대의 것은 바른 마음가짐이다. 그것이 가능하면 문제 해결도 쉽게 이루어진다.

내가 당신에게 고난이 닥쳐왔을 때 늘 점잖게 머리를 숙이라고만 말하고 있소? 아니오! 곤경에서 벗어날 수 있는 기회가 있는 한 싸우고 싸워서 이겨 나가시오. 그러나 이것은 도저히 어떻게 할 방도가 없다고 생각되면──혹 미치고 싶지 않다면 '전후만 보고, 자기에게는 아무것도 없다고 탄식하는' 일은 그만둡시다.

환경만으로 인간의 행복과 불행이 결정되는 것이 아님은 명백하다. 행복하다든가 불행하다든가 하는 기분은 환경을 어떻게 받아들이는가에 따라서 결정된다. "천국은 마음속에 있다"라는 것은 그리스도의 말이지만 지옥도 또한 이와 같다.

오랜 인생 항로의 노상에서 우리들은 고통스러운 환경에 자주 부딪쳤다. 확실히 그것은 고통스럽다는 말밖에 할 수 없다. 선택할 길은 다음 두 가지 중 하나이다.

어차피 피할 수 없는 일이라고 체념하고, 자기의 살길을 그것에 맞추든가 아니면 역행하여 인생을 허황되게 하고 정신병을 얻는 방법이다.

대부분의 사람들은 일부러 찾아온 기회를 눈감아 버린다. 기회를 자기 스스로 찾는 사람은 매우 적고 기회를 잃고 고통을 당하고도 눈을 감아 버리는 사람이 많다.

실제로 불운을 겪어보면, 그때까지 근심 걱정으로 긴장했던 마음은 풀어져서 행복은 상대적이란 것을 느끼게 된다.

자기의 신상에 관하여 불만을 터뜨리고 싶어도 다시 생각해 본다면 그 정도의 불행으로 끝난 것을 신에게 고마워할 것이다.

다음의 다짐을 인생의 정도(正道)로 하자. '사람을 미워하고, 불친절한 마음을 일으키는 일들은 모두 잊으라.' 언제 어느 때고 잊을 수 있는 방법이 있다.

친절하고 관대하고 행복하여 자기에게 도움이 되는 일만을 생각하도록 다짐하면 마음속 어디에도 미움은 생기지 않고 인생은 만족감으로 넘칠 것이다.

행복한 일을 생각하면 행복해진다. 가련한 일을 생각하면 가련해진다. 무서운 것을 생각하면 무서워진다. 질병을 생각하면 질병에 걸리고 만다. 실패를 생각하면 꼭 실패한다. 자기를 모르고 갈팡질팡하고 있노라면 사람들로부터 콧등을 꼬집힌다.

하루 종일 예절바르게 즐거운 기분으로 일을 하면, 하루 종일 화내고 일할 때보다 피로가 훨씬 적다. 벙글벙글 즐거운 기분으로 지내면 긴장이 풀린다. 피로한 것은 일 때문이 아니라 마음의 쓰임이 나쁘기 때문이다. 이 방법은 한번 시험해 볼만한 일이다.

행복해지겠다는 결심을 하고 그 결심을 관철하면, 참으로 행복해진다는 것을 아시는지? 사람이 행복해지는가 어떤가는 마음먹기에 달려있다. 재산이나 명성으로는 절대로 행복해지지 않는다. 행복해지기 위한 마음가짐을 들어 보자.

① 끝까지 독자적인 인생 철학을 세우려는 다짐을 갖는다. 타인의 말이나 행동에 움직여서 자신의 신념을 굽히는 일은 없어야 한다.

② 정력이 적어졌을 때에는 날씨 좋은 날에 경치 좋은 곳을 산책한다. 자기의 주위에 얼마나 아름다운 것이 있는지 생각해 본다. 이것을 실행하면 완전한 불행은 있을 수 없다. 그 순간에 하루의 일, 일주일의, 일개월의 또는 일 년의 마음가짐이 정해진다.

③ 아름다운 시를 읊고, 아름다운 음악에 귀를 기울인다.

④ 타인에게 친절을 다한다. (이것은 더욱더 행복을 가져오는 구실을 한다)

⑤ 여성의 경우 집안을 깨끗이 정돈하고 늘 아름답게 꾸민다.

⑥ 될 수 있는 대로 건강을 유지한다. 류머티즘이나 관절염, 신경염, 고혈압, 기타 만성이 되기 쉬운 질병에 자기 스스로 걸릴 필요는 없다. 그런 질병에 걸리는 것은 자기의 몸을 천하게 여기기 때문이다.

⑦ 취미를 갖는 것, 무엇인가 자기가 지금까지 흥미롭게 여기던 것을 취미로 삼는다.

매시간마다 자기와 대화를 나누면, 용기 있는 사람을 보는 눈, 행복해지는 사람을 보는 눈, 힘센 사람을 보는 눈, 안락한 사람을 보는 눈이 생기듯이 자기의 방향을 잡을 수가 있다.

당신이 감사해야 할 일에 관해서 자기와 얘기를 나누면 마음은 하늘 높이 부풀어 노래를 부르고 싶어진다.

하루 한번 자기 자신을 격려하는 것은 바보스럽고 천박한 어린이 재롱에 지나지 않는 것일까. 천만의 말씀! 이것이야말로 올바른 심리학적 응용의 핵심이다.
 "인생은 그 사람의 생각의 소산이다"라는 말은 아주 오래 전에 마르쿠스 아우렐리우스가 명상록에 적을 때부터 현재에 이르기까지 신선함을 잃지 않고 있다.

 과거를 이용하여 자신을 향상시키는 방법을 단 한 가지 방법밖에 없다. 냉정하게 자기의 과거 잘못을 분석하고 거기에서 교훈을 얻는다. 그리고 잊지 않는 것이다.

 인간이 무엇보다도 슬퍼해야 할 본능은 삶을 연장시키는 것이다. 우리들은 지평선 저쪽에 있는 마법의 장미 화원을 꿈꾸고 있다. 지금 창 밖에 피어 있는 장미를 마음 푹 놓고 쳐다보려고는 하지 않고서.

 우리들은 이 순간 두 개의 영원한 교차점에 서 있다. 변하는 일없이 영원히 계속되는 광대한 과거, 인간의 역사 전후의 일절의 글자에까지 계속되는 미래.
 이 두 개의 영원의 어느 쪽에도 사는 것은 허용되지 않는다 ──예를 들어 1초라 하여도 만약 그런 일을 하려고 하면 몸도 마음도 파멸하고 만다. 그러므로 자기가 살 수 있는 동안 사는 것으로 만족하자, 지금으로부터 잠자리에 들 때까지.

 현재의 생활양식이 얼마나 잘못되어 있는가를 알리는 놀라운 사실은, 미국의 모든 병원 침실의 반 가량이 신경병 환자나 정신병 환자로 채워져 있다는 것이다. 어제의 무리나 무서운 미래의 무리의 무거운 짐에 눌러 부스러진 것이다.

그러나 이러한 사람들의 대부분은 그리스도의 "내일의 일을 인용해서 가르침"이나 윌리엄 오스라의 "오늘뿐인 격벽(隔壁) 속에서 살라"라는 말에 따르자면, 행복하면서도 유능한 인간으로서 힘있게 인생을 살고 있는 것이다.

내일의 일은 꼭 생각하지 않으면 안 된다. 즉 신중한 생각, 계획, 준비가 필요하다. 그러나 불안을 가질 필요는 없다.

인생이란 오늘 하루하루의 일이다. 확신을 가지고 인생이라고 말할 수 있는 유일한 것이다. 그러므로 오늘 하루하루를 될 수 있는 대로 이용하라. 무엇인가에 흥미를 갖자. 자기를 흔들어서 끊임없이 정신을 가다듬어라. 취미를 기르자. 10가지 희망을 몸 속에 불어넣어 보자. 오늘을 마음껏 맛보며 살아가라.

오늘은 괴로움이나 후회로 보내기에는 너무나도 귀중한 날이다. 머리를 들고 산골 물에 반사되는 빛처럼 반짝이는 생각을 빛내 보자. 오늘이란 날을 꼭 붙잡아라. 두 번 다시 오지 않을 이 날을.

기묘할 얘기이다. 행복이 지나쳐 버리기 전에는 그리 잘 생각이 나지 않는다. 그런가 하면 행복이 창가에 있는데도 잘 모른다.

적을 용서하고 깨끗이 잊기 위해서는 자기 자신부터 무한히 큰 일에 마음을 쏟아야 한다. 그러면 미움받거나 모욕당하는 것도 문제가 되지 않는다. 자기가 믿는 것 이외의 것은 염두에 두지 않기 때문이다.

사람의 몸이 전기나 가솔린의 신비함을 이해하지 않더라도 그것을 쓰고 즐기는 데는 아무런 지장이 없다. 종교와 기도의 신비함을 알지 못할지라도 종교가 풍기는 온화하고 행복한 인생을 즐길 수가 있다. 결국 나는 산디야나의 말이 얼마나 현명한가를 느낀다.
"인간은 인생을 이해하기 위하여 탄생한 것은 아니다. 인생을 살기 위하여 탄생한 것이다."

나는 돌아왔다——종교의 문으로 돌아왔다고 말하고 싶지만 이와는 좀 다르다. 새로운 신앙에 들어온 것이다. 이제는 종파를 가르는 교의(敎意)의 차이는 아무런 흥미가 없다. 그러나 종교가 나에게 주는 것에는 매우 흥미가 있다.
전기나 물이나 음식이 나에게 주는 것에 흥미가 있듯이 이런 것들은 나를 온화하고, 충실하고 행복한 인생으로 이끌어 준다. 그러나 종교는 그 이상으로 더욱 많은 것을 나에게 안겨다 준다.
윌리엄 제임스의 말대로 "인생에 대한 새로운 열중을…… 일단 충실한, 일단 큰, 일단 온화한, 일단 만족한 인생에 대하여 열중을" 안겨 준다. 종교는 나에게 신념과 희망과 용기를 안겨다 준다. 갖가지 마음의 긴장이나 불안, 공포나 괴로움을 추방시켜 준다. 나의 인생에 목표를 안겨 준다. 그리고 내가 행할 방향을 가르쳐 준다.
종교가 있으면 나는 더욱 행복해질 수 있다. 몸에 건강이 무럭무럭 자란다. 종교의 존재에 의해서 나는 '인생의 모래바람 속에서 평안을 갖는 오아시스'를 자기 힘으로 창조할 수가 있다.

　어려움을 겪은 끝에 자기 힘의 한계에 도달하면 많은 사람들은 필사적으로 신에게 의존하려고 한다——'1인용 참호(塹壕) 속에 무신론자는 없다.' 그러나 왜 최후의 주말이 될 때까지 기다리는가? 왜 그날그날의 힘을 새롭게 하지 않는가? 왜 기도를 일요일까지 늘려 가는가? 오래 전부터 나는 주일의 오후, 사람 한 명 없는 교회에 찾아가고 있다.

　행복해지려면 베푼 은혜를 갚지 않는다고, 은혜를 모른다고, 하지 말고 사람에게 베푼다는 기쁨을 사는 보람으로 하지 않겠는가!

　당신이 매일 만나는 사람들의 4분의 3은 '나와 같은 의견을 가진 사람은 없을까?' 하고 필사적으로 찾고 있으니 이 소망을 들어 주는 것이 사람들에게 호감을 사는 비결이다.

　명심할 것은, 비록 상대방의 생각이 완전히 틀린다 해도 그 사람은 그렇게 생각하지 않는다는 사실이다. 그러므로 상대방을 책망해서는 안 된다. 그것은 어리석은 사람이 하는 짓이다. 상대방의 기분이 되어야 한다.
　그것이 가능하다면 분별이 있고 관대한 큰 인물이라는 증거이다. 상대의 생각이나 행동에는 그 나름대로의 이유가 있을 것이다. 이것을 알아맞추면 상대방 행동의 손색이나 더 나아가서는 상대의 성격도 알 수가 있다. 솔직한 마음으로 상대방의 입장에 서서 생각하여 보자.

사람을 싫어하는 마음을 고치는 것은 간단한 방법으로 한 가지뿐이다. 즉, 상대방의 장점을 찾아내는 것이다. 장점은 반드시 있다.

상대방에게 참으로 흥미를 가지려고 노력하면, 자신에게 흥미를 갖게 하려고 2년간 노력한 끝에 겨우 얻어지는 친구보다 더 많은 친구를 두 시간만에 얻을 수 있다. 다시 말하면 친구를 얻는 최상의 방법은 자기가 먼저 친구가 되는 것이다.

웃는 법 또한 그 효과를 생각해 보자. 우선 사회나 사람들에게 참된 성의로 대하지 않으면 안 된다. 이 마음이 없으면 웃는다 하더라도 부자연스럽게 보인다. 그러나 사람들 앞에서는 늘 웃는 낯을 갖는 것만으로도 좋다. 미소를 보는 상대는 행복해지고 그 행복이 다시 자신에게로 되돌아오기 때문이다. 상대의 기분이 좋아지면 자신의 기분도 좋아지고, 곧 참된 웃는 얼굴이 된다.
또 미소를 지으면, 불쾌한 기분이나 우울한 기분이 억눌러진다. 빙그레 미소 지으면 상대를 좋아한다는 것을 무엇보다도 잘 전달하게 된다. 상대에게도 그 기분이 전해져서 자신도 좋아진다. 다시 한 번 미소 짓는 습관을 가져라. 그러면 틀림없이 좋은 일이 생길 것이다.

친구를 얻고 당신의 생각에 동조시킬 수 있는 확실한 방법은 상대의 의견을 충분히 받아들이고 상대의 자존심을 만족시켜 주는 것이다.

친구를 얻고 싶으면 친구의 일을 늘 마음속에 새겨둔다. 상대의 이름을 외워 두는 것은 그 사람에 대하여 말로 다할 수 없는 호의를 나타낸 결과가 된다. 그 사람에 대하여 좋은 인상을 주게 되며 이름을 기억해 준 것으로 상대방의 자존심이 높아졌기 때문이다.

 예절이 얼마나 소중한 것인지 생각한 일이 없다면, 다시 한 번 생각해 볼 일이다. 다음의 다섯 가지를 지키면 바른 예절의 습관을 가질 수가 있다.
 ① 상대의 이야기에 열심히 귀를 기울인다. 거북스러워한다든가 아는 체하는 얼굴을 보이지 않는다.
 ② 상대의 말을 막지 말라. 비록 어리석은 소리를 듣더라도 계속 말을 하게 하라. 만약 말을 막으면 상대의 말이 듣기 싫은 것으로 생각되기 때문이다.
 ③ 처음 대면하는 사람의 이름은 곧 외워둔다.
 ④ 상대방의 얘기가 틀리더라도 그 자리에서 책망하는 것은 좋지 않다. 하고 싶은 말이 있으면 상대방의 얘기가 끝나고 "나의 의견은 이것입니다만 혹 틀린다면 지도를 바랍니다"라고 말한다.
 ⑤ 자기가 더 잘났다는 태도를 보여서는 안 된다. 말벗이든 친구이든 상대를 얕잡아 보면 반감만 사게 된다. 혹 당신이 정말 우월하더라도 상대는 그것을 행운 때문이라고 여길 뿐 절대로 훌륭하다고는 생각지 않는다.
 ⑥ 자기의 생각이 잘못 되었으면 깨끗이 사과한다.

 현대 생활은 분주하다. 용건만 간단히 하고 할말이 끝났으면 상대에게 말할 기회를 준다.
 상대를 웃길 수 있다는 것은 친구가 되는 길을 트는 것이다. 상대가 함께 웃는 것은 어느 정도 이쪽을 좋아하는 증거이다.

　사람과 만날 때에는 무언가 친절을 베풀라. 그리고 하루가 끝나면 자기의 친절이 어떤 결과를 낳았는지 잘 생각해 보라.
　친절은 상대에게 호감이 간다는 표시이고 친절을 받아들이면 상대도 어느 정도 이쪽을 좋아하게 된다.
　사람과 만날 약속이 됐다는 것은 상대의 신뢰를 얻었다는 표시이다. 만약 약속을 어기면 상대에게서 훔치는 것이다——라고 하지만 돈을 훔치는 것은 아니다. 인생의 금고에서 시간을 훔치는 것이다——상대에게 있어서 평생 돌려 받을 수 없는 시간을.

　인간에게 가장 필요한 것은 무엇일까? 관리자의 능력, 위대한 정신력, 친절함, 용기, 유머를 이해하는 마음——이런 것은 아니다. 모두 중요하긴 하지만.
　나는 친구를 얻는 능력이라고 생각한다. 한마디로 말해서 상대의 가장 큰 장점을 찾아내는 능력이다.

　아무리 타인의 아이디어가 훌륭하다 해도 자기가 생각해 낸 아이디어를 신뢰한다. 그러나 자기의 의견을 타인에게 억지로 수용시키려는 것은(자기의 의견에 따르는 것을 억지로 강요함을 말함) 매우 어리석은 짓이다. 의견의 힌트를 주는 정도로 하고 결론은 상대방이 생각하도록 하는 것이 퍽 현명하다.

　우리들은 서로 상대를 존중해야 한다. 우리는 서로 대단한 사람은 아니니까. 100년쯤 지나면 완전히 잊혀지고 만다. 인생은 자기 신상의 일을 말하기에는 너무나 짧다. 그러므로 상대방에게 얘기시키자.

 상대의 잘못은 상대의 표정이나 말투나 몸짓에서 판단될 뿐 손에 잡은 듯이 알 수 있을까?
 상대의 잘못을 지적하면 과연 상대방은 이해하고 고칠 것인가. 천만의 말씀! 상대의 지성, 판단력, 자존심을 상하게 하면 상대는 반발할 뿐 절대로 자신의 생각을 고치려고 하지 않는다. 비록 플라톤이나 칸트의 논법으로 설득할지라도 상대는 결코 잘못을 고치지는 않는다, 상대의 감정을 상하게 했으므로.

 미국인 중에는 한국인에 대해서 우월감을 갖는 사람이 있다. 그렇지만 한국인은 한국인대로 미국인보다 매우 우수하다고 생각하고 있다. 백인 남자가 한국 여자와 춤을 추고 있는 것을 보고 대단히 화를 내는 한국인도 있다.
 힌두교도에 대해서 우월감을 갖거나 그렇지 않거나, 그것은 상대방의 자유지만 힌두교도도 외국인보다 썩 훌륭하다고 생각하고 있으므로 외국인의 그림자가 음식에 드리워지면 더럽혀졌다 해서 결코 손을 대지 않는다.
 에스키모인에 대하여 우월을 느끼는지 아닌지는 모두 개인의 자유지만 참고적으로 에스키모인의 백인관을 가르쳐 주겠다. 에스키모 사회에도 부랑자가 있는데 이 쓸모 없는 게으름뱅이들을 에스키모인들은 '백인'이라고 부른다. 이것이 가장 지독한 모욕적 언사이다.
 어떤 민족도 각각 다른 민족보다 훌륭하다고 생각하고 있다. 이것이

애국심을 낳고 전쟁도 일으킨다.

사람은 누구나 타인보다 우수하다고 생각한다는 것을 잊어서는 안 된다. 상대의 마음을 확실히 붙잡는 방법은 상대가 중요 인물이든 아니든 마음속으로 인정해 주는 것이다.

사람과 말을 할 때 상대는 자기의 요구나 자기의 문제로 머리가 가득 차 있으므로 이쪽이 말하는 것들을 생각할 여유가 없다는 것을 잊지 말아야 한다. 아프리카에서 수백만 명의 아사자가 있더라도 상대방에게는 자기의 치통이 더욱 중요하다. 그러므로 사람과 말할 때는 이런 것을 잘 생각해 두라.

행동은 말보다도 웅변적이다. 그리고 미소를 부른다.
"나는 당신이 좋습니다. 당신 덕택에 나는 즐겁습니다. 당신과 만날 수 있어서 기쁩니다."
개가 귀여움을 받는 것은 당연하다. 개는 사람의 얼굴을 보면 기뻐서 마치 미친 듯한 모습을 나타낸다. 자연히 사람들도 개가 좋아진다. 그러나 마음에도 없는 미소를 띄워도 속는 사람은 없다.
도리어 화가 난다. 나는 진정한 미소를 말하고 있다. 마음이 포근해지는, 마음속에서 우러나오는 미소이고 '이 가게에서 물건을 산 것이 정말 잘한 일이다'라고 느껴지는 미소에 관하여 말하고 있다.

사람에게 일을 시키는 방법은 이 세상에서 단 한 가지, 상대가 스스로 하도록 만드는 방법밖에는 없다.
물론 상대의 가슴에 권총을 대고 협박하면 물론 따르지 않을 도리가 없다. 파면시킨다고 협박하면 종업원들은 협력하겠다고 한다. 단 얼굴을 마주 대했을 때뿐이지만.

어린이는 채찍질을 하고 협박을 하면 어른의 말을 듣는다. 그러나 이런 거친 방법은 어려운 결과를 초래할 뿐이다.

사람에게 일을 시키는 방법은 단 한 가지, 상대방이 원하는 일을 주는 것이다.

왜 자기 집 애견을 길들일 때 쓰는 것 같은 지혜를 인간을 길들일 때는 쓰지 않는 것일까? 왜 채찍 대신에 고기를 사용하지 않으며 왜 채찍질하기 전에 칭찬해 주지 않는가?

약간의 마음씀으로 인하여 이 세상 모두가 적으나마 행복해진다. 홀로 있는 사람이나 의기소침한 사람을 보거든 그 자리에서 한두 마디 말을 해 주라. 당신은 내일이 되면 그런 친절을 베푼 것을 잊을지라도, 친절을 받는 사람은 당신의 말을 일생 동안 가슴 속에 간직할 것이다.

자기의 공적이나 요구만 생각지 말고 상대의 장점을 인정하자. 단, 건성이 아닌 솔직한 마음으로 칭찬하는 것이다. '마음속에서 상대의 장점을 인정하고 유감 없이 칭찬한다.' 그렇게 하면 당신의 말은 상대가 일생 동안 품고 있게 되어 반복하고 반복하면서 위로하는 보배가 될 것이다. 당신이 잊은 후로도 오래도록.

먼저 상대의 장점을 칭찬한다. 그리고 서서히 상대의 결점을 가르쳐 주면 좋다. 이 방법을 사용하면 회사, 공장, 가정에서 효과가 있고 아내에 대해서 아들에 대해서 양친에 대해서 거의 모든 세상 사람들에 대해서 효과가 있다.

 만약 입바른 소리를 해서 천추의 후회를 남기지 않으려거든 아무리 자기에게 뜻이 있다고 생각되더라도 상대가 말할 때에는 약간 귀에 거슬리는 소리가 있더라도 참고 귀를 기울여라.
 인간은 이성적인 동물이 아니다. 감정에 치우치기 쉽다. 편견에 넘치는, 자부심에 따라서 움직이는 동물이다. 사람을 상대할 때는 늘 마음의 다짐을 잊어서는 안 된다.

 여자는 생일과 결혼기념일을 대단히 중요하게 생각한다——이것은 남자는 이해할 수 없는 여자들의 수수께끼이다. 대개의 남자들은 이런 날짜에는 흥미가 없다. 그러나 잊어서는 안 될 날짜는 1497년(콜럼버스의 미 대륙발견), 아내의 생일, 결혼기념일이다. 처음의 두 가지는 혹 잊어도 무방하겠지만, 뒤의 두 가지는 절대로 잊어서는 안 된다.

 만약 결혼 생활이 위기에 부딪칠 듯하면 자기 반려의 장단점을 적어서 비교하면 어떨지. 당신 인생의 전기가 마련될지도 모르겠다.

 원한을 품지 말라. 대단한 일이 아니면 당당하게 당신이 먼저 사과하라. 완고한 것은 소인들의 소행이다. 자기의 착오를 인정하고, 모든 것을 물로 씻어 버리고 다시 새롭게 하자고 제안하는 사람이 큰 인물이다.

 어린이의 대망을 듣고 웃어서는 안 된다. 어린이일수록 웃음을 빈정거림으로 여기는 경우가 많고, 빈정거림처럼 마음을 괴롭히는 것은 없다. 어린이가 지금 분수도 모르고 대망을 말할 때 어른이 해야 할 일은 그 대망에 관하여 온갖 관점에서 잘 타일러 주는 것이다.

그리고 가능한 일이면 어떻게 하면 그 목표에 성공할 수 있는지 그 방법을 조언하고 실행하도록 권한다. 또 온갖 격려를 해 준다. 그러나 어린이가 스스로 할 수 있는 일이라면 도울 필요가 없다. 자기가 자기의 성공을 기르는 특권을 빼앗아서는 안 된다.

만약 하루만 친절히 하고 마음속으로 베풀 수 있다면 하루 더 계속할 수가 있다. 이렇게 하는 데는 한푼도 들지 않는다. 오늘부터 시작해 보자.

타인에게 마음을 쓰고 자기의 일을 잊읍시다. 하루 한 번은 사람의 얼굴을 기쁘게 하는 선행을 행합시다.

입바른 소리는 멀리 하는 것이, 그것을 잘 지키는 최상의 방법이다. 뱀이나 지진을 싫어하듯 피한다. 입바른 소리를 시작하면 쌍방이 서로 자기의 말이 옳다고 점점 고집을 부리게 된다.

입바른 소리로서는 이길 수 없다. 지면 틀림없이 지는 것이고 이기더라도 그것은 이미 지고 있는 것이다. 그 이유는 이렇다. 상대를 마구 공격하여 정신이 이상하다고 결정하면 그에게 열등감을 안겨주고 자부심을 손상시켰으므로 상대에게 일생의 한이 될 것이다.

사물의 관찰력을 개선하면 어떤 일도 즐거워진다. 일에 흥미를 가지면 회사의 이익이 올라서 상사가 기뻐한다.

그것은 차치하고라도 실익만 보아도 일에 흥미를 가지면 인생의 즐거움은 배가 된다. 깨어 있는 시간의 약 반 정도는 일을 하고 있으므로 일이 흥미롭지 못하면 인생은 불행해진다.

일에 재미있어지면 괴로움은 잊게 되고, 언제인가는 승진이 될 날도 있을 것이다. 적어도 피로는 최소한도로 줄일 수 있고 여가를 즐겁게 지낼 수 있다.

큰 일을 먼저 한다. 작은 일은 혼자 손으로도 쉬우니까.

일이 재미있으면 그만큼 일이 재미있게 변한다. 피로를 느끼지 않게 되고 긴장도 풀리고 마음도 누그러진다.

정성을 다해서 한눈도 팔지 않고 일한다. 이것이 이 세상에서 가장 싼 그리고 최상의 건강을 유지하는 약이다.

만약 인생이 귀찮으면 마음속으로 보람이 있다고 믿어지는 일에 몰두하라. '이 일이야말로 삶의 보람이다. 죽어도 후회는 없다'라는 기분으로 일을 하면 꿈과 같은 행복한 인생이 찾아온다.

언뜻 대단치도 않은 일일지라도 전력을 기울여 보라. 한 가지 일을 정복할 때마다 실력이 늘고 작은 일을 훌륭하게 해낼 때 큰 일도 쉽사리 할 수 있다.

아찔해지도록 많은 괴로움이나 여러 가지 숨은 긴장은 몇 백만 명의 사람들이 자신의 실력을 발휘할 수 있는 일을 찾아내지 못하도록 만든다. 그뿐만 아니라 싫어하는 일로 생활의 부담만 커지게 한다.

당신은 현재 제일 좋아하는 일을 하고 있는가? 혹 그렇지 않다면 지금 곧 손을 뗄 일이다! 자기가 좋아하지 않는 일이라면 참된 성공은 바랄 수가 없다. 많은 성공자들은 몇 번이고 다른 일로 실패를 거듭하고 간신히 자기가 하고 싶은 일을 찾아내고 있다.

슬픔이나 불행이나 재난을 당하여 몸도 마음도 거칠어졌을 때 무엇이든 일을 찾아서 머리도 수족도 쉴 사이 없이 열중하라. 이 방법은 다른 어떤 방법보다도 기분을 밝게 하는 데 효과가 있다. 나 자신이 여러 번 겪어본 일이므로 틀림이 없다.

나는 남자이건 여자이건 생계를 꾸리기 위하여 일하지 않으면 안 되는 사람들을 측은하게 생각한 일은 없다. 그러나 자기의 일에 열중하지 못하는 인간은 무척 측은하다고 생각한다. 젊은 시절에 좋아하는 일거리를 찾아내어 청년과 같은 정열을 쏟을 수가 없다면 그 사람에겐 일생의 비극이다.

책임을 지고 일하는 사람은 회사나 공장 그밖의 어떤 사회에서도 꼭 두각을 나타낸다. 책임 있는 일을 환영하자. 일의 대소를 불문하고 책임을 다하면 틀림없이 성공한다.

지위를 높이고 싶으면 팔짱을 끼고 있지 말고 더한층 노력하라. 힘들여 일하지 않으면 안 되지만 긴 안목으로 보면 틀림없이 얻는 게 있다.

 성공자가 되는 길의 조건은 여럿 있다. 건강한 몸, 활력, 내구력, 분별, 열중, 재능이다. 그러나 이 조건 중에서 그것이 없으면 성공을 이룰 수 없는 조건 단 한 가지가 있다. 그것은 근면이다!
 당신은 성공자가 될 수 있다. 그렇게 되기 위해서는 일에 정력을 쏟을 필요가 있다. 무엇을 성취하려면 그 때문에 아무 일도 꺼려하지 않는 기분이 되어야 한다.
 장래의 큰 꿈을 판단력과 혼합하여 활력으로 조리한다. 이렇게 하면 '성공'이라는 요리가 된다.

 세계의 대사업체가 절망에 빠져 있을 때에도 더욱 열심히 일을 계속해 나간 사람들의 손에 의하여 이루어졌다.

 성공자란 실패에서 많은 것을 배우고 새로운 방법으로 다시 문제에 착수하는 사람을 말한다.

 꼭 완수하고 싶은 사업이 도중에 잘 되지 않더라도 집어 던져서 패배를 인정해서는 안 된다. 다른 방법을 시도하는 것이다. 소리가 나는 현은 한 줄 만이 아니다. 다른 현을 찾으면 된다.

 무슨 일에도 낙담하지 않는다 ─ 끝까지 계속한다 ─ 결코 단념하지 않는다. 이 세 가지는 성공자의 정도(正道)이다. 물론 의기양양할 때도 있지만, 요컨대 그것을 뛰어넘는다. 극복, 이것만 할 수 있다면 세계는 당신의 것이다!

　타인과 같이 되고 싶다고 번뇌하여도 얻는 것은 없다. 당신은 그와는 다른 인간인 것이다. 아직까지 이 세상에서 당신과 닮은 사람은 없으며 또 앞으로도 전 역사를 통하여 당신과 닮은 사람은 결코 나타나지 않는다.

　타인이 아닌 자기 자신이 되어라. 어윈 파린이 조지 카슨에게 충고한 말이다. 두 사람이 처음 만났을 때는 파린은 이미 유명 작가였는데 카슨은 가난한 예술가로 겨우 주급 35달러를 받는 보잘것없는 작곡가에 지나지 않았다.
　카슨의 재능에 반하여 "지금 급료의 3배를 줄 터이니 나의 비서가 되겠는가"라고 말하면서 덧붙이기를 "그러나 자네는 자비의 일을 계속해야 한다. 만약 그렇게 하지 않는다면 자네는 이류의 파린이 되어버리는 게 고작이다. 그렇지만 끝까지 지켜나가면 언젠가는 일류의 카슨이 될 것이다"라고 했다.

　내가 50년의 인생에서 어떤 교훈을 얻었다면 그것은 '자기 자신을 행복하게 하는 사람은 바로 자기 자신이다'라는 교훈이다.

　참된 마음의 평안을 얻으려면 올바른 가치 판단이 우선 되지 않으면 안 된다는 것이 나의 신념이다. 그러므로 자기 전용의 금과옥조를 갖겠다는 생각이 있으면 온갖 번뇌의 50퍼센트는 틀림없이 사라진다. 그 금과옥조는 자기의 인생에 있어서, 어떤 것이 가치가 있는가를 판단하는 측정 기준이다.

우리에겐 자기가 아직 모르는 능력이 숨어 있다. 꿈과 같은 일을 성취하는 힘이 있다. 누구나 기회가 오면 분발하여 전에는 불가능하다고 생각하던 일을 훌륭하게 성취할 수가 있다.

남의 말은 무시하고 다른 사람들이 놀랄 만한 일을 성취하라. 전력을 다하라.

해야 할 일은 어떤 생각이 자연스러운가를 찾아서 그 생각에 따르는 것이다.

만약 자기가 잘못이었다고 솔직히 시인하는 용기가 있으면 전화위복이 된다. 잘못을 시인하면 이웃 사람들이 당신을 새롭게 볼 뿐 아니라 자기 자신을 다시 보게 되기 때문이다.

행복해지려거든 어떤 목표를 세우고 그것에 자기의 생각을 듬뿍 쏟아서 지금까지 억제하였던 저력을 모두 풀어서 희망을 높인다. 행복은 자기의 내부에 있다. 이것을 잡아내는 데는 생각과 저력의 전부를 쏟아 넣을 수 있는 일을 진행해야 한다. 행복해지려거든 자기 이외의 일에 마음을 쏟으면 된다.

만약 자기 마음을 붙잡고 놓지 않는 생각이 있으면 시끄러운 세상의 말에는 귀를 팔지 말고 마음의 소리가 외치는 것에만 귀를 기울이라.

누군가에게 도움을 구하러 가고 싶을 때 자기에게 들려주자. "나는 이 문제를 스스로 해결할 수 있다. 도망치고 싶다는 것은 스스로를 낮추어 보고 있을 뿐이다. 꼭 해결하겠다." 그때부터 곧 해결에 착수한다. 그 시간에 당신은 성공을 향하여 한 발 내딛고 있는 것이다.

성공자는 모두 게임을 즐긴다. 게임은 자기의 실력을 나타내는 절호의 기회이다. 자기의 진가를 증명하고 타인을 누르고 승리를 얻는 기회이다. 도보 경주나 돼지모으기 콘테스트 등에 참가하는 것도 게임을 즐기는 마음에 생기는 것이다. 사람을 이김으로써 큰 인물이 됐다는 기분을 맛보고 싶은 것이다.

창세기에 신은 인간에게 이 광대한 지구 전역을 지배할 권리를 주었다. 실로 크나큰 선물이다. 그러나 나는 제왕도 누리지 못할 특권은 흥미가 없다. 내가 지배하고 싶은 것은 단 하나, 나 자신이다.
나의 생각은 정신을 혼백을 지배하고 싶은 거다. 멋진 것은 나는 오직 나의 행동을 조절함에 따라서 그 지배를 언제라도 마땅할 때 멋지게 해낼 수가 있다는 것이다.

잠깐 손을 쉬고 창밖의 아름다움을 바라보라. 그곳에 아름다운 세계가 있다——즐기자. 오늘밤 밖에 나가 하늘의 별을 바라보라. 그것은 대자연의 광경이다.
목장의 노래나 숲을 울리는 교향악에 귀 기울일 시간도 없이 애써서 일할 것은 없다. 이 세상에는 부귀보다 더욱 중요한 것이 있다. 즐거움을 맛보는 부드러운 마음씀이 그것이다.

이 세상은 흥미 있는 일로 가득하다. 이런 멋진 세상에서 덧없이 인생을 보내는 것은 아까운 일이다.

지금이야말로 인생이란 멋진 모험을 이 지구상에서 해 볼 수 있는 유일한 기회이다. 때문에 될 수 있는 한 중요하고 행복하게 살아나갈 계획을 세워 실행하는 것이다.

마음이 좁은 사람은 작은 비판에도 화를 낸다. 그러나 분별력이 있는 사람은 자기를 비난한 사람에게서도 그리고 때때로 문제가 있다고 할 수 있는 사람으로부터도 자기가 배울 것이 있다면 그것을 열심히 배운다.

늘 마음을 변화 있게 넓혀 나가라. 변화를 환영하고 받아들여 자기의 의견이나 생각을 몇 번이고 검토하고 고치면서 드디어 인간은 성장한다.

그런 질문에 대한 대답을 전부 알고 있다고 잘라 말할 수 있을까? 당치 않다! 어떤 사람도 인생의 수수께끼를 전부 설명할 수는 없다. 우리들의 이웃은 수수께끼로 가득 차 있다. 인간의 몸의 움직임이 어떤 것인지는 누구도 풀 수 없는 수수께끼이다. 당신 집의 전기 기구도, 갈라진 벽 틈에서 피어나는 꽃도, 창밖 푸른 잔디도 모두 의문 넘치는 것들뿐이다.

하늘의 별을 쳐다보고 이들 태양군 속에는 빛이 눈에 비치기까지 수백만 년을 필요로 하는 것이 포함되어 있는 것을 생각하면 내가 서 있는 이 지구가 얼마나 보잘것없고 쓸모 없는 것일까. 그리고 나를 괴롭히는 문제들이 얼마나 적고 허술한 것인가 하는 생각에 이른다.

나의 여생은 얼마 남지 않았다. 그러나 수천 킬로에 달하고 대평원도 끝없이 우주에 널려 있는 성군도 장대한 나선상의 대성운 앞으로 끝없이 존재한다. 별을 쳐다보고 있으면 자기를 더욱 소중하게 여기지 않으면 안 된다는 마음이 놀라울 만큼 끓어 오른다.

장래의 큰 꿈은 스스로의 판단력에 의해 좌우되거니와 성공은 자신의 실천력에 달려 있다.

사람의 언행은 반드시 기분 여하에 따라 달라질 수 있다. 그러나 때와 장소를 분별하여 상대방의 반응을 엿보아서 표현하는 것이 가장 적절한 방법임을 알아야 한다.

당신은 한 가지 일에 있어서 몇 번이고 생각을 거듭한 후에 마음의 결정을 내리고 성공을 기대하기에 앞서 성공한 사람과 의논하고 또 실패한 사람과도 상의한 후에 실천에 옮기는 것이 당사자에게 유리하다는 것을 명심하여 매사에 임하라.

친구를 얻으려면 상대방의 의사에 동조하고 그 뜻이 옳다고 생각되면 최대한의 아량으로 받아들여라. 아울러 자기 자신의 의견을 존중해 줄 것을 적절한 방법으로 청하게 되면 아무리 돌부처와 같은 친구일지라도 이해하고 존중하게 된다.

용기는 공포를 사라지게 하고 행동의 원동력을 불러일으키며 필요한 행동을 취할 수 있도록 능력을 배려해 준다.

결혼 생활에 있어서 자기와 반려자의 애정 교류가 어느 한쪽에게 기울지라도 그것을 이해하고 받아들여야 하며 자기의 불행한 생활을 타인의 결혼 생활과 비교해서는 안 된다. 오직 인내와 성실로 자기의 의무를 다하게 되면 차츰 불행이 가시고 광명이 찾아올 것이다.

지금의 세상은 흥미는 있을지라도 만족할 만한 삶의 보람은 별로 찾을 수 없다. 세계 조류 형태가 그렇고 인류 생활의 변화가 그러하다.

나는 30년 전에 작은 언질을 친구에게 던진 것이 계기가 되어 나 자신의 사생활에 있어 고난과 시련의 한계점에서 벗어나 평등 의식을 지향하여 참다운 삶을 영위하게 되었다. 즉, 친구에게 고난과 시련 따위는 인간에 있어 장애물이나 능히 극복해 나가겠노라고 몇 번이나 다짐했다.

나는 다가올 미래를 걱정하거나 또는 어떤 먼 곳에 있는 보이지 않는 희망을 꿈꾸기 때문에 현재를 내일로 미루는 경향은 전혀 없다.

사람은 누구나 과거에 일어난 일을 후회함으로써 새로운 진보가 있었고 창의적인 활동 능력을 가지게 되었다. 이것은 만물의 영장으로서의 특이한 점을 스스로 상징하는 것이다.

모든 분별은 인내력의 지배로 판단되며 정열은 사람에게 성공하는 자격을 부여해 준다.

현대는 연출 시대라고 볼 수 있다. 우리도 모든 사실을, 인간이 처해 있는 생활양상을 영화화하거나 연극화하는 극작가 또는 흥행자의 수법과 같이 섬세하고 가치 있게 현명한 방법으로 자신들의 장래를 개척해 나가야만 한다.

판 권
본 사
소 유

카네기 인생론

1985년 8월 25일 1판 1쇄 인쇄
1996년 12월 10일 1판 8쇄 발행
1998년 6월 20일 2판 1쇄 발행
2012년 5월 10일 2판 12쇄 발행
2017년 5월 10일 3판 3쇄 발행
2020년 2월 20일 3판 4쇄 발행

지은이 / 데일 카네기
옮긴이 / 미래경제연구회
펴낸이 / 김영길
펴낸곳 / 도서출판 선영사
주소 / 서울시 마포구 서교동 485-14 선영사
전화 / 02)338-8231~2
팩스 / 02)338-8233
등록 / 1983년 9월 29일 제01-02-51호

ⓒ Korea Sun-Young Publishing Co., 1985
잘못된 책은 바꾸어 드립니다.

ISBN 89-7558-333-9 13300
ISBN 978-89-7558-333-9 13300